JN124850

大東流合気柔術玄修会伝

合気口伝秘授

大宮司朗

八幡書店

合気口伝秘授

序文

これより、大東流合気柔術玄修会（以下、玄修会）における口伝（くでん）のいくつかを紹介することにする。

古流武術の伝書などを繙くと、口伝という言葉が繰り返し出てくるが、そもそも口伝とは、宗教、芸術、武術など様々な分野において、文章などでは伝え難いことを直接面授の上、口頭で伝えることである。

とすれば、文字として書き表した時点で、それはもはや口伝とは言えまいという批判もありそうに思えるが、平安末期には、後白河院が執筆した『梁塵秘抄口伝集（りょうじんひしょうくでんしゅう）』という今様の伝授、歴史、批評の書があり、また鎌倉時代には、日蓮が直弟子の六老僧のため、身延山において法華経の要文に就いて講述し、六老の一人であった日興がその講述を筆録し、日蓮の検閲印可を得たとされる『御義口伝』があり、また、室町初期の能役者・世阿弥の著した『風姿花伝』には「式三番の口伝、別紙にあるべし」とか、「もし別紙の口伝にあるべきか」などと使われていることからも分かるように、かなり昔より、紙に記しても口伝といわれるようになってきている。

また著名な武道の一つである柳生新陰流においても、慶長年間に柳生石舟斎が兵助長厳（後の兵庫助）に一子相伝した、流祖上泉伊勢守信綱の口伝を整理して体系化した『新陰流截相口伝書事』、石舟斎自己一代の工夫公案である『没茲味手段口伝書』などがある。

このように言葉の意味は変遷するものであり、必ずしも口授によらなくとも、口伝とはいえることを断っておこう。

また口伝は、単なるコツといったものではなく、どちらかといえば、その世界における秘事、奥義などの秘密を口伝えに教え授けることではある。よって世阿弥が「この別紙口伝、当芸において、家の大事、一代一人の相伝なり。たとひ一子たりと云ふとも、無器量の者には伝ふべからず」と記すように、秘事、奥義など、本来口伝で伝えるようなものが記された書物は他見厳禁とされ、むやみに人の目に触れることはない。

なぜそのように秘事として隠さなければならないかといえば、世阿弥は「秘すれば花なり。秘せずば花なるべからず、となり。この分け目を知る事、肝要の花なり。そもそも、一切の事、諸道芸において、その家々に秘事と申すは、秘するによりて大用なるが故なり」というように、そのことを表に出してしまえばたいしたことはないことでも、人に隠しているからこそ大きな働きをすることがあるからだ。世阿弥は秘事を知っていることさえも、人に隠すべきであるとさえ記している。

とすれば、こうした公刊物に口伝を記すことは間違いということになってしまうが、口伝といっても、その道の無上の極意を示すときもあれば、習ううちに自然と会得してしまうような単なるコツを教示することもある。その深浅は様々であり、一切合切を隠す必要は現代においてはないと思われる。そこで、秘義は秘義として隠すべきことは隠し、差し支えない範囲で、大東流における口伝を重秘なもの、軽いものなど、とりまぜて公開していこうと思う。

玄修会における口伝そのものは、「心法的なもの」と「身法的なもの」との両用があり、また「各種の技に共通しているもの」、「ある特殊な技においてのみ用いられるもの」といろいろとある。そこでこの稿を記すに当たって当初は、「一ヶ条」、「二ヶ条」、「三ヶ条」、「四ヶ条」、「入身投げ」、「四方投げ」、「小手返し」、「回転投げ」、「逆肘投げ」、「天地投げ」といった合気柔術における代表的な技に関して、その技に付随するところの口伝を述べようと考えていた。

しかしながら、そのようにすると、かつて私が著した『真伝合気口訣奥秘』（八幡書店）の内容と同じになってしまい、すでにその書物を読んだ読者には面白くないであろうと考え、一つの口伝が、一つの技のみならず、応用次第ではいくつかの技において用いることができることを説明することにした。

実際のことをいえば、玄修会では、たとえば「一ヶ条」ひとつにおいても、「火龍之伝」、「風角之伝」、「く之字之伝」、「曲尺之伝」といった数種の口伝を用いるといった具合に、一つの技の中にいくつもの口伝を用いることが多く、一つの口伝だけでは、その技の全体を覆うことはできない。

この書を読むにあたっては、それらの口伝を統合して用いることによって初めて各種の技もかなりのところまで実行できるようになるのだと理解していただきたい。一つの技に一つの口伝を得れば、それでその技が即座にできるようになるなどと簡単に考えることは禁物である。

とはいえ、たった一つの口伝であってもそれを知ることで、出来難かった技の一部が比較的やりやすいものとなったり、それまで以上にその技の威力を増すことは保証する。大東流の技とか、合気道の技に関心のある方は、自らその効果を試していただきたいものである。

ちなみに、玄修会の口伝は、大東流や合気道においてもともと伝えられていたものもあるが、そうしたものさえも、古神道における一種のバイブルである『古事記』にも基づいて私自身が編成し直したものが大半であり、よっていささか説明がすべて古神道的になることはお許し願いたい。

合気口伝秘授—もくじ

第一章　天地之伝―指、天地を向くこと

「アメツチ」の力

先ずは『古事記』に「天地初めて開闢しとき……」とあることにちなんで、「天地之伝」から説明したいと思う。そもそも「天地」とは何か。

国学者・本居宣長によれば、「天」は「虚空の上に在りて天神たちの坐ます御国なり」とされる。「地」は「ツチ」と読み、「都知とは、もと泥土の堅まりて、国土と成れるより云る名なる故に、小くも大きにも言り。小くはただ一撮の土をも云ひ、又広く海に対へて陸地をも云ふを、天に対へて天地と云ふときは、なほ多きにして、海をも包たり」として、この地球が「地」とされる。

もっとも、「天」に関しては、本居宣長の弟子の平田篤胤は『古史伝』において「天は即ち天津日を云ふ」とし、あるいは、植芝盛平翁なども影響をうけた鎮魂帰神法の中興の祖とされる本田親徳などは、「アはヒと同じく霊妙なる義。メは巡運の義にてアメとは即ち今現に仰ぎ見る所の太陽なり」として、『古事記』冒頭にみられる「天」を太陽としている。

道教の経典の一つである『雲笈七籤』には「天は五億五万五千五百五十五重天あり、天に皆天尊、太上、天帝、天師あるなり。地は三十六重地あるなり。地に皆土皇、将軍、金剛、神王、霊官あるなり。人にも三宮（精気神）五神（五臓神）三魂七魄あるなり。天地おのおの神仙吏兵ありて称げて計ふべからず。かつ神明の変化は皎として目前にあるも、愚者は知るなし。隠顕方なく、運転識りがたく、物を輔け象を立てて霊用あるはここにあり。故に天は一を得て以て清く、地は一を得て以て寧し」と記されている。

指差すことの効用

玄修会では、この『雲笈七籤』に記された「天は一を得て以て清く、地は一を得て以て寧し」とされるところの「一」を知ることが口伝の一つとなっている。「一」を得ればそれだけでも格段の進歩を期待できるのであるが、これはあくまでも心法なので、本書では触れない。

技に用いる「天地之伝」においては、右のように天地に関していろいろな説があるということを踏まえ、自らなす技はそうした天地の運行とも大きな関係をもつものなのだという大きな気持ちを持ったうえで、「天とは上方、地とは下方」と考えていただければそれで十分だ。

まず「天地投げ」にこの口伝をどのように用いるかを見てみよう。「天地投げ」自体、何通りもの技術があり、またその口伝も多いが、ここでは「天地之伝」のみを紹介する。
『合気道教本』（植芝吉祥丸著）によれば、「天地投げ」は、

> 相手に両手首を持たれると同時に、右手を右上に螺旋状に上げて、左手を左下方に、両手指先を通じて呼吸力が流れ出るように伸ばしつつ相手を倒す。

とある。この技は左右の手を上下、つまり天地に伸ばす（天地に開く、つまり天地開闢である）ことによって、受を捕の身体の近くに引き寄せつつ相手を崩すものである。それがある意味での「天地之伝」の応用ではある。

『日本書紀』には、「古、天地未だ剖れず、陰陽分れざるとき、渾沌たること鶏子の如く、溟涬りて牙を含めり。其の清み陽なる者は、薄靡て天と為り、重く濁れる者は、淹滞きて土と為る云々」とあり、鶏の卵のように渾沌とした状態のなかで、その澄んで軽いものは天となり、濁って重いものは地となったということを踏まえて、上げる手は天に引かれるように軽く、下げる手は地に自然と引かれるが如く重くすることが大切だ。

と同時に、この場合においては、始めに持たれたときに、親指が天を向いており、最後に投げ飛ばすときに、親指が地を向くようになるというのがポイントだ。こうすることによって相手はより一層崩れやすくなる。

柔術的な「天地投げ」の場合には、親指は自らの方をいったんは向き、投げ飛ばす場合には、地に

両手取り天地投げ

1

1

2

2

3

「天地投げ」は、まさに「天地之伝」を幾重にも体現したような技法と言える。左右の手を天地に分かつことで相手を引きつけ、無力化するのがその一つ。

また、親指をはじめは天に向け、それを地に返すことで相手を大きく崩し投げる（1～2）。

手刀で切り倒すように使われる柔術技法（❶～❷）とは理合から違っている。

❷

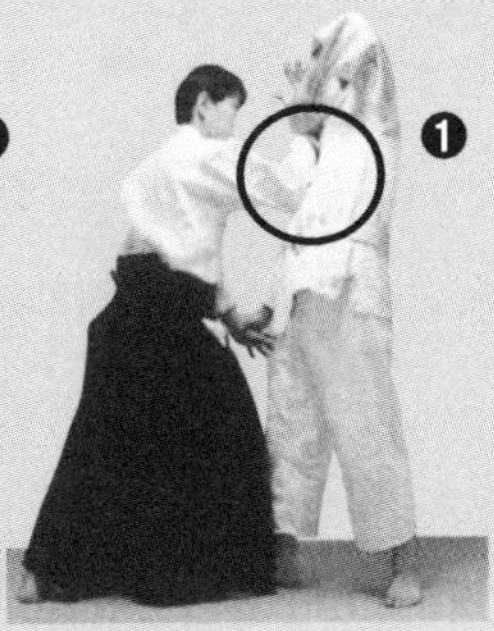

❶

4

肩取り四教

受の「肩取り」をすかして、逆に捕らえた右の手首と肘をいったん天へ素早く押し上げたと同時に、一気に下方へ引き落とす動きに「天地之伝」の理合が見てとれる。地を指した人差し指は重く重量が掛かるように「四教」を極める。

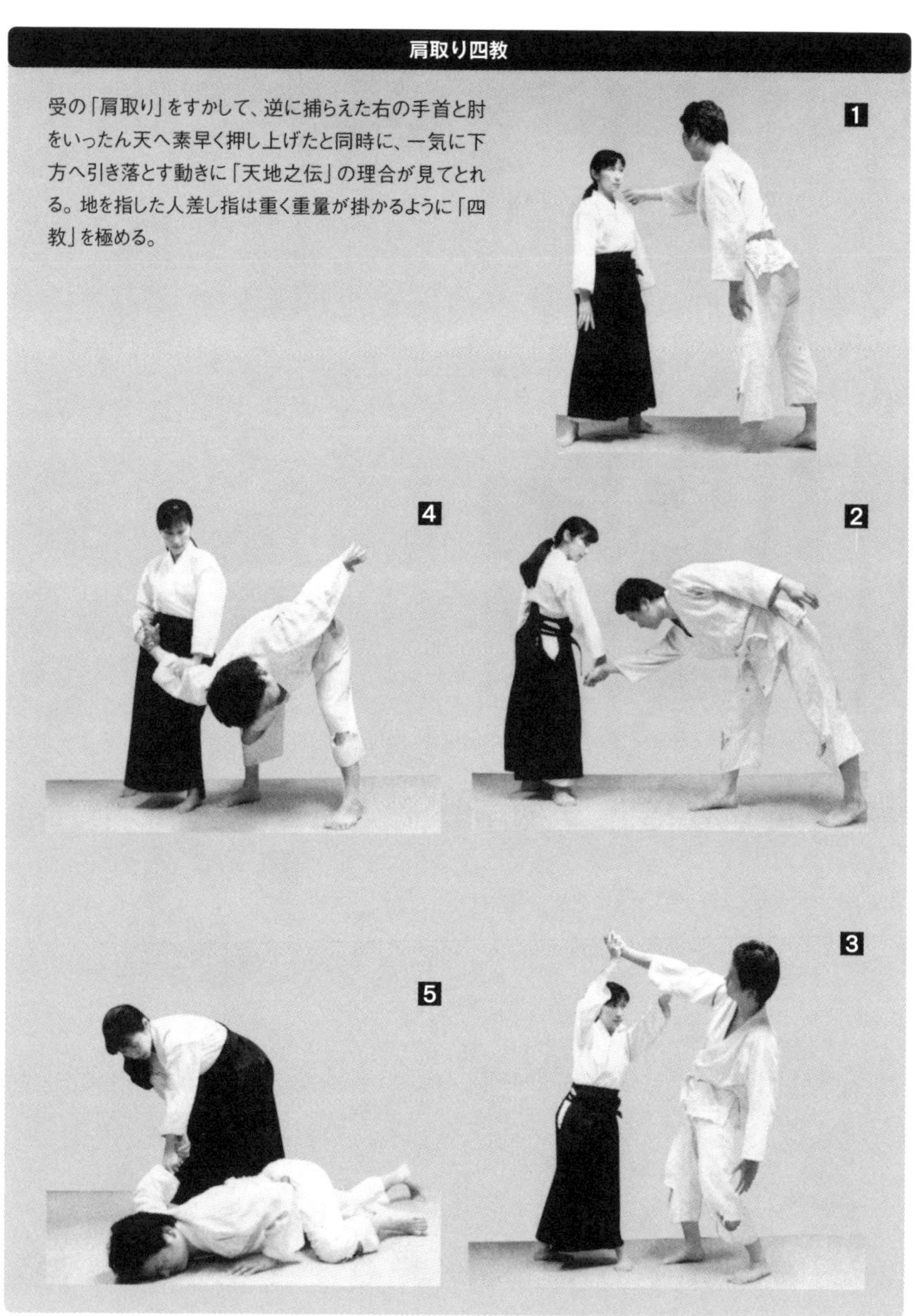

向けることなく相手を倒すのであるが、これは相手を切り倒すのであり、いささかその理は違ってくる。それをごちゃ混ぜにして中途半端に親指を向けるときには、「天地投げ」はいささか難しいものとなる。またしっかりと持たれて動き難いときには「陰陽之伝」などを用いるのであるが、詳細は第四章を参照されたい。

次に「四ヶ条」を見てみよう。『心身統一合気道』（藤平光一著）では、「肩取り四教」はほぼ次のようになっている。

○肩取り四教

❶捕、左半身で立ち、受が左肩を取りにきたのを左足を後方に引き、ついで右足を継足して、姿勢を正す。

❷〜❸捕、受の右手を右手で掴み、右肘を左手で掴んで受の顔のほうに打ち下ろす。

❹〜❺次いで、受の右肘を押さえつけていた左手を受の右手首までもってきて、その人差し指の付け根の部分に気を凝らし、受の親指から続いている骨の部分を強く押しつけながら、捕の右足先の方へ放物線を描いて押し倒す。

通常、捕の人差し指の付け根が正しく受の手首に当たれば、受は手首に非常に痛みを感ずるものであり、通常はこれで十分なのである。だが、玄修会では、手首の強い人もいることを踏まえて、「四ヶ条」の基本技を教える場合には「天地之伝」を用いるように指導している。

○玄修会伝「綾手取り四ヶ条」

1受、右手で捕の右手首を掴む。

2～**3**捕、軽く右手を右後方に引き、廻しながら受の手首を持ち返し、左手の人差し指の根元で受の手の経絡を遮断するようにして「四ヶ条」を掛ける。

4極めたまま、「一ヶ条」同様に相手の姿勢を崩し、左膝、右膝と進める。

5左膝で受の脇を制し、右膝は立てて、左手の人差し指の根元で受の腕の筋肉を押し極める。

この場合における天地を指す指とは「人差し指」で、捕の人差し指はまず天を指し、次いで地を指さなければならない。であるから、通常は写真**3**のように、受の肘はいったんは天を向くような形になることが普通である。そうしておいて、天を向いていた人差し指を思い切り地に向けるのである。

このとき「風角之伝」(臂を耳に当てる事)を用いるが、これまた第六章で説明することにしよう。

次に「合気投げ」における「天地之伝」の応用をみてみよう。

○両手取り合気投げ

1受、捕の両手首を掴む。

2捕、「合気上げ」をしつつ右足を進める(このときに両手の小指が天を指すほどに手首を曲げる)。

3～**4**次いで、左足を継足しつつ小指で受の両手首を切るようにして、小指先端を地に向け、相手

玄修会伝「綾手取り四ヶ条」

最初に螺旋状に上げた右手で「三ヶ条」に取る際、人差し指で天を指して上方へ力の渦を巻き上げ、一転して地に返して重く「四ヶ条」を極める。天地を意識することで、より大きな力を発現することができる。

1

4

2

5

3

5の別角度

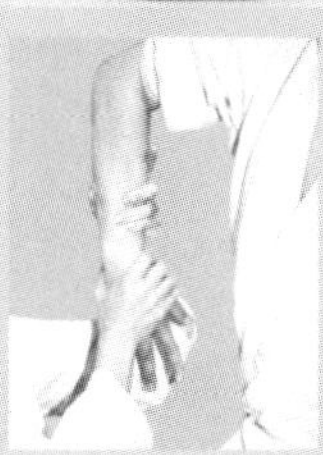

3のアップ

両手取り合気投げ

ここでのポイントは「小指」。ピンッと張った小指で天を指し、そのまま相手へ乗りかかるように地へ落とし込むことで、相手は大きなうねりをくらって、地へ叩きつけられる。

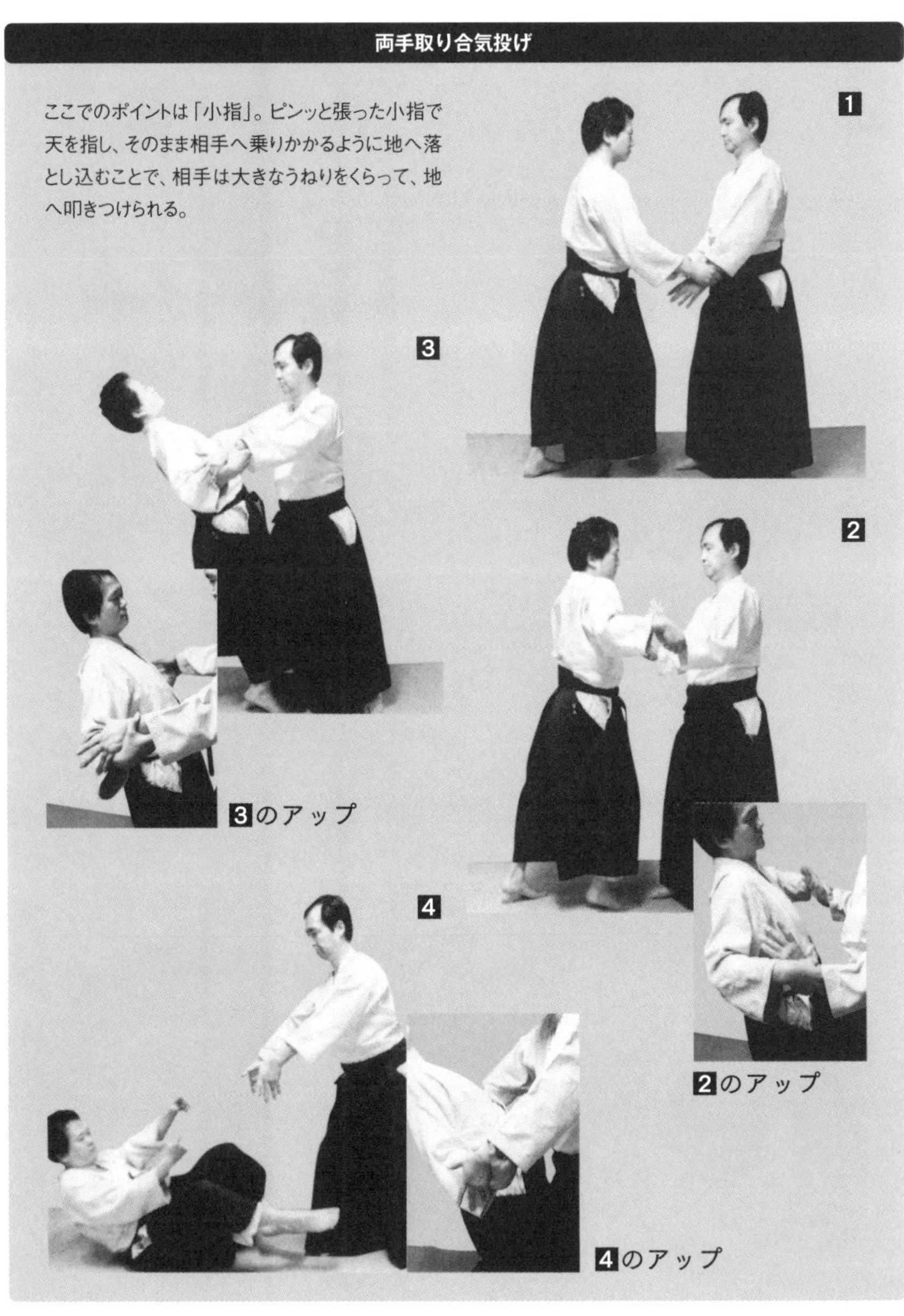

1

2

2のアップ

3

3のアップ

4

4のアップ

肩への触れ合気

先の「合気投げ」と同様、相手の肩へ合気を掛ける際にも、まずは天を指して相手を浮かせ、肩を乗り越えるような気持ちで地に落とす。「合気上げ」、「合気下げ」の理合である。

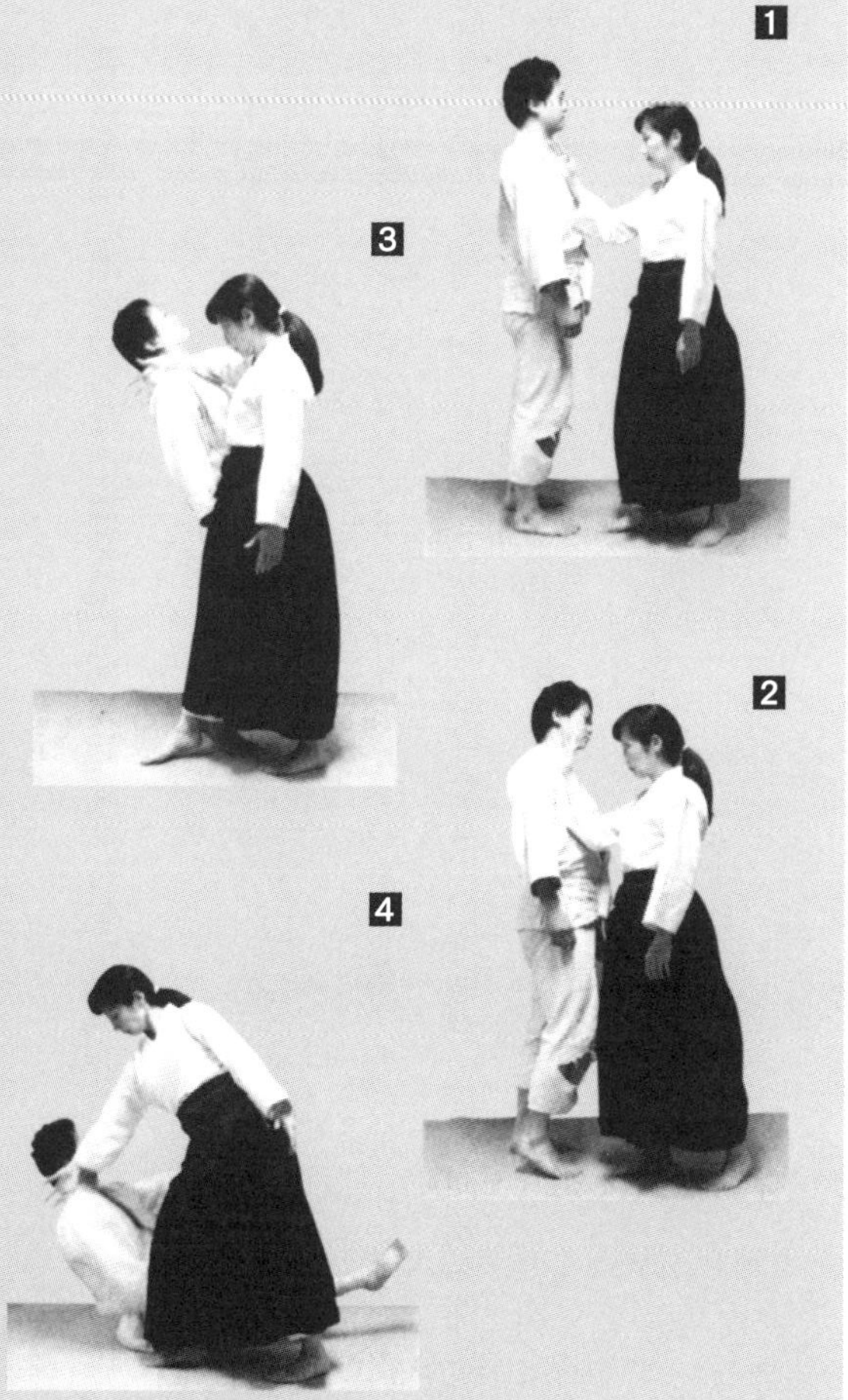

の足踵あたりに突き込んでいく（このとき、ほぼ小指は地を向く形となる）。

実際は、いったん天を向いた小指がそのあと地を向くといったほど大げさにやる必要はなく、「不動之動之伝」（二九四頁参照）をある程度用いれば十分なのであるが、初心者はこれくらいオーバーに手首を動かすくらいのつもりで行うほうがよいようだ。

あとひとつ、肩に合気をかけるときの「天地之伝」の応用もみてみよう。

○肩への触れ合気

❶受、右足を少し前に出して立つ。

❷捕、右足を受の右側方に踏み出しつつ、右手にて肩に「合気上げ」、このとき小指が天を向く形となる。

❸～❹次いで、右足を踏み出しつつ、小指を地に向けるようにして受の背に沿って落とす。

この場合には単に小指を下に向けるのではなく、背を擦るようにして（「擦過之伝」）なすことが大切なのであるが、「擦過之伝」については第三章で説明したい。

他にもいろいろと応用できるが、「四方投げ」で相手を投げる場合においても、その瞬間において、人差し指が天を向き、次いで地を向くように心がけて投げれば、相手はたまらず頭から地におちることになる。まさに天地が無限であるように「天地之伝」の応用も無限である。

第二章　指南之伝—指先、気力を導くの伝え

「明知」をもって人を導く

前章で説明した「大地之伝」と深いかかわりのある口伝の一つが、本章の「指南之伝」である。「天地之伝」は指を天地に向けることによって、自らなす技は、天地の運行とも大きな関係をもつものなのだという大きな気持ちを持ち、天地に開く、つまり天地開闢（かいびゃく）の心持ちで相手を制した。実は気や力を導くという目的だけであるならば、必ずしも指を天地に向ける必要はない。自らの力あるいは相手の力を導きたければ、その導きたい方向に指を向けよ、というのがこれから説明する「指南之伝」である。

はるか昔のこと、古代中国の伝説の帝王、黄帝軒轅（こうていけんえん）が敵蚩尤（しゆう）と涿鹿（たくろく）の野で戦った時、蚩尤は霧をまき起こし、黄帝の軍は霧のために方向を見失って敗れそうになる。このとき、黄帝は指南車を造って自軍に正しい方角を知らしめ、蚩尤を討ち滅ぼしたのである。指南車とは、その字の通り「南の方角を指す車」のことである。車がいかなる方向に向きをかえても、車の上に立つ仙人像の手が常に南を指す車である。これが、「正確な指導」を意味する言葉である「指南」という語の由来となっている。

ちなみにこのように書くと、「指南車というのは現在の磁石のようなものであろう」と推測する人がいるかもしれないが、そもそも指南車は、車上に南向きに設置された人形が、車の方向が変化しても、歯車仕掛けでその向きが常に南を向くように工夫されているものである。

『宋史』の『輿服志』には「仙人車雖轉而手常南指」とあり、車上の指南人形である仙人像の手は、車がいかなる方向に転じても、常に南を指し、その指南の仕組みは磁石によるものではなく、歯車によるカラクリであることが説明されている。

両輪の車の上に、その二輪に連動する数個の歯車を入れた箱と、その箱に連結する垂直な軸上に木製の人形が置かれ、いったん人形に南を指させておくと、あとは車の進行方向が変わっても、歯車の仕掛けによって人形はつねに南を指し続ける。漢の張衡や三国時代の馬鈞らも製作したとされ、南朝四王朝の一つである宋の太史令(天文台長)祖冲之は、指南車を木製から銅製に改めたと伝えられている。

指南車が南をさして人を導いたことから、「指南」の語は、「手引き」、「案内」、「教え授けること」、「指し示すこと」などを意味するものとして使われ、さらに武芸など、様々な物事を指導あるいは教授する人を「指南番」とか「指南役」などというようになったのである。

右に述べたように、指南車は磁石ではないのでどのような方位にも設定できるが、北や東でなく、なぜ指す方角を「南」としたのであろうか。これは、紫禁城（現在の故宮博物館）の皇帝の椅子が真南

を向いていることからも分かるように、中国には古来、「天子は南面す」という思想があったからだ。「指南」であるのは、この思想が影響している。

古来神聖視されている洛書では、南には、易の卦における離（☲）が配置されており、離（☲）は光明であり、明知であり、明知を以て天子は人々を導き天下を治めるのである。また私たちも明知を以て人を導き、人々を光明に向かわせ、あるいは光明を与えなければならない。その気持ちを以てこの「指南之伝」を用いるのである。

それでは実際に「指南之伝」を大東流の技においてどのように使うことができるか、その一端を紹介しよう。

○綾手捕転一ヶ条（親指）

❶受、右手にて捕の右手を握る。

❷捕、右手の親指と人差し指にて受の手首をはさみ、右斜め前方に右手の親指の先を向ける。

❸受、自分の左方に崩されるので、廻転して逃げる。

❹～❺捕、その廻転を許すが、右手はしっかりと受の手首を逃がさず、左手を受の右手の肘に添えて「一ヶ条」にて極める。

この場合には、親指にて受の脈のあたりを圧迫し、「四ヶ条」的な技法にて受を動かしている。この技の場合、先ず親指にて相手を動かしているのである。

上の者が方針を明確に提示しなければ、下の者は何をして良いのか分からなくなる。先ず自らがしっかりとその方向を定めて相手に示すということは、人を指導する場合に大切なことであり、そのことをもこの「指南之伝」において学ぶのである。また、受が回転して逃げない場合には、捕は左手を受の左脇下に通し、受の右手首を持ってそのまま固めることも可能である。

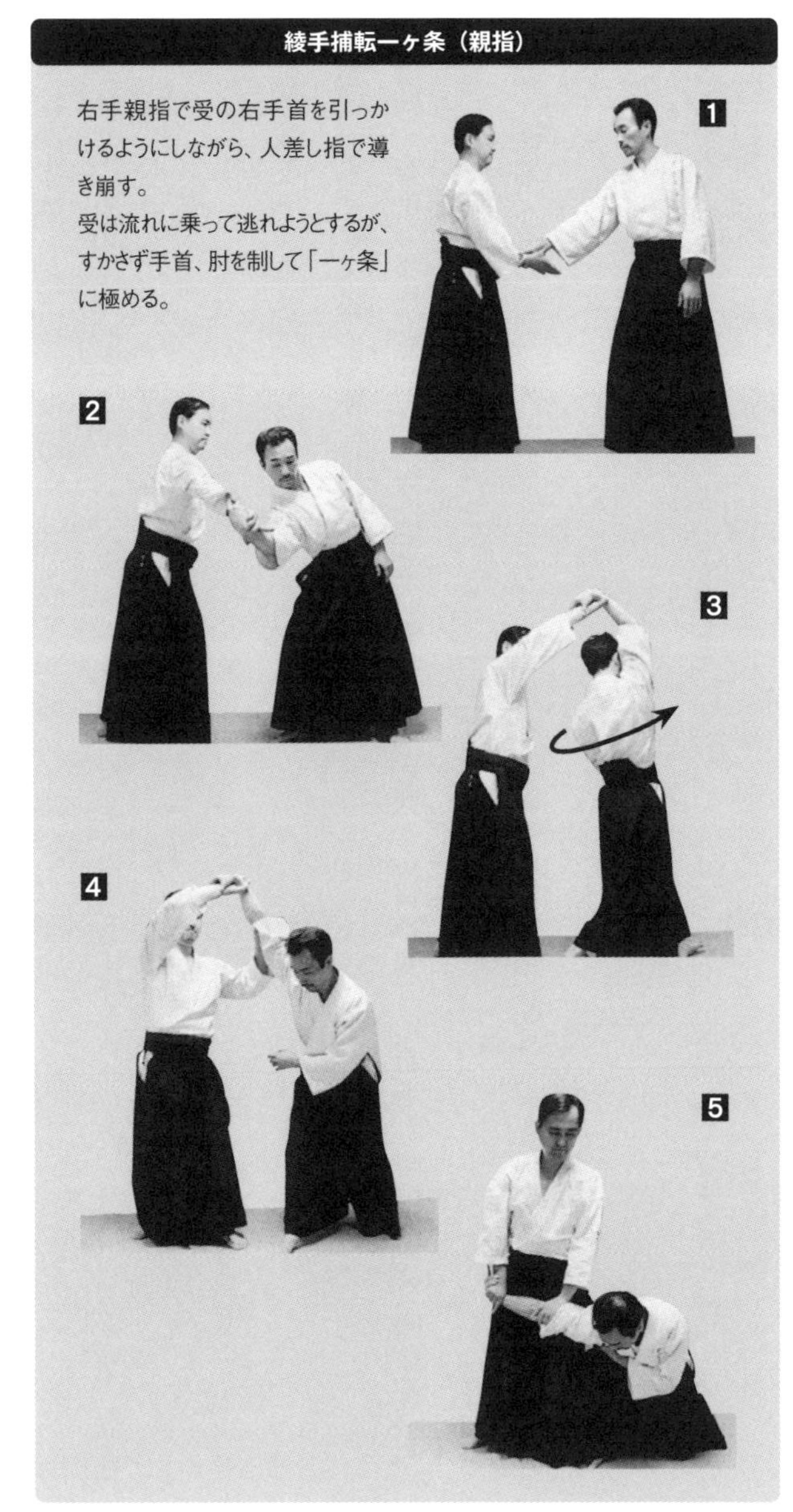

相手の「意見」に従い、導く

もっとも人を導く場合には、上の者が方針を明確に提示する必要もあるが、下の者の意見を採り入れ引き出すことも大切である。相手にものを尋ねていく、それが相手のやる気を引き出すコツともなる。相手が前に出たいと思っているのに、自分も前にそのまま出ようとすればぶつかる。であるから、相手の動きを引き出し、それに応じて自在に変化もする。それが「指南之伝」を用いた次のような技となる。

○綾手捕入身投（人差し指）

1 受、右半身にて右半身の捕の右手を掴み前方に押し込む。

2 捕、先ず右足を受の右足のそばに動かし、ついでそれを軸として時計廻りに廻転するようにして左足を動かし、受と同一方向を見るようにして並ぶ。このとき右手の人差し指が前方を指すようにする（受の力の方向と一致させる）。

3～**4** 次いで、捕は左足を軸にして右足を後方に引き、右手も人差し指を後方に向けるようにして後方に引いて、

5 次いで、右の手の人差し指にて、受の左目を突く気持ちにて、右手を丸く戻し、顔すれすれに右手を返して、受を倒す。

これは相手の力の方向を察知して、ぶつからないように先ず同一方向に力を合せるようにし、それから自らの人差し指で相手の力を誘導して、最後にそれを返して受を倒しているのである。上に立つ者は、その人と同じ立場に立ち理解し、誠心誠意その人を評価することである。そうすることによって相手を自らの思うがままに動かすこともできるのである。

もっとも、このような大きな体捌きを用いなくとも、極わずかな親指の動きだけで相手の力を導くこともできる。

○綾手捕入身投（親指）

❶受、右半身にて右半身の捕の右手を掴む。

❷捕、左足を前方に進めつつ、右手の親指を自分のほうに向ける。

❸〜❹捕、次いで右足を前方に進め、親指で円を描くようにして受の首の脇に向けて手を動かし、受を後方に倒す。

このときの足遣いは「く乃字之伝」によるものとなるが、その詳しい説明は第五章に譲ることとする。このように「入身投」においても、人差し指を意識して導き投げる場合と、親指を意識して導き投げる場合とがあるのである。

この指を向けて導いていくという口伝は、合気道でよく用いられる「四方投」においても活用できる。

綾手捕入身投

綾手捕入身投（親指）

1
2
3
4

親指で円を描くようにして巧みに力を導くことで、捕はほとんどその場を動くことなく受の重心を引き出し、倒すことができる。

綾手捕入身投（人差し指）

1 
2 
3 
4 
5

受の力を流してのち、共に廻転する最中から最後に投げ倒すまで、常に人差し指で相手の力を導く。

○片手捕四方投（四指）

❶受、右半身にて、左半身の捕の左手を握る。

❷捕、右手にて受の手首を握り、左手の指先を受の身体の前方に向け、

❸〜❹左足を右斜め前方に進め、次いで時計廻りに廻転して受を後方に倒す。

この場合、指先を向ける受の前方はその角度が決まっている。その角度如何では、技が効いたり効かなかったりする。流派によっては口伝としているところもあるので、各自研究していただきたい。

また合気というほどではないが、片手を取られたときに相手を少し崩して技を掛けるにも、この「指南之伝」は有効である。それを「一ヶ条」で見てみよう。

○片手捕一ヶ条（指先を受の首へ向ける）

❶受、座して、捕の左手を右手にて握る。

❷〜❸捕、右手にて受の顔面に当て、左の掌を外に向け、指先を受の首のほうに向けるようにする。

❹次いで、右手で受の右手首を掴み、左手を受の右肘に添えて「一ヶ条」を極める。

「一ヶ条」をかけるときに左手をだらっとしたままでは、先ず相手の右手を動かすことができない。少し分かってきた人は取りやすいように左手を返すのだが、それでも相手が頑張っていると「一ヶ条」を掛けることができない（1）。そこでこの「指南之伝」が生きる。指先が相手の中心を崩すように首のほうへ向かうようにするのである。すると通常の人であれば崩れてくれるので「一ヶ条」が掛けやすいというわけだ。

手解きに見る力の方向性

「手解き」においても、この「指南之伝」は有効である。手の抜きやすいところ、相手の親指側とか、親指先に向かって、自らの親指、あるいは小指の先を向けて行けば簡単にはずれる。そのいくつかを示してみよう。

○片手捕手解き一

❶受、右手にて捕の左手を握る。

❷捕、左手の親指先を左肩のほうに向けて動かし外す。

○片手捕手解き二

❶受、右手にて捕の左手を握る。

❷捕、左手の親指先を右肩のほうに向けて動かし外して、受のコメカミを手刀にして打つ。

これは相手の力から逃げるために逃げたい方向に自分の指を向けたのであるが、逆に自分の力を相

片手捕一ヶ条（指先を受の首へ向ける）

受の右腕に沿うように左手指を受の首へ向けることによって、受と捕の腕が一体となって受の体を崩す。

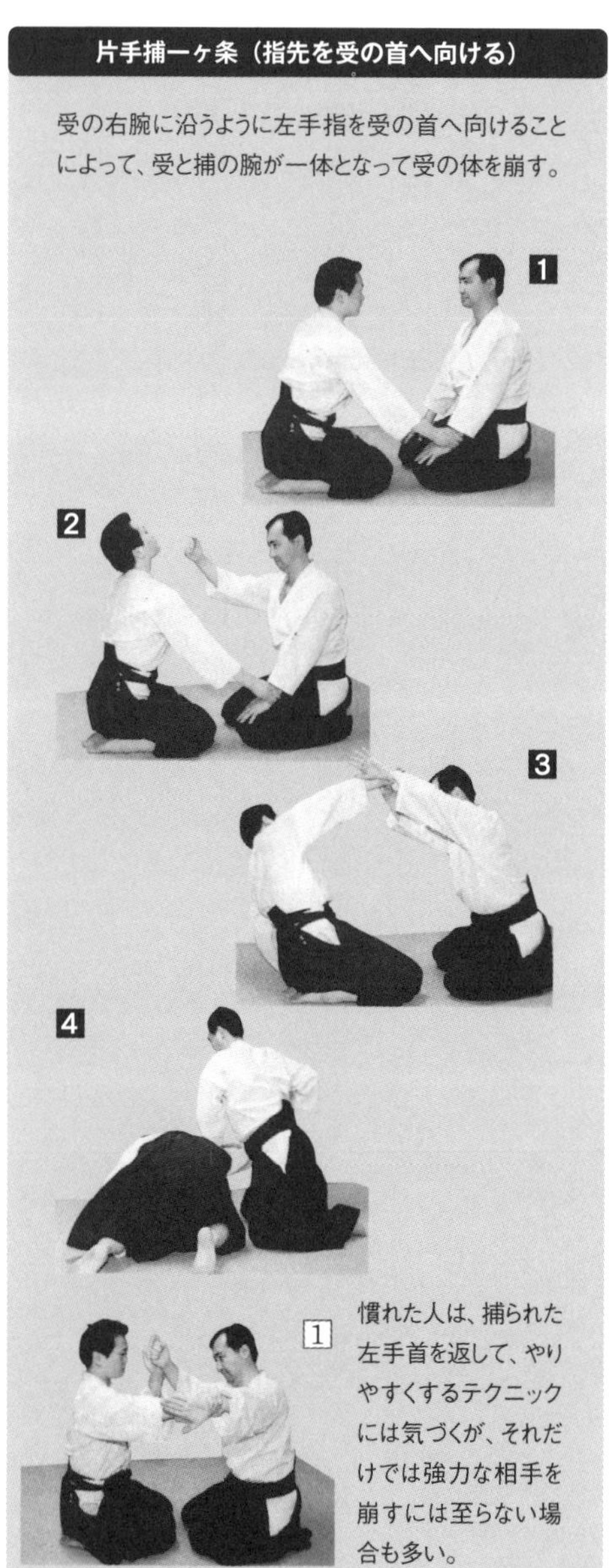

1 慣れた人は、捕られた左手首を返して、やりやすくするテクニックには気づくが、それだけでは強力な相手を崩すには至らない場合も多い。

片手捕四方投（四指）

体の方向転換に合わせて、適切に連動された四指による指南が、滑らかな技のキレを生み出す。

手に伝えるために指を向けることもある。それを「二ヶ条」にて見てみよう。

○胸捕二ヶ条（人差し指）

1受、右手にて捕の胸元を掴む。

2捕、右手にて顔面に当て。

3次いで、右手にて受の右手首を掴み、左の手を添える。

4人差し指にて、受の身体の中心を上から下に切り下ろすようにして「二ヶ条」を極める。

人差し指は立てても立てなくとも実際はよいが、どの技も相手の中心を攻めなくてはならないのに、初心者は往々にして関係ないところを攻めるために、どの技も効かないことが多い。「二ヶ条」などの場合には、このように指を立て、自分の力がどちらの方向に向いているかを確認しながらやってみると、人によっては得ることが多いだろう。これまた「指南之伝」の効用である。

指南をつかいこなす「真の人」

空海（弘法大師。774～835）の『続性霊集（ぞくしょうりょうしゅう）』巻第十に、

人を導くものは教なり。教を通ずるものは道なり。道は人なきときは則ち壅（ふさ）がり、教は演（の）ぶるこ

胸捕二ヶ条（人差し指）

右手で受の右手甲を返す心持ちで両手に挟み、受の中心へ向けて切りおろす。このとき、両手の高さはほとんどその場を動かさないことが秘訣の一つとなる。

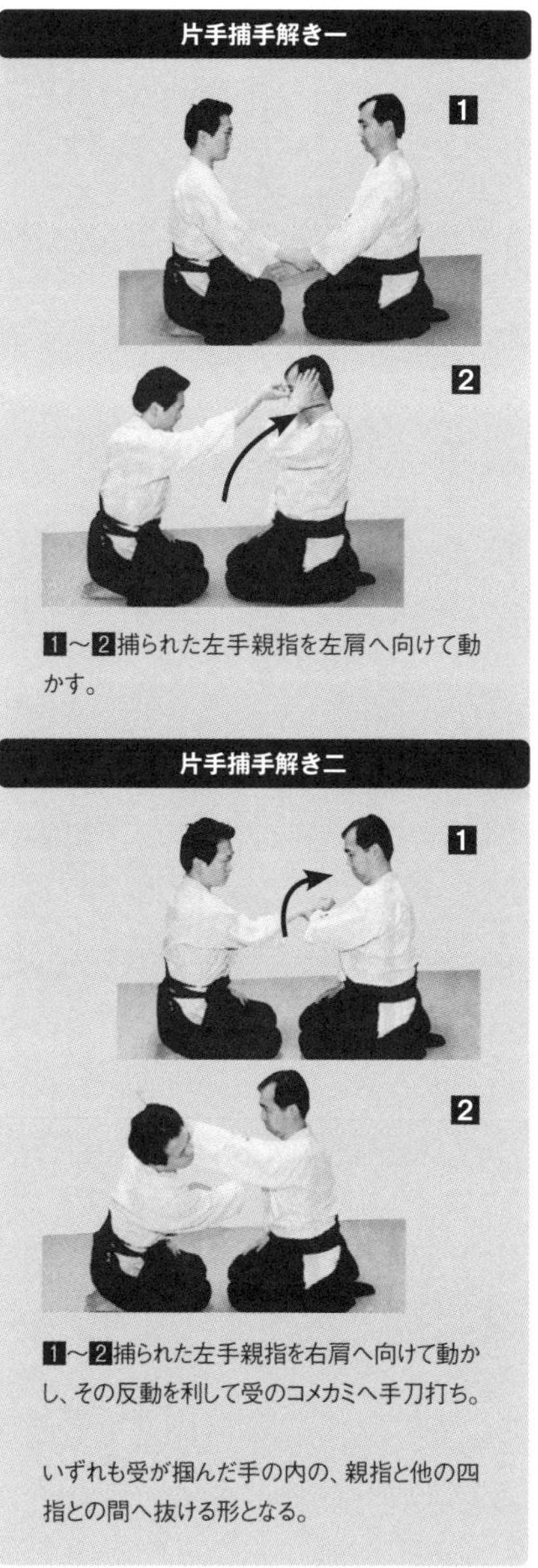

片手捕手解き一

1～2捕られた左手親指を左肩へ向けて動かす。

片手捕手解き二

1～2捕られた左手親指を右肩へ向けて動かし、その反動を利して受のコメカミへ手刀打ち。

いずれも受が掴んだ手の内の、親指と他の四指との間へ抜ける形となる。

となきときは則ち廃(すた)る。［舟＋發］(いかだ)は能(よ)く済(わた)し、車は能く運ぶ。然れどもなお、御する人なければ、遠きに致すこと能(あた)わず。

と記している。つまり、人を導くものは教えであり、その教えの根底にあるものは道であり、その道は「真の人」がいなければふさがり、その教えは行われなければ衰えてしまう。［舟＋發］(いかだ)は人を渡し、車は人を運ぶ。しかし、それを制御する人がいなければ遠くまで運ぶことはできないというのである。

「指南之伝」も、実は指だけにこだわっていると、相手によっては少しも役立たないこともある。それは自らが「真の人」となっていない場合である。それは身体的にいえば、相手のほうの姿勢のほうが正しく、逆に自らの姿勢が正しくなかったり、身体に無駄な力が入っていたりするときである。

いかなる道においても、自らの努力、工夫鍛練によって、しっかりとした根底（正しい姿勢、あるいは人格）を築き上げることが求められる。そのためには、五官で認知できる以上のもの（心力や愛や徳など）をも働かせて、人を導けるまでに自分というものをしっかりと確立しておかなければならず、武術においてもそれが望まれると私は考える。

『妙法蓮華経』の第十六「如来寿量品」には、仏は人々を導き、救済するために仮に地上に姿を現したが、本来は永遠の昔から悟りを開いており、仏の命は永遠であるということが記されている。まさに、自らが本来、神性、仏性を有する永遠不滅の神聖なる存在なることを悟り、人を導くことこそが大切なのである。それを体現するものこそが「指南之伝」である。

第三章　擦過之伝—手掌をこすることの大事

サッと擦れ合う技法

この章では「擦過之伝」について述べる。「擦過之伝」は単独でも用いることもできるが、指先を天地に向け、あるいは四方八方に向けて気力を導く「天地之伝」や「指南之伝」と併用することもある。

というよりも、この伝を用いず単に指先を天地に向けたり、あるいは左右に向けるだけでは技として意味をなさないことが多い。よってこれまで「天地之伝」とか「指南之伝」を用いてなかなかうまくいかなかった技には、これから説明する「擦過之伝」をともに用いて、どうなるかを試していただきたい。技によってはかなり威力が増すことと思う。

ちなみに擦過には「かする」とか、「すりむく」の意味がある。「擦」の一部をなす「祭」という字は、

「示」(祭卓)の上にいけにえの肉を供えて、手で持ってそれに水をかけたり、酒をかけて清め、神を祭る様を現した文字であり、供え物に水をかけ、こすって清めるという意味がある。「察」は「宀(やね、いえ)+祭(音符)」からなり、隅々まできれいにすること、「擦」は「手+祭(音符)」で、こすって汚れをとり去ることである。そこから、「擦」には、「こする」、「強くすりあわせる」という意味などがある。

「擦過」の「過」の「咼」は、上方に丸い穴のあいた骨があり、下にその穴にはまりこむ骨のある形で、自由に動く関節を示す象形文字である。進み行く足の動作を示すシンニュウのついた「過」は、スルスルとさわりなく通過することである。そのためそれがあまりに過ぎることもある。よって「擦過」には、「かする(軽く触れる)」意味だけではなく、擦過傷という単語などがあることからも分かるように、こすりすぎたことによる「すりむく」という意味もある。

「擦過」とほぼ同意語として用いられる語に「摩擦」という語がある。摩擦はこすり合せること、すれあうことである。ただ、「摩擦」の「摩」の「麻」は、すりもんで繊維をとるアサであり、摩は手ですりもむことである。武術においては、手ですりもんでいるといった悠長な感じをもたせる「摩擦」という文字よりも、サッと行われる感じのある「擦過」という文字が相応(ふさわ)しいので、本書では「擦過之伝」と名付けて説明するが、「擦過」、「摩擦」という語が混用して用いられることを容赦願いたい。

摩擦と密着

さて「擦過之伝」の説明に入る前に、摩擦とはどういうものか、その科学的定義をみてみよう。『広辞苑』には「[理]（friction）接触している二物体が相対的に運動し、または運動し始めるとき、その接触面で運動を妨げようとする向きに力の働く現象、またはその力。液体や固体内部でも似た現象があり、これを粘性または内部摩擦という」と記されている。

この定義だけでは、どのように「擦過之伝」を武術において用いるのか想像できない人もいるだろう。だがビンの蓋などを開けるときのことを思い出してもらえればその一端が分かる。なかなか蓋が開きづらいときに、布や輪ゴムを巻いて再び試してみると、意外なほど簡単に蓋が開いた経験がある人も多いだろう。これは摩擦が増加した結果なのである。

あるいは出前の寿司などについている醤油の入ったビニール袋などで、手に水などがついていると滑ってしまってなかなか口を開けることができなかったという経験をした人もあるだろう。これは手とその接点において摩擦が働いているかどうかということが、大きく影響を及ぼしているのだ。鰻（うなぎ）がヌルヌルして掴みづらいというのも、鰻の身体がそのヌルヌルによって摩擦が少ないからなのである。

各種の技において、相手の身体と自分の身体の接触面がつるつるとすべるようではこちらの力を相手に伝えづらい。「擦過之伝」とは、そのために相手の身体の皮膚に密着するようにして、その皮膚を擦り動かすものである。通常は相手の肉、骨までを擦り動かすわけではなく、単にまさに皮一枚表面の皮膚を擦り動かすことによって、その方向に相手の力と気持ちが動き導かれるのである。

その一つの例を、技に至る前の一つの練習法である「離れぬ手」に見てみよう。

○離れぬ手

1受、捕の右手を右手にて掴もうとする。

2捕、自らの手首を受の手首につけ、擦るようにする。

3受、捕の手を掴んでいないのに密着して離れないようになる。そして導かれるままに捕の周囲を廻ることになる。

離れぬ手

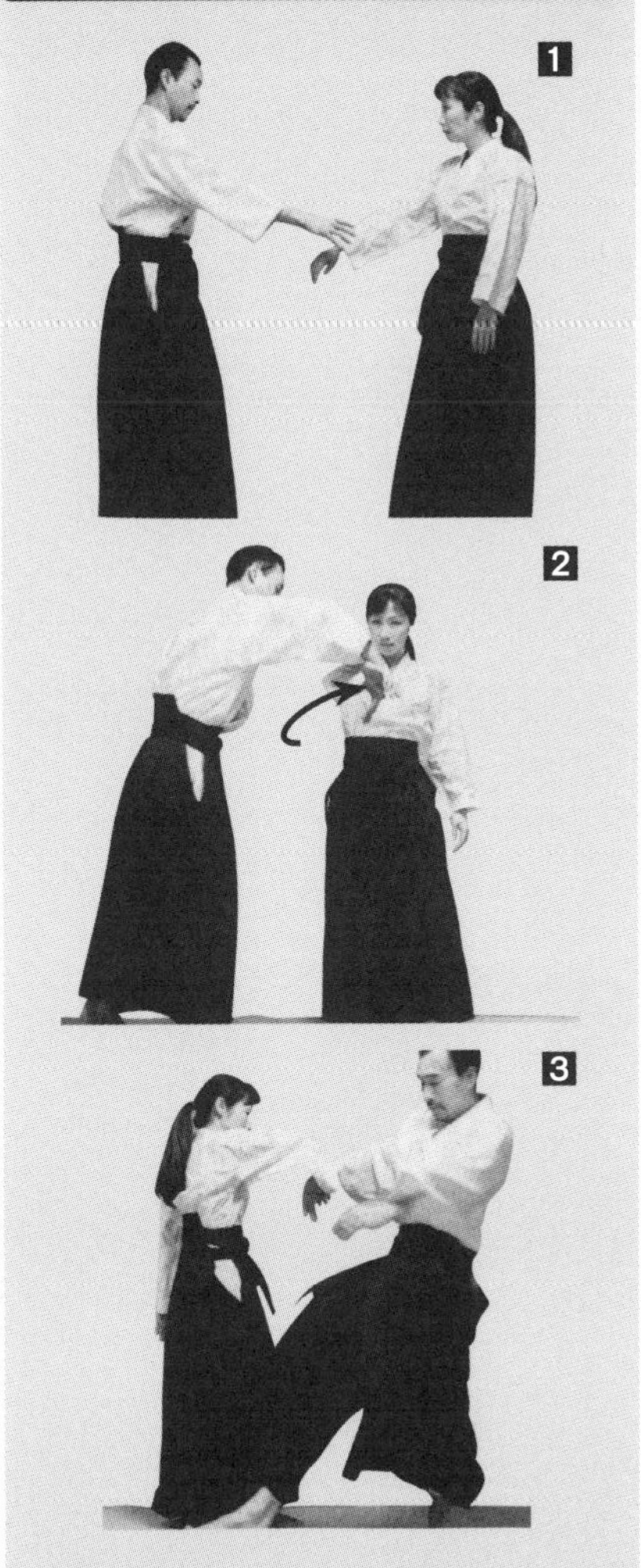

1

2

3

捕(**1**右側)は自らの手首を相手の手首へ擦り付けるようにすることで、接点に密着感が生まれ、受は導かれるままに引き廻されてしまう。

もっとも、この時のこすりつけ方にコツがある。実際にやってもらい説明を受ければ簡単ではあるが、紙面において細かく説明するとなれば、かなりの紙幅を必要とする。これは実技を積み重ねていくうちに分かって来るはずなので、どのようにすれば相手の手が粘着したようにうまく付くか、各人実験していただきたい。

「擦ること」の効用

またこの「擦過之伝」は、「猫乃手之伝」（第十六章参照）における技法の一部をもなしている。「猫乃手之伝」においては、捕は受に手を握られたときに手を握るのだが、そのときに自らの手の甲のほうの皮膚を動かして、同時にそこに触れている受の皮膚をも動かし、この結果として、受は自らはしっかりと受の手を握った気はなくとも捕の手を握らされ、互いの手が密着する結果として、捕は自在に受を導くことができるのである。

『易経』には「この故に、剛柔相い摩し、八卦相い盪(うご)かす」という言葉があり、剛（陽）と柔（陰）が互いに触れ合う（摩）ことによって、またその触れ合いによって生ずる八卦（一切のもの）が互いに動かしあうことによって、天地の間に日月、雷霆(らいてい)、風雨があり、また春夏秋冬などの自然現象が存在するのだと記されている。同じく、大東流の技においても、捕と受という陰陽が触れ合うこと（摩擦）によって、そこにさまざまな技が生じてくるのである。ただ「擦過之伝」においては、単に触れ合うだけではなく、擦ることを意識することが秘訣となる。それを、受が正面打ちできたときの「回転投げ」に見てみよう。

○回転投げ

❶双方、相対し、受、右手の手刀にて捕の頭上に切りかかる。捕、右足を踏み出し、左手で受の右肘、右手で手首を受ける。

❷次いで、左手掌を上方に向け、左手親指と人差し指で受の右腕をはさみ、右手を受の頭に当てる。

❸〜❹次いで、受の右手を肩を中心に時計廻しに廻し、右手にて受の頭を下方に軽く擦りつつ、左足を受の前方に踏み込んで投げる。

この場合、受の頭を「押す」のではなく「擦る」というのが大事で、軽く撫でてやることによって、力づくで下方に押し下げようとするよりも、受の頭は却って簡単に下方に下がるものなのだ。

こうした擦る技法は、座った人を指一本で倒す場合などにも用いられる。先ず座った人の額に人差し指を当て、その指で力一杯後方に押してみよう。相手が自分よりも体力のない人であれば、指一本で押し倒すことも可能であろうが、通常であればなかなか難しいことが分かるだろう。

ここで「擦過之伝」を試してみよう。指一本で直線的に押すのではなく、相手の額の皮膚を下から上に擦るようにして押していくのである。おそらく今度は相手の人を後方に倒すことができたはずだ。もっとも実際に試合などであれば、倒されそうになったならば、その力の方向をずらすように自然と身体を動かすことが普通であり、それほど簡単にはいかない。だが、擦ることが単に押すだけよりも

回転投げ

「回転投げ」に際して、右手で相手の頭部を擦り下ろす。

投げる際には、受の頭を「押す」のではなく「擦る」というのが大事で、軽く撫でてやる(丸写真)。

効果的であることが、こうしたことを実験することによって分かるだろう。

剣から発する「切り火」

さて次は単に擦るというよりは、少し切るような感じで「擦過之伝」を用いる技を見てみよう。ただその前に、摩擦ではなく擦過という文字を私が用いた他の理由もここに述べておく。実は、擦過は擦火（切り火）にも通じるのである。切り火とは、ヒノキなどの堅い板に堅い棒をもみこんで起した火であり、また火打石と火打金とを打ち合せて出す火である。硬い石を火打ち金（焼きを入れた鉄）に擦るように当てると、鉄粉が摩擦熱によって発火するのである。石同士でも火花を作り出すことはできるが、鋼の鉄粉の発火には遠く及ばない。

ちなみに、『日本書紀』には、古代の英雄である日本武尊が駿河の地で賊の罠にかかり野火に囲まれるが、持っていた火打ち石で迎え火を作り危うく難を逃れる話がある。また切り火は、古来、厄除けとか悪霊祓いに用いられてきた。

『古事記』には、伊邪那岐神が、身に帯びていた十拳剣で、妻の死因となった、火の神・迦具土神を斬った時、その血が岩に迸りついたことが記されている。これが火切りの由来とされ、これより古神道の口伝においては、火打ち石は血のような色をした硬質の石を用いることになっている（科学的には、赤みを帯びているものは、成分に3価の鉄分〔Fe^{3+}：赤鉄鉱〕を含み、火を発しやすい）。

ここからも分かるように、切り火（擦火）と剣とは深い関係がある。それと照応するかのごとくに、

「擦過之伝」においては手刀を用いることが多い。また切るように用いることが多い。そうしたこともあって「摩擦之伝」とせず、「擦過之伝」としたのである。

それでは「擦過之伝」を切る感じで用いる技を見てみよう。

○首切り倒し

❶受、捕ともに正座す。捕、右手の手刀を受の喉に当て、

❷前方から後方に廻し切るようにして、受を左方に倒す。

この場合、右手の手刀を、慣れない人は小指の根元を受の首に当てて廻すようにするが、それでは受の首と捕の右手が接している面積が少なく宜しくない。小指側手刀の根元を当て、それから擦るようにして廻し切ることがコツである。

○肩切り倒し

❶受、直立する。捕、受の右肩に右手刀を当てて「合気上げ」し、

❷次いで、受の踵のほうに向かって右手刀を擦り落す。

この時、「指南之伝」も併用し、右手の小指が受の踵に向けられることが肝心である。

単に手刀で相手の手を踵のほうに押すだけではこの技をかけることはできない。擦過が大事である。

肩切り倒し

前回の「指南之伝」を併用しつつ、受の肩へ手刀を当ててての「合気上げ」の後、肩を乗り越えるように受の踵へ向かって切り下ろす。

1

2

首切り倒し

脇を締めるように手刀を前方から受の喉へ当て、後方へ廻しきるようにして倒す。

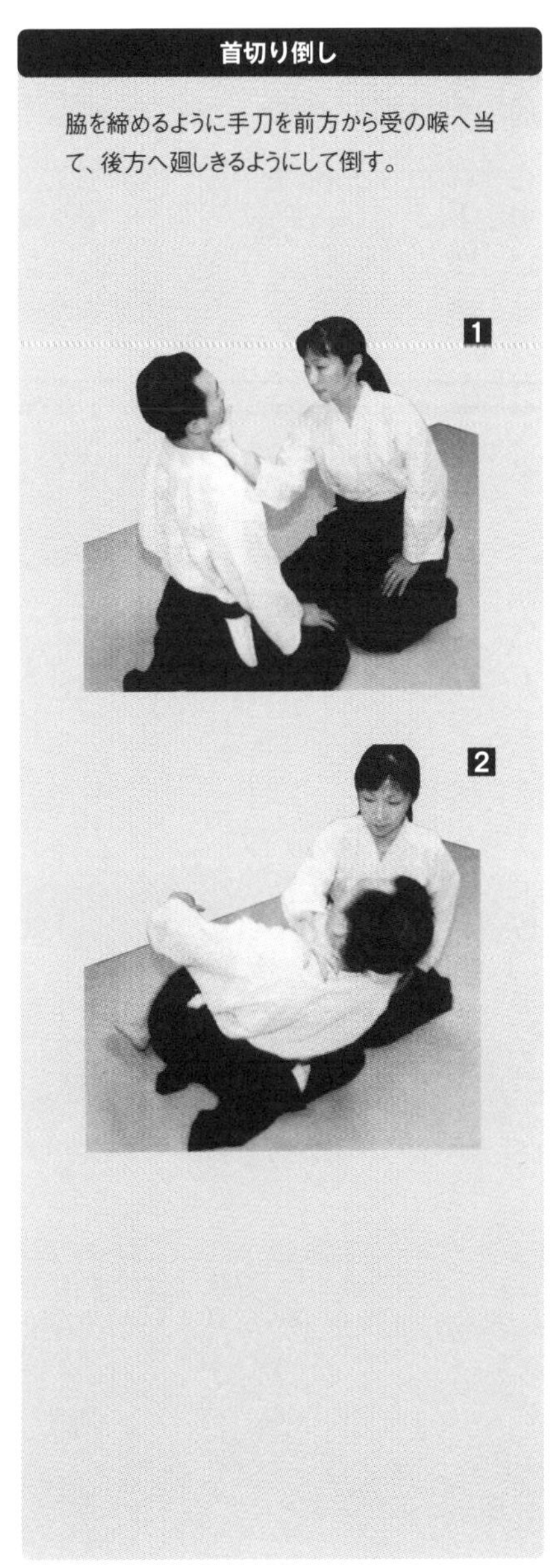

1

2

基本技への応用

いくつか合気的な技法においての「擦過之伝」の応用を示したが、普通に制する技の場合においてもこれは用いられる。それを「一ヶ条」において見てみよう。

○一ヶ条基本（座捕）

❶受、右手にて、正面打をする。捕、右手刀は受の右手首、左手刀は右肘に当てて止める。

❷～❸次いで、捕、受を右前方に崩し、両手刀にて制する。

これも、受の右手を制する場合において、捕の左手は受の二の腕を廻し切るようにして制する。単に上方から手刀で制した場合とは比較にならないほど、受を制し易いことが分かるだろう。

もっとも「擦過之伝」は手刀のみに用いられるものではない。膝などにおいても用いることができる。それを「二ヶ条」の固めにおいてみてみよう。

○二ヶ条

❶受、右手にて捕の左手を掴む。

❷捕、右手にて受の右手首を逆に掴み、左手を添えて手首を極める。

受の手首を「二ヶ条」に極め、さらに引き寄せて床へ完全に抑え込む際、右膝頭で受の首肩を擦ることで確実にロックする。

最も基本となる座捕の「一ヶ条」において、最後の極めで手刀を軽く擦り込むようにすることで、極めの威力が格段に増す。

すれ違い合気投げ

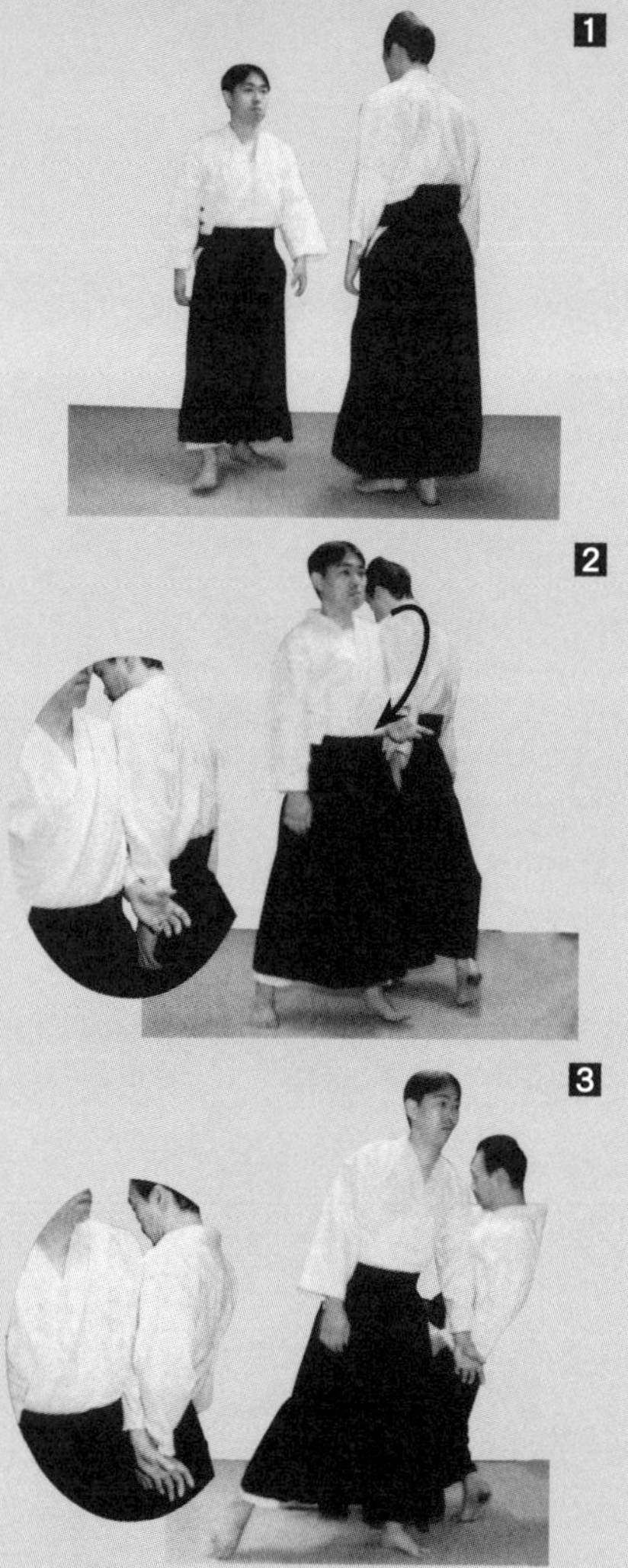

1

2

3

「触れ合気」としてよく行われる技法。すれ違いざまに肩を、「合気上げ」の要領で受の肩へ擦り込み倒す。

3 次いで、受をうつ伏せに倒し、右膝を受の右肩と首筋に擦るようにして落とす。

4 次いで、「二ヶ条」に固める。

この場合の擦過は、受の首と肩とに捕の右膝を密着させるために用いられている。往々にして初心者の右膝は受の首肩から離れているために、受を制し得ないことが多いが、この伝を用いることによって、「二ヶ条」の極めがより確実なものとなる。

「擦過之伝」は、応用次第で他のどの箇所にも使用できる。勿論、肩においても用いることができる

のである。

〇すれ違い合気投げ

❶受、自然に歩いている。

❷～❸捕、受とすれ違いざま、肩を廻して下方に落とすようにして受の肩にこすりつけ、受を倒す。

このように、体術において「擦過之伝」はかなり広範囲に用いることができる。ちなみに、手裏剣などを趣味とする弟子の話によれば、手裏剣を放つ瞬間に、手中で擦過を上手に用いることによって軌道が安定し、一層遠くまで、勢いよく直打で飛ばすことができるということである。

またこの世界において、多様な存在の間には必ず摩擦があって、それが創造的なエネルギーを生み出しているという側面もある。「擦過之伝」の応用は、必ずしも体術に限るものではないのかもしれない。研究を乞う次第である。

第四章 陰陽之伝―掌、陰陽を見せること

万物を生み出す陰陽の交わり

「人は気中に存す」という言葉が道教経典に記されているが、まさに、私たちは気中に存し、その中に生き、気の影響を受けながら生涯を過ごす。この気の発する根元を東洋においては「太極」という。太極は、天地がまだ分かれない以前の宇宙万物の元始、宇宙の本体、宇宙の核となるところであり、この核がなければなにものも存在しえない。この太極からは、「陰」と「陽」、両極二つのものが発現する。その陰と陽とが交わることによって、ありとあらゆるものが誕生し、発生し、成長して行く。

玄修会における「陰陽之伝」は、大宇宙において陰陽が交錯して一切を生じるのと同じように、その掌を陰とし、その甲の部分を陽として、陰陽を交互に顕(あらわ)し、様々な技をなし、その技の効果を上げるところの口伝である。

『易経』に「陰極まれば陽となる」という言葉がある。人生における最大の困難な時とは、その陰が極まった時であり、遠からずして必ず陽である希望の時に転換する。困難の極（きわみ）にある時は、もう目の前に光明が開ける時であるから、悲観する必要は無いわけだ。そうした人生における生き方、考え方を踏まえて、自らの手を陰から陽に変化させるのがこの技法であり、どのような困難にあっても必ずこのように転換するのだ、という信念を日々の錬磨において自ら体得することなどをも一つの目的としている。

それでは、どのように「陰陽之伝」を用いるかを先ず「逆肘投げ」において見てみよう。

○片手捕逆肘投げ

1～2受、右手にて捕の左手を掴む。捕、右手にて捕の右手首を掴み、左手を「手解き」する。

3次いで、左手の掌を上に向け、肘を受の右肘に当てる。

4～5次いで、左手を返して甲部が上方を向くようにしながら突き出しつつ、左足を受の左足前方に踏み出し、受を前方に投げる。

この場合、「陰陽之伝」を用いることによって、受の肘がその瞬間に極まる。掌を上方に向けたまま投げる、あるいは初めから手の甲を上にしたままで投げる、などを試して見られると、この「陰陽之伝」を用いた場合の相手の極まり方とに随分の相違があるのが分かるだろう。

この技においては、左手を突き出しながら「陰陽之伝」を用いたが、引きながらでも用いることが

綾手捕一ヶ条

身体の外側（手の甲や背中など）は日の当たる場所として「陽」、内側（掌や腹など）は日陰になることから「陰」となる。ここでは陽から陰へと右手を変化させる。

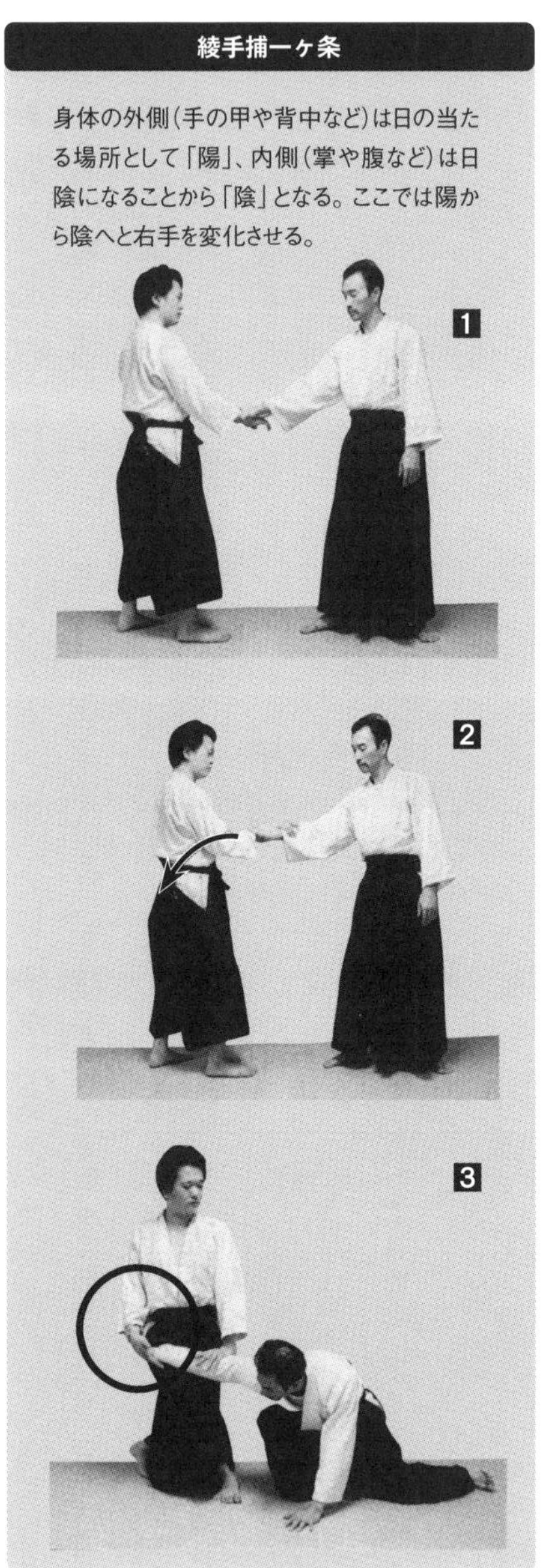

片手捕逆肘投げ

掌を上に向けて受の肘へ腕を当てた時点で、受の肘は極まり、体が崩れていることが肝要。そうなれば、腕を捻り込まなくとも受は投げられる。

できる。それを「一ヶ条」に見てみよう。

○綾手捕一ヶ条

❶受、右手にて捕の右手を握る。
❷捕、右掌を受の手首の上に載せ、
❸次いで、右掌が上を向くように、右手を受の右手首に巻き付けながら右腰に引き、左手を受の右肘に掛け、肘を極める。

この技の場合に、力づくで相手の手を自分の腰の所に引きつけようとしても抵抗があって難しい。ただ巻き付けて、陽を陰にすれば自然と相手の手は付いてくる。もっとも「陰陽之伝」を用いなくとも、他の伝によっても似たようなことは可能であるが、それはまた別の機会に譲ることにしよう。

陰陽と古神道

さてこの技の場合に、掌は初めは下方を向き、最後に上方に向くようになる。少し陰陽が分かった人ならば、これでは初めに陽があり、次に陰であるから、これは「陽陰之伝」というべきではないかといわれそうであるが、陰陽も見る立場によって変化するものであり、このような場合も大きく「陰陽之伝」ということで了解していただきたい。

ここで陰陽を知らない人のためにその大要を少し述べておこう。一切の根元である太極（神道ではこれに当たるのが天之御中主神（あめのみなかぬしのかみ）である）から発せられる気は、陰と陽の異なる二つの存在からなる。陰のあるところには必ず陽があり、陽のあるところには必ず陰がある。それは万物を貫く玄理であり、生と死の源泉なのである。陰と陽はまったく異なる作用をなすものでありながら、陰陽互いに表裏一体、一枚の紙の裏表の如く不可分の関係で、それぞれが単独に存在するものではない。陰陽とは対立しながら互いに補っている宇宙の二つの側面なのである。

古神道の立場からいえば、陽、陰の元神に座すのが高御産霊神（たかみむすび）、神産霊神（かみむすび）である。この二柱の皇産霊神の働きによって森羅万象は産霊出（うみだ）され、その神徳によって天陽、地陰の道は生まれたのである。とはいえ、この二柱の神も、元はといえば天之御中主神の神徳から生まれたものである。太極を天之御中主神と比定する場合、『易経』にある「易に太極あり、これ両儀を生ず。両儀、四象を生じ、四象、八卦を生ず」とある「両儀」、つまり陰陽はこの皇産霊神に当たることになる。

ついでに論及しておくと、易では、両儀の陽は⚊、陰は⚋で現されるが、それを二つ組み合わせると⚏⚎⚌⚍となり、これを四象と云い、それぞれ太陰、少陽、太陽、少陰と呼ばれる。この場合、太陰は神産霊神、少陽は伊邪那岐神（いざなぎ）、太陽は高御産霊神、少陰は伊邪那美神（いざなみ）に対応することになる。

さて陰と陽との交わりによって万物が誕生し、五行や十干、十二支、八卦が生じてくる。太極から発せられた陰陽二つの気は、陽の気は縦に、陰の気は横に限りなく伸びていく。陽の縦と、陰の横の気が交差し交わることによって、すべてのものが生成されるのである。すなわち、陰陽は造化の根本をなすものである。

どのようなものも、陰と陽とで構成されている。陽は剛健な天の働きをいう。また、陰は生き物を育む大地の働きを持つ。陽は、天へ向かって伸びゆく姿であり、「天」、「父」などの意味を含んでいる。陰は、地に下っていく姿であり、「地」、「母」などの意味がある。また、陽は無形のもので、心や精神として表象されるが、陰は形をなし、物質や肉体として現れるものである。

自然界でいうならば、冷たいものは陰であり、熱いものは陽であり、夜は陰であり、昼は陽である。月が新月から満月にかけて満ちていくのは陽であり、満月から新月までの欠けていくさまは陰である。満ちれば欠き、欠くれば満ちていく。陰極まれば陽となり、陽極まれば陰となる。これが陰陽の自ずからの働きである。

人生にも陰と陽がある。「運がいい」「不運つづき」など、人生には幸運と不運は付きもののようにいわれているが、実は、幸運は陽の気、不運は陰の気の現れたものなのである。この幸運のなかにも、奇跡かとも思われるような幸運もあれば、凶事よりはましかという程度の幸運もある。一口に幸運とはいいながらも、幸運の度合いは異なっている。これは、陽の運気のなかにも陰の気があり、この陰の気がどの程度作用しているか、ということにかかっているからである。陰の運気についても、これと同様のことがいえる。

陰と陽の気が多いか少ないか、どのように変化増減していくかということが、運勢に微妙な違いをもたらす。陰と陽は潮の干満のように、一方が増えれば他方が減るというように絶え間なく変化しているのである。こうした陰陽の働く玄理を称して「陰陽の理」という。

呼吸力養成と陰陽

このような陰陽の理は、たとえば四季の成立にも関与している。易で四象と呼ばれるものがその一例である。

太陰（⚏）は陽がまったくない純陰で、季節でいえば冬に相当する。ここに陽が一つ入ると少陽（⚎）になり、季節は春になる。そして純陽の太陽（⚌）、夏となり、満ちたものは必ず欠け、陰を含む少陰（⚍）の秋になる。そしてまた純陰の⚏になり、さらに陽が芽生えてくる。こうして陰陽の理によって四季は循環していく。このように森羅万象のなかに、陰と陽とが微妙に交わり、複雑に作用し運行することによって、四季の成り立ちにとどまらず、さまざまな事象が生じてくるのである。

陰陽が交わることによって様々なものが生じてくるのは合気道においても同じで、その技に裏（陰）、表（陽）がある。また合気道においては、一切の技の基本中の基本として呼吸力を重視し、それがあれば一切の技は自然に出てくるものとし、その養成法を説く。この養成法の身体操作においても「陰陽之伝」が重要である。その養成法を知らない人のために、簡単に通常の方法を説明すると次の如くである。

○呼吸力養成法（大東流における「合気上げ」の一種）

❶互いに正座し、捕、受に両手を持たせる。

「陰陽之伝」を用いた「合気上げ」

「陰陽之伝」を用いる場合、まず捕られた手を相手の両手首に載せるように掌を上にし、そのまま相手の腕ごと陰陽を転換させる心持ちで掌を返しつつ、両手を突き上げると、受の力とぶつからずに崩すことができる。

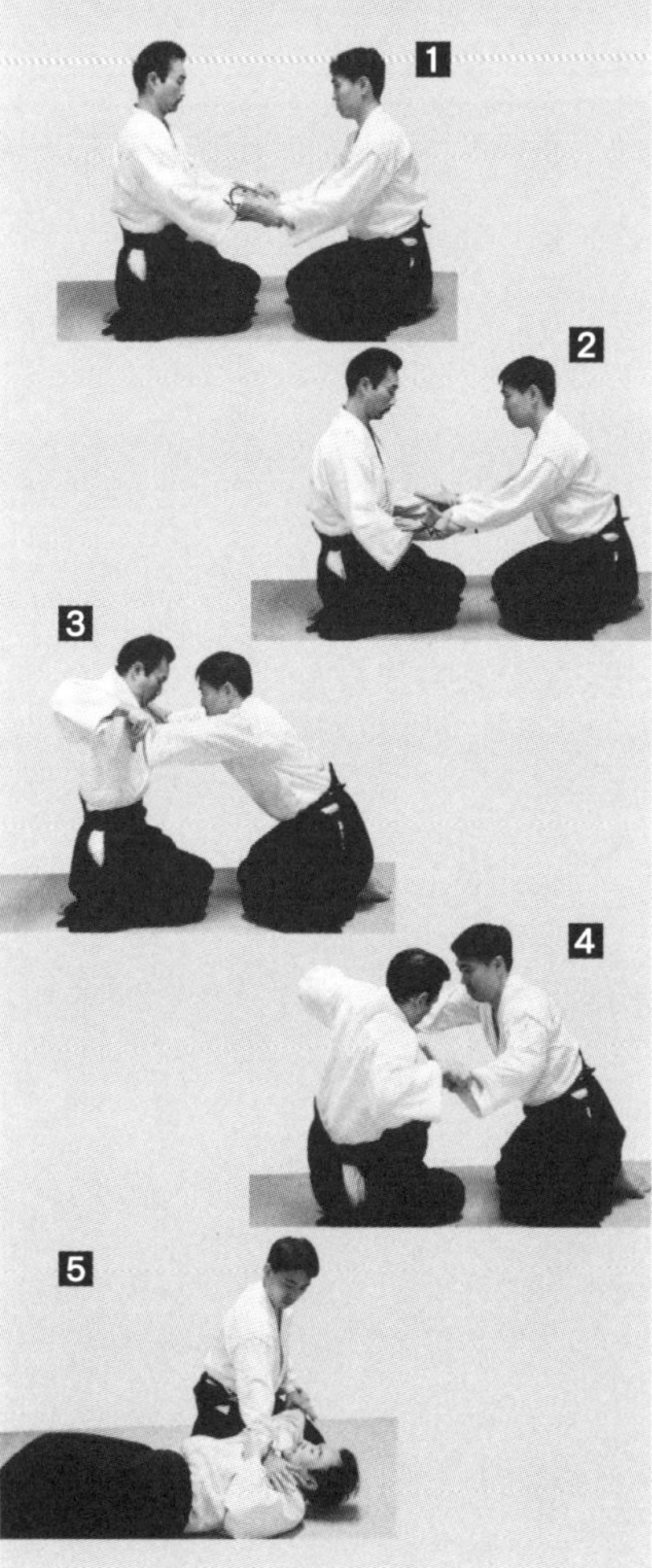

通常の呼吸力養成法

多くの合気道の基本では、両手に気力を充実させながら、受の両肩へ向けて両手を突き上げるように指導されている。

❷捕、両手の指先に力を入れ、肩の力は抜いて、掌は十分開きながら、相手の両肩の方に両手を突き上げる。

❸次いで、右または左の手を伸ばして相手の身体を右または左に倒す。倒すと同時に右または左に一歩膝行し、倒れた相手を自己の両手に気力を充実させて抑え極める。

右が一般的な合気道の本に書かれている基本的な方法である。実際やってみると分かるが、通常は持たれた場合に、一度軽く掌を上に向け（相手の力に抗して無理にやらない）、それから手を戻して甲を上に向けつつ、両手を受の肩の方に突き上げていくほうがやりやすい。つまり「陰陽之伝」を用いたほうが格段にやりやすいのである。これまで呼吸力の養成法に苦労している人なら試してみられるとよいと思う。

また受を左、あるいは右に倒す場合に力づくで倒している人もいるが、この場合、ある口伝を用いるとほとんど力は要らない。その口伝については後の機会に譲ることにしよう。

陰陽の理に基づく生成化育

森羅万象の中に陰陽の理が働き、それは合気道などにおいても同じであり、そして我々も、誕生以来ずっと、陰陽の理のもとに生を営んでいる。目に見えない陰の世界から目に見えるこの陽の世に生を享（う）け、生長していくうちに、生という陽の中にいつのまにか死という陰が拡大していき、その極点

に達したときに人はこの世を去り、目に見えない陰の世界へと赴くのである。日本では死んでから次の生を享けるまでの死後四十九日間を中間的存在の意味で「中有」というが、それが「中陰」とも呼ばれるのは、その辺のことを言い表しているのである。

また我々は、地である陰と、天である陽の気が相俟って誕生する。人は陽の気である精神と、陰の気である肉体とをもって地上に存在している。生きることは精神と肉体を維持することであり、死は精神と肉体の消滅することである。われわれは生あるかぎり、太極の一点から発せられる陰と陽の気の影響を受け続けているのである。

また自分が陰陽どちらの特性を持って生まれてきたかを知り、それに適した人生を送ることが、成功の秘訣ともなる。陰性の気のもとに生まれた人は、陰の持つ〝優しくはぐくみ育てる〟地の特性を生かした職業に就くと、その能力を充分に発揮し、成功を手中に収めることができる。会社でいうならば、社長の補佐役的な存在である。

また、陽の気のもとに生まれた人は、〝天の剛健な働き〟を備えているのであるから、小さくても組織の頂点に立つ地位に就くよう努力することにより成功を収めることができるのである。以上のように、諸事全般に陰陽の理は関わり、吉凶の根源をなしているのである。

掌の反転による理合

再び技の説明に戻ろう。次は「天地投げ」である。この技自体も幾つものやり方があり、「天地之

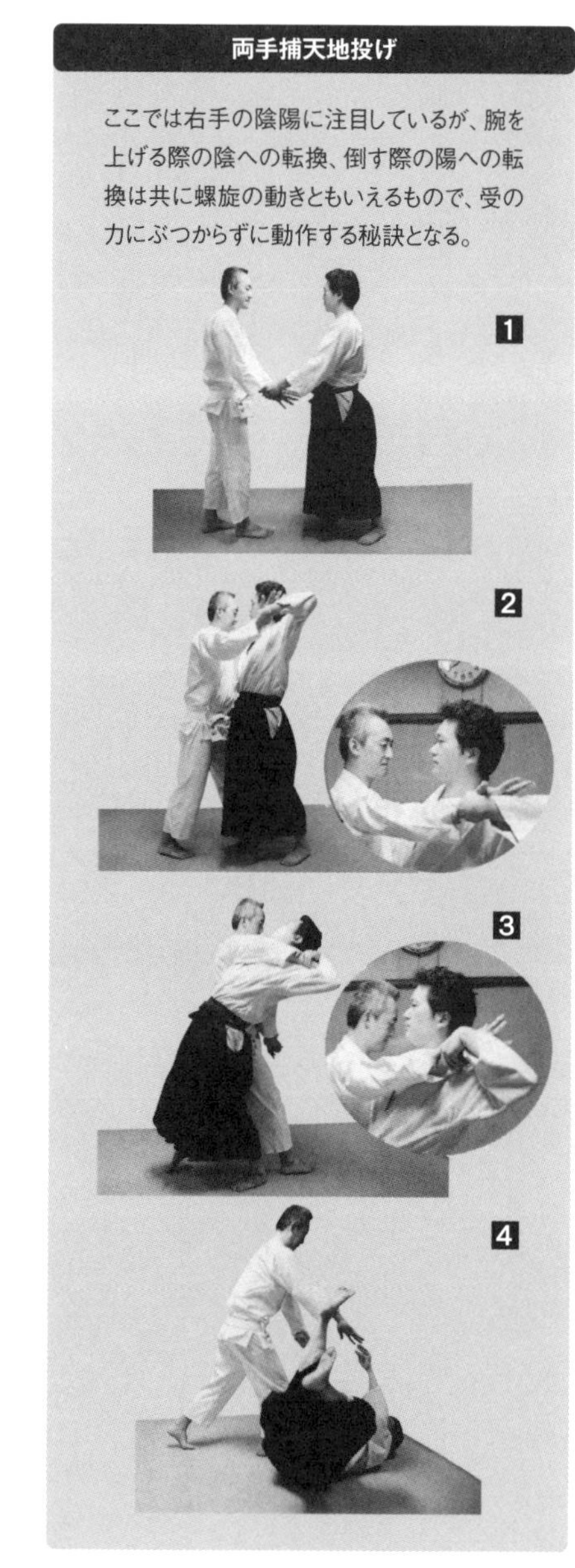

両手捕天地投げ

ここでは右手の陰陽に注目しているが、腕を上げる際の陰への転換、倒す際の陽への転換は共に螺旋の動きともいえるもので、受の力にぶつからずに動作する秘訣となる。

伝」においては、手を天と地に向けることを強調して説明したが、実は上方に向けられた手が陰陽に用いられなければならない。

○両手捕天地投げ

1受、相半身にて、捕の両手を掴む。

2捕、先ず右手掌を上方に向けるようにして左足を受の右方に進める。

3～4次いで右足を進めつつ、右手掌を返して手の甲を上に向けるように腕を受の首に巻き付け、仰向けに倒す。

この場合も、掌を上にしたままで相手を倒す実験をしていただきたい。それでは相手の左手の力とぶつかってしまって、なかなかに技を掛け難いことが分かるだろう。右手の掌を上に向けることをせず、手の虎口（親指の根元にあるツボ）側を上に向けたまま行うこともできるが、これはまた違ったテクニックを用いることとなる。

次に「居反」という技においての「陰陽之伝」を見てみよう。

○居反（半座半立）

1受、座したる捕の両手を掴む。

2捕、両手を向き合わせたまま「合気上げ」する。

3～4次いで、体を前方に屈め、これまで内を向いていた掌を外に向けて腕を前方から後方に廻し、自分の頭上を越して受を投げる。

この技は掌を返して投げないと、自分の後方に相手の手を引く時に、親指による「手解き」のようになってしまうために投げづらい。それが内側に向けていた陰なる掌を外側に向けることによって、小指側で相手の手を引くことになり、手が離れ難くこの技がやりやすいものとなる。

次に「陰陽之伝」に、前回説明した「擦過之伝」を併用して用いる技を紹介しよう。

片手捕背擦り

一見、最初に紹介した「逆肘投げ」と同じ肘極め技法かと思われがちだが、受の後ろ腰（臀部）を陰から陽へと手で擦ることによって重心が崩れることを要旨とした技となる。

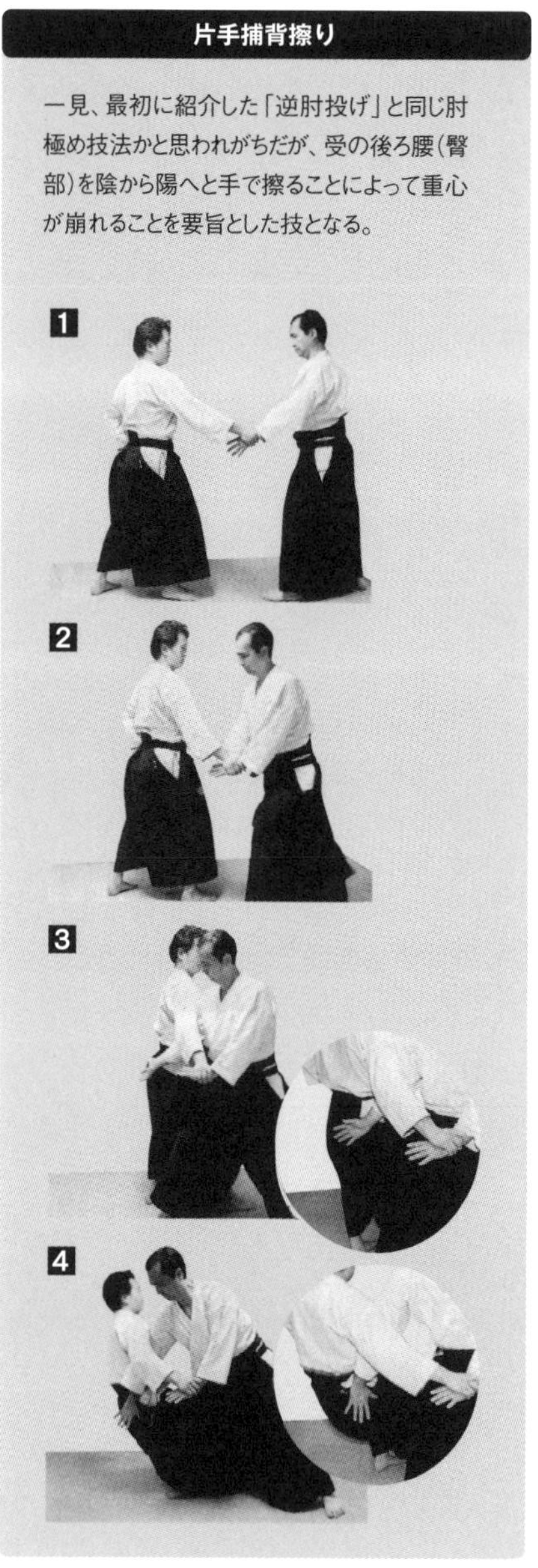

居反（半座半立）

「合気上げ」から両手をかき分けるように手を陰陽に転換させることで、受の平衡感覚が狂い、見事に崩し投げられてしまう。

○片手捕背擦り

1受、右半身にて、左半身の捕の左手を右手にて握る。
2～3捕、左足を受の右足の側に進めつつ、右手の甲の部分にて受の背を擦る。
4次いで、右足を進めつつ、右手を返して、掌で腰を撫でるようにして受を倒す。

最初に述べておいたことであるが、一つの技において幾つもの口伝を同時に用いることが多い。もし「擦過之伝」の説明を抜いて「陰陽之伝」だけ説明しても、おそらくこの技をできる人は少ないだろう。この技は「擦過之伝」だけでできないこともないのであるが、「擦過之伝」を用いず、ただ手を陰陽に用いるだけでは残念ながらこの技はできない。「陰陽之伝」を一緒に用いることによって、この技がより有効となるのである。

一つの口伝だけを得てその技に格段の進歩をする人も少なくはないが、実際のところ、他口伝があまり身についていない場合には、その口伝だけでできるとは限らない。足捌き、姿勢、心の向ける方向など、他にもいろいろと一つの技において説明しなければならないことは多いのだ。いくつもの口伝を知った上で、それを総合して用いてほしいと願うところである。

第五章

く乃字之伝―「く」字に歩む大事

アジロに入る「く」乃字伝

ここまでほとんど手の使い方について記してきたので、この章では少し趣向を変えて、足捌きの伝の一つである「く乃字之伝（のじのでん）」を紹介しよう。

この口伝が教示する所は、まさに「く」の字のように、足を動かしていく事にある。もっともその順序は上から書くのではなく、下から上に書くように足を動かすのである。つまり左足を左斜め前に動かし、次いで右足を右斜め前に進めるというのが、「く乃字之伝」の足の動かし方である。もっとも、当たり前の事ではあるが、くの字を鏡に写したように、右足を斜め右前に進め、次いで左足を左斜め前に進める事もある。

このように動く事により、相手の中心を攻め崩す形となり、様々な技を掛ける場合において、それらの技をより楽に掛ける事ができるのである。この「く乃字之伝」とほぼ同様な足捌きは植芝盛平翁も伝えていたらしく、その高弟であった田中万川（ばんせん）師範が、その著書『合気道神髄』において、「極意は捌き」として次のような文を認めておられる。

　合気道は体の捌きを以て極意となす。

　敵前後に現れたる時、我、心を鎮め、統一本体に入るべし。敵の動きに応ずる前に我進む先の先を知るなり。

　敵右に来れば左に転ず。但し捌きに応じ右に転じつつ左に転化の法をなすなり。

　空なる道を守り心して転化を旨とし捌き込む時、敵の心を我が心の中に飲み込み、気合と共に捌くものなり。……中略……

　同化する事の如く体が進み間髪を入れず捌きを以て敵の斜前に進み、更に敵後方に廻り込むなり。

　正面打、横面、突きも捌きには変わりなし。「あじろの恵なり」

　右のような説明をなされ、左、右、左と「くの字」のように進む線の図を示され、それに「アジロ型」と図名を付している。相手の攻撃を捌く場合に用いる足遣いということであり、それを各種の技

「く」乃字の足捌き

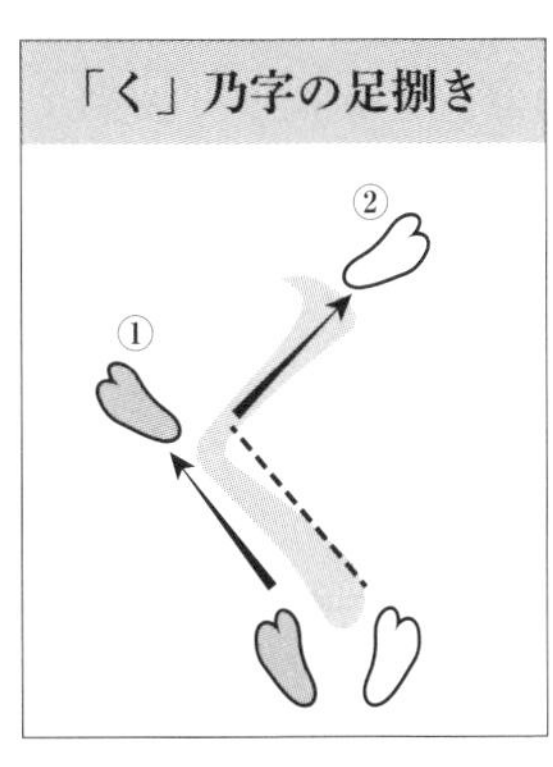

を掛ける場合にどのように用いているのかは不明であるが、少なくとも大東流においては、これと同じ足遣いを各種の技を掛ける場合に用いるわけなのである。

では実際にどのように用いるかをみてみよう。先ずもっとも代表的な使い方は「一ヶ条」の場合である。

○正面打ち一ヶ条（立合）

❶～❷受、捕の頭上に右手刀にて打ちかかる。捕、右足を斜め右前に踏み出し、左手は受の右肘、右手は受の右手首を抑え崩す。

❸次いで、左足を左手斜め前に進め、

❹次いで、右足を斜め右前に進めて、

❺両膝を付き、受の右手を制する。

❸～❹の「左足を左手斜め前に進め、次いで右足を斜め右前に進め」るのが、通常は「く乃字之伝」と呼ばれている。❷の「右足を斜め右前に踏み出し」をも加えるならば、植芝翁などが使われていたアジロという語を用いて、「網代(あじろ)之伝」といったほうが良いのかもしれない。

ちなみに網代というのは、竹や葦(あし)、あるいは木を薄く削ったものを斜め、あるいは縦横に編んだものである。垣、屏風、天井などにも使われ、他にも笠や団扇(うちわ)の形に作って、牛車(ぎっしゃ)や輿(こし)の屋形や天井に貼る事もある。もっとも本来は、字の如く網(あみ)の代わりの意であり、川の瀬に網を引く形に立て、その端に簀（割竹や葦を糸で粗く編んだもの）をあてて魚を捕るのに用いる。

網代は日本古来の漁具で、江戸時代ごろまでは各地で使用されており、魚の通路を遮るように、浅瀬から深みに向かって木や竹などの杭を立て、それに沿って魚を誘導する垣網を張り、その先端に魚が逃げにくいように楕円形の囲い網を取り付け、垣網や囲い網には数個の袋網をつけて、この中に魚を誘い入れ、漁獲するのである。

まさに植芝盛平翁は、網代によって魚を自然と誘導し捕えてしまうように、このアジロの足捌きによって、自らの技が掛けやすい状態に対する相手を追い込んでおいて、その技を施されたものと思う。「天網恢恢、疎にして漏らさず」という言葉が『老子』の中に記され、これは、「天の網は広大で目があらいようだが、悪人は漏らさずこれを捕える。悪い事をすれば必ず天罰が下る意」（『広辞苑』）とされるが、植芝翁においては、この網代の動きにおいて、宇宙そのものとなった我に仇なそうとする相手をその広大な目の網中に収め、網の中に入った魚がもはや抜け出すことができず漁師の意のままになるように、自分に対する相手を自在に封じ、また投げたものと思われる。

さて、この「く乃字之伝」を用いるのは「座捕」においても同じである。

○正面打ち一ヶ条（座捕）

1～2受、捕の頭上に右手刀にて打ちかかる。捕、左手は受の右肘、右手は受の右手首を抑え崩す。

3～4次いで、左膝を左手斜め前に進め、右膝を斜め右前に進めて受の右手を制する。

正面打ち一ヶ条（座捕）

「立合」同様、膝行によって、受の手刀打ちを抑え落としたところから、左、右と大きく踏み込むことで受を崩し、技をより掛かりやすくする。

正面打ち一ヶ条（立合）

受の手刀打ちを捕らえ、腰を捻りながらその場に落とし、左、右と斜め前方へと切り込んでいくことで、受の体勢を全身で崩していく。

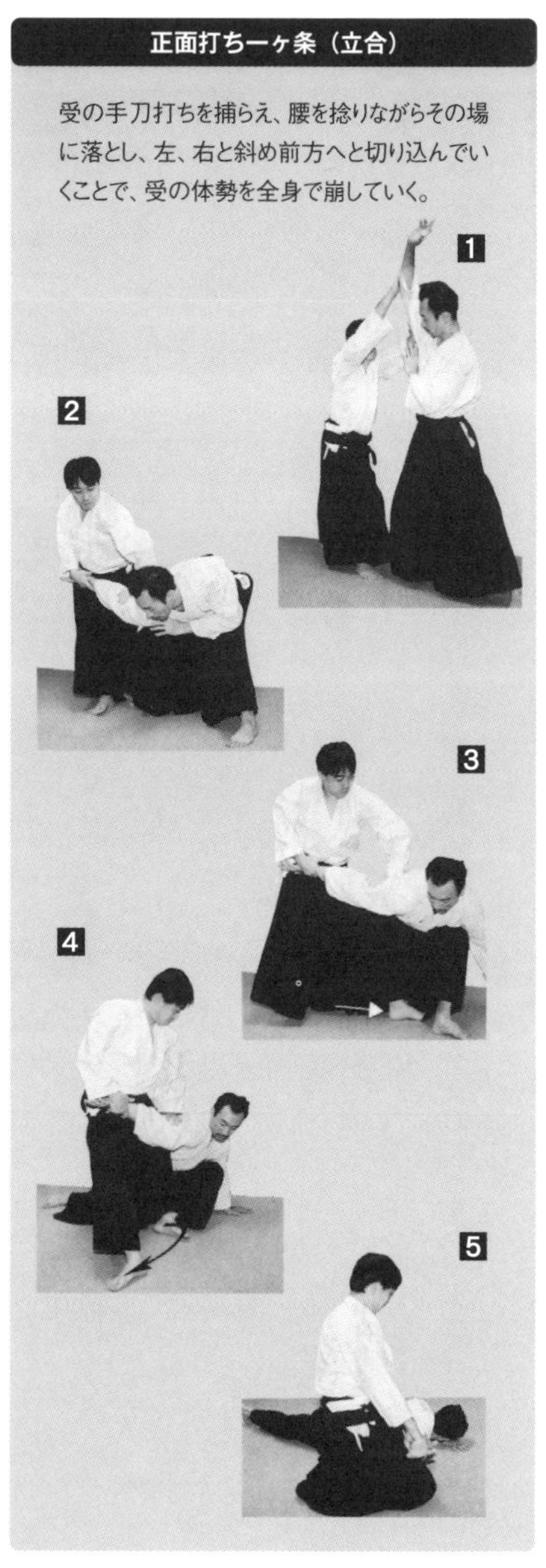

実際は、相手が座しているために、膝を左前に進めることはほとんどできないのであるが、それでも、右斜め前に左膝を進めるという意識ではなく、左斜め前に進める意識で膝を動かすことによって相手を崩し、容易に「一ヶ条」の技を掛けることができるのである（他の口伝があって、そうしなくとも崩すことも可能なのであるが、その口伝については後日また触れる機会があるものと思う）。

「く」に秘められた密着の妙

この足捌きが用いられるのは、勿論「一ヶ条」だけではない。たとえば前回の「陰陽之伝」において説明した「片手捕背擦り」においても同じである。今回は、捕が受の手を掴んでいって掛ける技として見てみよう。

○片手掴み背擦り

1受、捕、右半身にて立つ。捕、左足を左斜めに進め、左手にて受の右手首を掴み、

2右手の甲で受の背に触れる。

3次いで、右足を受の後方、右斜めに進めつつ、

4右の掌を返して、掌で腰を擦るようにして受を倒す。

実をいうと、「く乃字之伝」によるこの体捌きだけで、「陰陽之伝」などを用いなくても相手は倒れ

る。「陰陽之伝」を用いたほうがより容易に相手が倒れるというだけである。

また、この「く乃字」の足捌きにおいてはコツがある。「擦過之伝」とも関係するところであるが、「密着」ということである。馴れないうちは、相手から離れる感じで「く」の字を描いたほうがやりやすいかもしれないが、馴れてきたなら他の技術をうまく使うことによって、なるべく相手に密着する形で「く」の字を描いたほうがよい。

これについては、偶然ではあるが、「く」の字の中にすでに密着という意味が含まれており、そのことをも意識して「く」の字を描くことが大切である。「く」の字に密着の意味のあることは、合気道の開祖、植芝盛平翁が大本教で学ばれた言霊（ことたま）学によって知ることができる。よって、この「く」という

片手掴み背擦り

第三章「擦過之伝」でも用例として紹介した「背擦り」を、今回は掴み手として表現してみる。くの字に入りながら手掌（腕全体）で相手の背（腰）を擦るように密着させることで崩し投げる。

1

2

3

4

音声の言霊を見てみることにしよう。

久　く　つきとどまるの霊

物にベタリとひっ付きたる処の其の間をクといふ也。暗し、黒し、霊妙(くず)しなど其の働き言語に述べがたき処を指していふ義なり。ル声は其物を活して其の働きを顕はすが故に、活し霊といふ。ク声は其の物に着き止まりて目にも見へざる処より働きをなすが故にひき付く霊といふ也。其の物に働きをなすに妙なる処なるをクといふ也。

（中村孝道『言霊真洲鏡』）

つまり「く」という言霊は、引っ付いて、目に見えない所で働きをなす言霊なのである。つまり密着の妙が「く」という言霊には秘められているというわけなのだ。

そのようなわけで、日本語において、「倉」というのは物をおく所であり、囲んで見えず、また「鞍(くら)」は人と馬との間にあって密着して見えないところから「く」という言霊が使われているのである。また、「朽(くち)る」、「腐(くさ)る」という語があるが、これは「散る」、「去る」にク声を配したものであって、「ク散る」であり、「ク去る」である。

言霊学によれば、人身はシの言霊によって締め、ルの言霊で活し働かし、ウの言霊で動かし、イの言霊で止め、カの言霊で養い、クの言霊で魂魄(こんぱく)を着き止まらせて、目に見えない所から働かせているのであり、クが散ったり去ったりということは、その身体から魂魄が離れることであり、死を意味することとなるのである。大東流の技もクの密着がなくなると、その精神を失い死んだ技となりやすい。クの働きをルが活して居るのをクルというが、糸を繰るというように、ク（密着）を各技にうまく活かして使うことによって、相手を自在に繰ることも可能となるのである。

「く」に入るバリエーション

さて「く乃字之伝」をどのように活用するか、もう少しいくつかの技を見てみよう。

○綾手捕入身投げ

1受、右半身にて、右半身の捕の右手を握る。

2捕、右手の親指を利かしつつ、右手にて円を描くようにしながら、左足を左斜め前に進め、

3～4次いで、右手を返しつつ、右足を右斜め、受の後方に進めて受を倒す。

この場合、足を左、右と進めていくが、この「く乃字之伝」を用いる以前に、「指南之伝」（第二章参照）で親指を利かせて円を描いていかないと、受が腕に力を入れ、つっぱっているような場合には、受の右手と自分の右手の力がぶつかって右足を前方に進めていくことができない。「く乃字之伝」だけを学んでも、手の動かし方を学んでいなければ動くことができず、技を掛けることができないというわけである。

もっともそうした手の技を知らない場合には、手はそのまま動かさず、裏に入って相手と並んで少し誘導してから「入身投げ」をかけることもある。同じ技であっても変化は自在なのである。

○肩当投げ

❶受、右半身の捕に対して、右手刀にて袈裟斬り。
❷捕、左足を左斜め前方に進め、左手刀にて、受の右手刀を抑える。
❸次いで、右肩を返して受の上腕部を擦るようにして、
❹右足を右斜め前方に進め、後方に倒す。

「受の上腕部を擦る」という「擦過之伝」がうまく使えている場合には、右足が直線的に入っても相手は倒れてくれることもあるが、そうでなければ相手は倒れない。しかしながらこのとき、しっかり「左足を左斜め前方に進め…右足を右斜め前方に進め」る「く乃字之伝」ができていれば、ほとんど相手を倒すことが可能である。

○天地投げ

❶受、右半身にて、右半身の捕の両手を掴む。
❷捕、右の手を上方に、左の手を下方に向けつつ、左足を左斜め前に進ませる。
❸〜❹次いで、右足を右斜め前に進ませつつ、両手を返して前方に突き出し、受を後方に倒す。

肩当投げ

「背擦り」に似ているが、受の二の腕へこちらの二の腕を上から廻し当てるように擦らせる技法。この肩廻しが上手く行かなくとも、しっかりくの字に入れれば、体当たり的に相手を崩し倒すことができる。

綾手捕入身投げ

左足を進める際に、捕られた右掌を開きつつ手首を返すことで、右手親指を受の手首へ引っ掛ける要領で相手の力を流し、右足をくの字に進めて「入身投げ」する。

天地投げ

「入身投げ」と同様、くの字の足捌きと共に、今までの「天地之伝」や「陰陽之伝」を活かすことで、相手の力とぶつかることなく、崩し投げることができる。

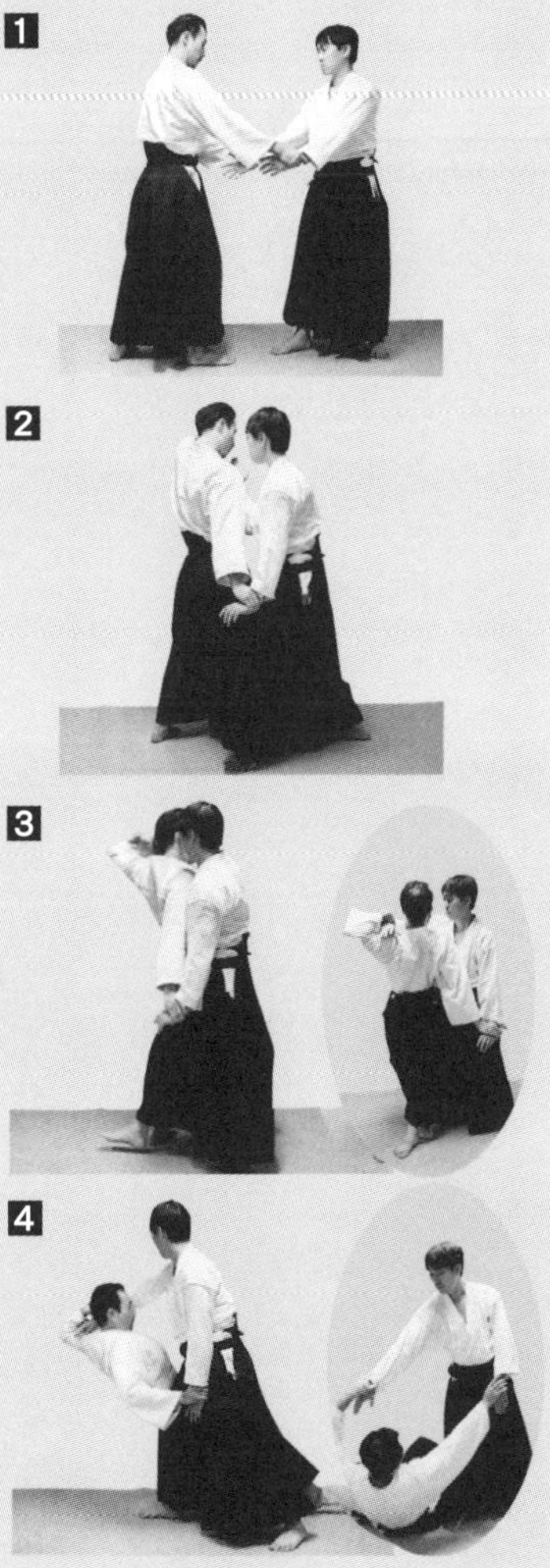

1

2

3

4

この「天地投げ」において、自らの手が、すでに説明した「天地之伝」「陰陽之伝」などに基づいて動いていることは当然必要なわけであり、ここに「く乃字之伝」が加わることによって、より一層技を容易に掛け得るようになるわけなのである。かなり才能ある人の場合には、習わなくとも、また必ずしも口伝などを受けなくとも、自ずから一番技が効果的な身体動作を成していることがあり、こうしたことにあまり拘らなくともよい。また、稽古に際して技を掛けるたびに、わざわざ口伝を思い出そうとする必要もない。

だが、普通の人の場合には、自然と体が動くのに任せておいては理に欠けた動きとなることが多いので、人と対して自在に動けない場合、「何か欠けたものがないか」、「何かの口伝が欠けているのではないか」と、一つ一つ検討していき、その欠けたものを補うことを意識して練習することが必要である。

そうすることによって、あまり才能のない人であっても、かなりの進歩が望めるのではないかと思う。本書も、そのように自ら工夫する人にとって、少しでも役立てばと思う次第である。

第六章 風角之伝―臂を耳にぶち当てる事

"兆し"を示す「風角」

「風角(ふうかく)」とは、受の肘（臂）をその耳にぶち当てるようにして、受を崩す口伝である。もっとも、肘を受の耳にぶつけるのは、受の身体が横を向いているときであり、その顔がこちらに向いているときには、鼻にぶつけるようにして崩すのである。

元々、「風角」という言葉は中国の秘伝的占術の名であるが、大東流の口伝の名称として使用した。「風」とは天地の号令であり、吉凶を示すものとされ、「角」とは「比べる」、あるいは「触れる」といった意味で、「風角」は、風の音とか、風の吹いてくる方向といった、何らかの兆しをもとにして吉凶を占う術である。

風の音を聞くものは耳、風が運ぶ匂いを嗅ぐものは鼻、よって、肘を耳や鼻に触れさせる伝を「風角之伝」と名付けたのである。

道家のバイブル的存在として知られ、その研究には欠かせない書物といわれる『抱朴子（ほうぼくし）』を著した葛洪（かっこう）を始め、諸子百家、神仙術はもとより、仏教などにも造詣が深く、仙人の聖地とされている茅山（今の江蘇省句曲山（こうきょくさん））に隠棲し、梁の武帝より「山中の宰相」と尊重された陶弘景（とうこうけい）なども、この風角の術をかなり研究していた。また明治の時代に肉体を以て神仙界に出入し、多くの神界の機密をもたらした土佐の潮江天満宮の社司、宮地水位大人なども、この法に通じていたとされる。

そのような分野の研究が私の本分であるところから、玄修会において教伝している大東流においても、そこで使われている用語を借用したというわけだ。

さて、では前回も説明した「正面打ち一ヶ条」で、どこで「風角之伝」を用いているかを見てみることにしよう。

○一ヶ条

1 受、右手刀にて捕の頭上を打つ。捕、右手刀を受の右手首、左手刀を右肘に当て受ける。

2 次いで、受の右肘を受の右耳にぶつけるようにして受を崩す。

3 受、左手を後につき、左膝を後に引く。

4 捕、左膝、右膝と進め、受を崩し、両手にて受の右手を極める。

右の捕による2の動きが風角である。前回の説明では、「捕、左手は受の右肘、右手は受の右手首を抑え崩す」として、どのようにして「抑え崩す」のかということには触れなかった。実はここに「風角之伝」を用いて受を崩すのである。

また、この時、受に関していえば、この風角を用いられた受は、捕が肘を耳あるいは鼻にぶつけてくるのをそのまま待つ必要はない。それをそのままともに思い切り受けてしまうと、かなりのダメージがあるのだ。よって、そのダメージを和らげるために、その力を流すようにして自らの身体を動かす。それが**3**の受の動きである。受は風角という占いと同じように、捕の兆しを見て、それに対処するように自らの身体を動かすのである。「風角之伝」とは、捕に対してのみ通用する口伝ではなく、受

一ヶ条

捕はとらえた相手の右腕（肘）を相手の右耳に打ち当てるようにしながら崩す。この時、受も無理に逆らうことなく、「兆し」を読んで体を逃がすコツを養う（**1**～**4**）。また、捕はとらえた腕を両手で押し込みがちだが、手首側を持つ右手はできるだけその場から動かさないようにするのが一つのコツとなる。

に対してもどうすべきかを教えているのである。

世の中のことは、どのようなことにしろ、大きな変化が生ずる場合には、必ず何らかの兆しが見えるものなのである。その兆しを見逃さずに占うのが風角という占いの基本とされている。だが、占いをわざわざ学ばなくても、また知らなくとも、日常の生活において問題が生じそうな時、心の目を研ぎ澄ましていれば、何らかの兆しが見えたり感じられたりするものなのである。武道を修練する者は、日常生活においても微妙な兆しに気づくようでなくてはならない。それをも諭（さと）す意味で、肘を耳にぶつけて崩す口伝に、「風角之伝」と名付けたのである。

そして、風角を察知してそれを避けた受の**3**の動きに対して、捕の**4**の動きには、さらにそれを崩すために、前回説明した「く乃字之伝」が用いられている。何度も繰り返すようであるが、一つの技の中にいくつもの口伝が重なって用いられているわけで、一つの口伝を知ったから、それですべてができるというわけではないのだ。

○二ヶ条

1受、右手にて捕の胸元を掴む。捕、右手にて捕の顎、左手にて捕の肘に当てを入れる。

2次いで、右手にて受の右手甲を掴み、左手を受の右手肘に当てて極める。

3次いで、受の右の肘を受の右の耳にぶち当てるようにして崩す。

4受の右手首を左手の肘にはさみ、右手にて二の腕を押して極める。

ここでは❸において「風角之伝」が用いられている。「一ヶ条」のときには、捕の右手の中指、薬指、小指は、受の右手の母指球を掴んでいたが、この「二ヶ条」においては小指球を掴んでいる。またこの場合、「二ヶ条」を掛けたので受の肘は曲がっているが、それを受の耳にぶつけるようにして受を崩してうつ伏せとし制している。肘が伸びていようと、掴んでいるところが違おうと、肘を顔にぶつけて崩せるということにおいては変わりはないのである。

○四ヶ条

❶受、右手にて捕の右手を握る。

❷捕、左手の人差し指の根元を受の手首に当て、右手にて受の右手甲を掴み、受の肘が天の方向を向くように抑える。

❸次いで、その受の肘を、受の右の耳にぶつけるようにして崩す。

❹左足、右足と進めて受をさらに崩し、左手人差し指の根元にて、受の右手首を極める。

❷において、既に説明した「天地之伝」が用いられている。初心者や経絡の弱い人であれば、この「天地之伝」だけで相手を制することも可能である。しかし、相手が熟達した人とか、経絡の生まれつき丈夫な人であると、それだけで相手を制することは難しい。よって受を崩すために❸において「風角之伝」を用いるのである。これにより、普通であれば受は崩れ、その次の固めの段階に移行できるというわけなのである。

四ヶ条

手首の急所を抑え極める「四ヶ条」では、その極める方向（軌跡）を肘を通じて相手の耳の方向へ定める。

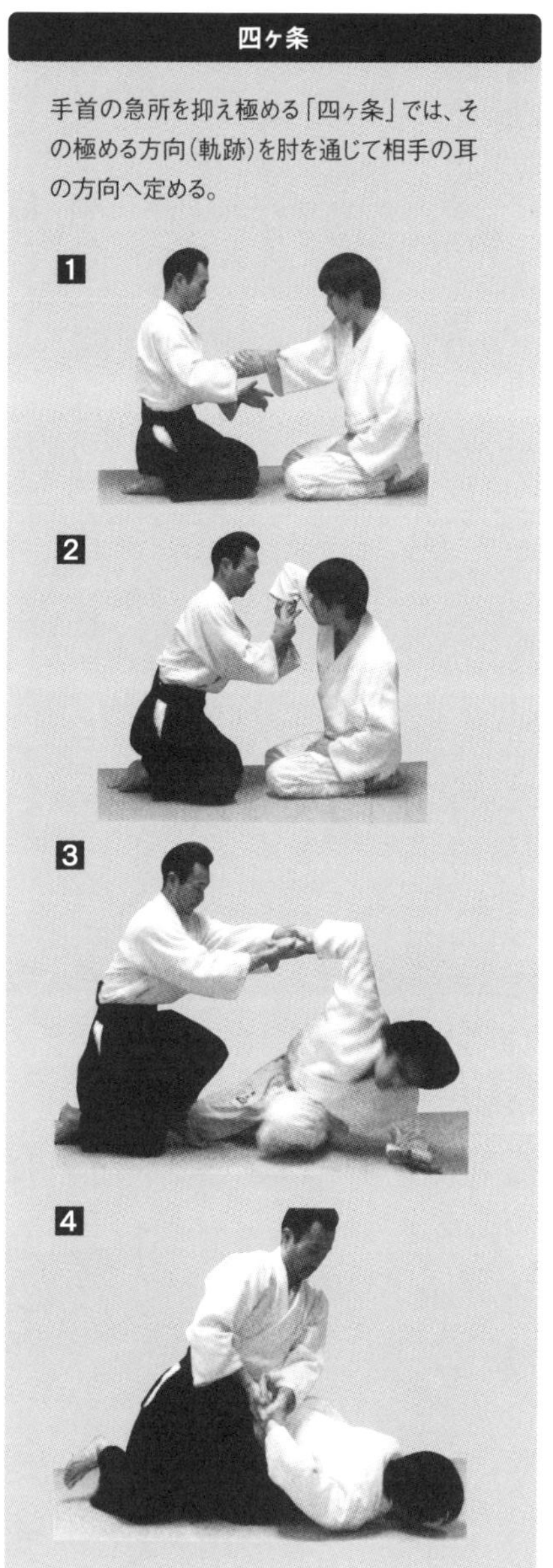

二ヶ条

「二ヶ条」は肘をひっくり返す趣で、相手の耳へ打ち当てる理合がより明確に見て取れる。肘の操作で相手の身体をコントロールしている。

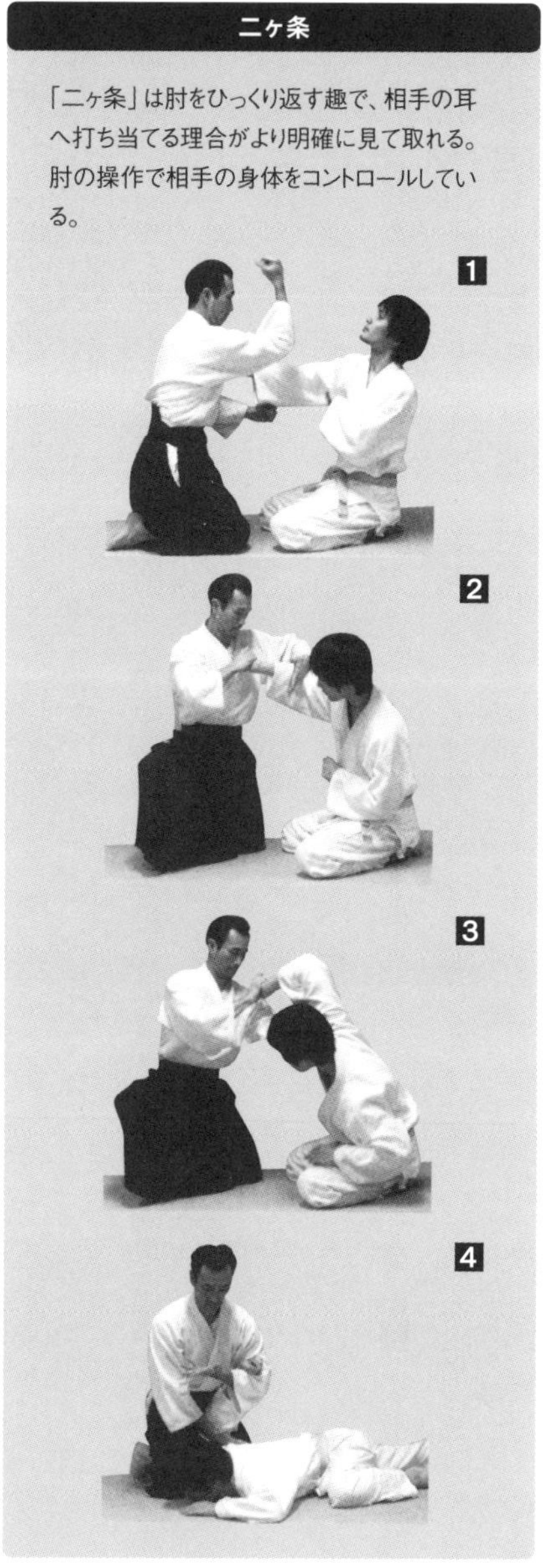

片手でのコントロール

次の技は、左手を添えずに右手だけで掛ける。「一ヶ条」の変形と考えても差し支えない技であり、武田惣角の高弟、松田敏美師範に学び道家合気術を創始した早島正雄師範などが「内木葉（こば）」と呼んでいる技で、これも風角が用いられている。

○内木葉

❶捕、受、対座す。捕、右手にて顔面に目つぶし。

❷次いで、受の右手甲を右手にて掴む。

❸〜❹次いで、受の右肘を右耳に当てるようにして崩し制する。

一目瞭然であるが、❸〜❹の部分において「風角之伝」が用いられている。これも試していただけると分かるが、受の右手を捕が片手で、単に右方に動かそうとしても、普通であれば、余程の体力差がないと難しい。しかしながら、捕が片手であっても、受の右肘を受の右耳に当てるつもりで振るようにして動かせば、受はたまらず崩れる。

次は「小手返し」を見てみよう。「小手返し」は大東流においては、合気道系統と違って、捕は片手で、受の小手を制することが多い。だが、両手を用いる場合においてもある種のコツを知らないと難しいわけで、いわんや片手で、手首の丈夫な人や熟達者に「小手返し」をかけることはなかなか難しい。そのために我が会の大東流には、同じ「小手返し」といっても様々な技法の教伝があるが、これはその中の一つで、「風角之伝」を用いたものだ。

○小手返し（変化）

1捕、受、対座す。捕、右手にて顔面に目つぶし。

2捕、右手にて、受の左手甲を掴む。

3～4次いで、受の左肘を受の右耳に当てるようにして大きく廻して倒す。

通常の場合、「風角之伝」においては、右肘は右耳に、左肘は左耳に当てるようにして相手を崩すのであるが、この場合においては、左肘を右耳にぶつけるようにして動かすというのがいささか趣を異にする。また顔がこちらを向いているのだから、鼻に肘をぶつけるようにしたらと考える人もいるかもしれないが、残念ながらそれでは崩し難いようである。片手で掛けるために、右耳にぶつけるくらいの気持ちで行って、丁度相手が崩れるようである。

次に相手が手に力を入れていない場合に用いる技の一つを見てみよう。

○鞭打ち

1受、捕、対座す。捕、受の左手首を右手にて軽く掴む。

小手返し（変化）

普通に「小手返し」をかけようとしても、片手では相手に体力がある場合、崩すには難しい。この「風角之伝」を使うと、首ごと相手を崩す形となる。

内木葉

「風角」を攻める際、相手の腕を鞭のように扱うのが一つのコツとなる。

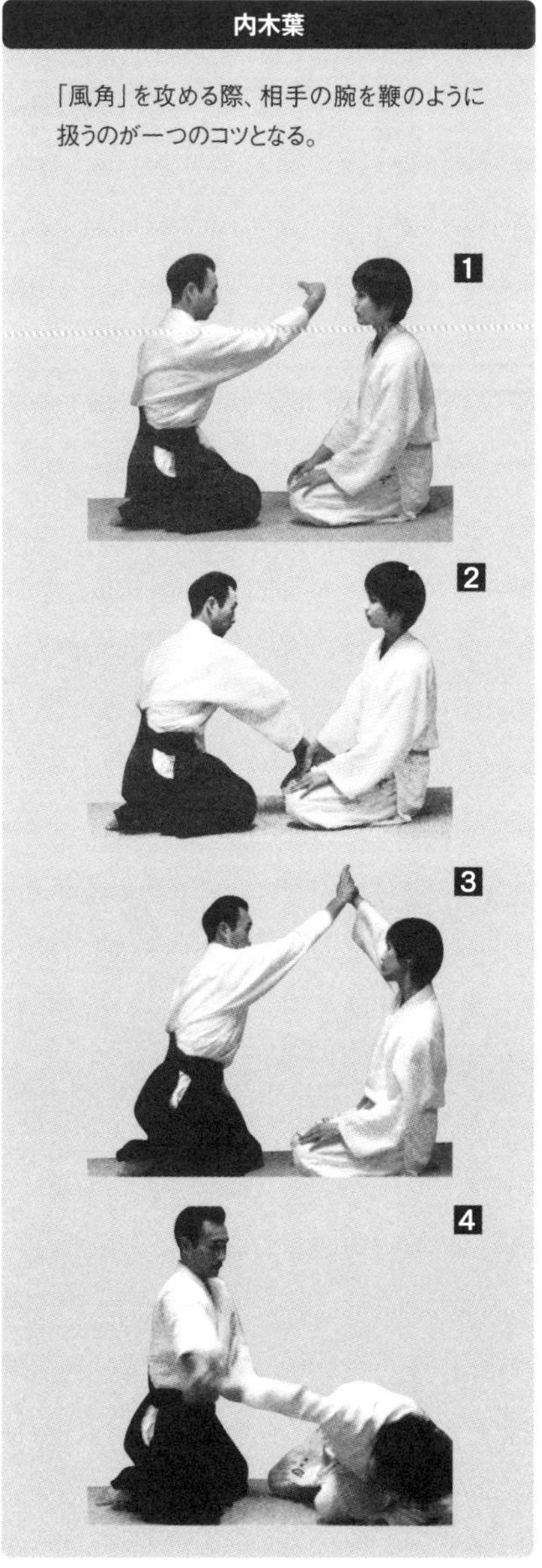

鞭打ち

「内木葉」で指摘したコツと同じく、ここで最も大切なのは「脱力」すること。そして、相手の体(胸)に接するほどに近づけた軌跡を描くことである。

1

2

3

4

2～4次いで、鞭を振るように、受の左肘を受の左耳に当てるようにして、受を投げ倒す。

これは先程の「四ヶ条」の変化とも見えるが、ここでは人差し指の根元において、受の経絡を攻める必要はない。ただ鞭を振るうようにして、受の左肘を左耳に当てるようにすれば受は倒れる。人によっては二、三メートル先にころがり飛ぶ人もいる。

禍福を司る天地の大原則

次の技は、大東流における奥伝の固め技のうちの一本であるが、元来は名称がない。最後の固めにおいて、受の手を首のところで交差して引き固める。その手と首との交差して引き上げられた形が、丁度、川に流して遊ぶ笹舟の形に似ている。そこで、初め「笹舟」と名付けようとしたが、思うところがあって、舟の中では最古のものとされる、葦（あし）を束ねて作られた舟の名である「葦舟」と技名をした。

さてその技であるが、

○葦舟

❶受、右手刀にて袈裟斬り。

❷捕、左足を引きつつ、廻すようにして右手刀にて左から右に捌く。

❸次いで、受の後から左手を廻して受の右手首を掴む。

❹次いで、右手にて、受の肘を鼻にぶち当てるようにして突き上げる。

❺～❼受をうつ伏せとして、両手首を握り引き上げて極める。

この技においては、❹で口伝が用いられている。単に左手で受の右手を引くだけでは受は崩れず、倒すことは難しい。そこに「風角之伝」を用いることで受を楽に崩し、最後の固めに導くことができるのである。

さて「葦舟」と名付けた理由であるが、「葦舟」という語は、古神道において重視する『古事記』の重要な場面において出てくる語であり、その意味するところを技名を聞くたびに想起して欲しいと願ったからだ。『古事記』には、次のように記されている。

葦舟

4の鼻への「風角」はただ肘を上げようとしても難しく、相手の体を廻そうと力んでも上手くいかない。正解は相手の肘より上の前腕全体を一つの固まりとして操作すること。「風角」によって上体が一塊りとなった相手は、そのまま次の固め技も逃れることができずに固められてしまう。

1

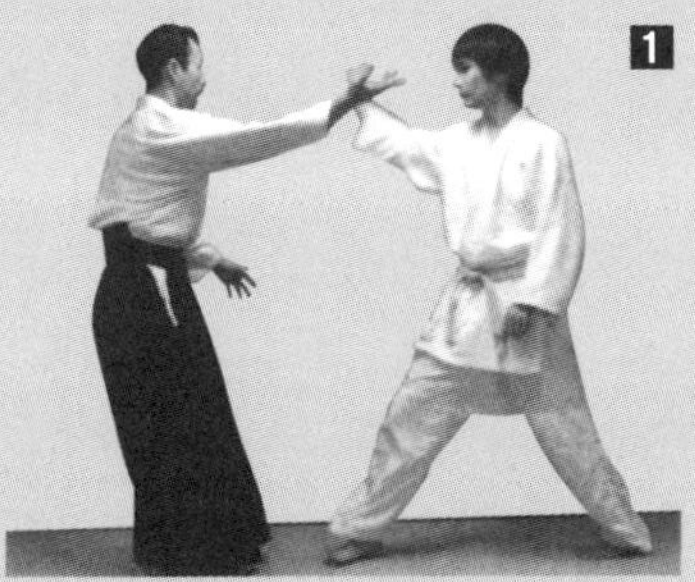

2

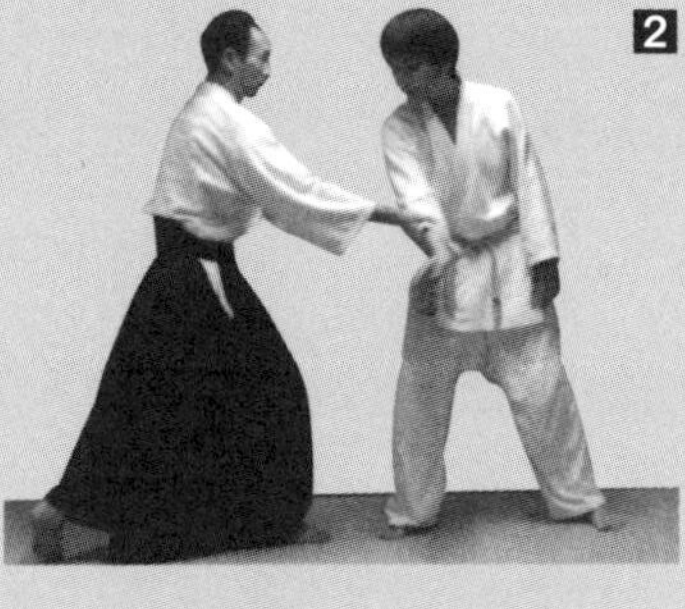

3

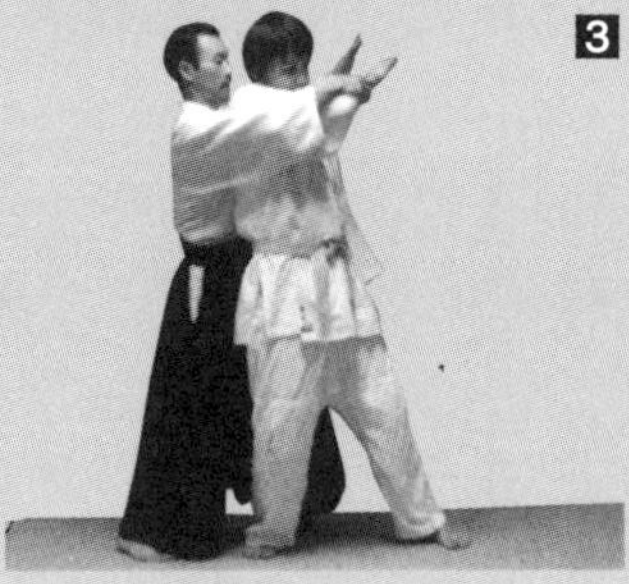

4

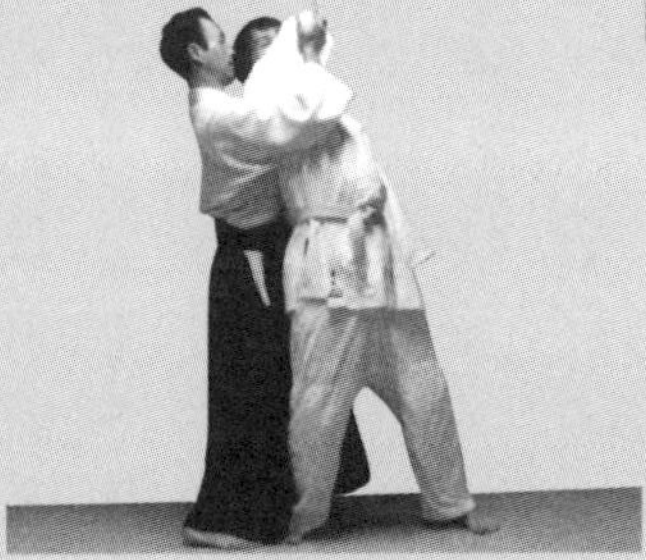

5

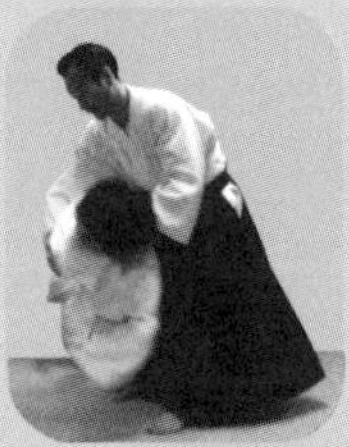

6

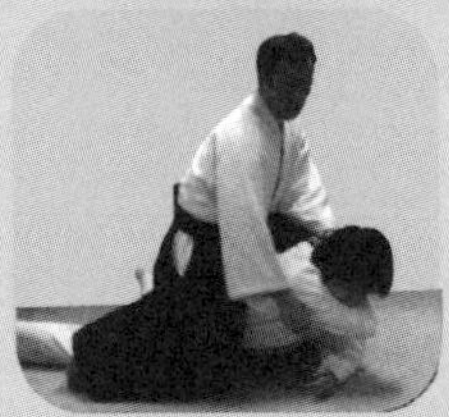

7

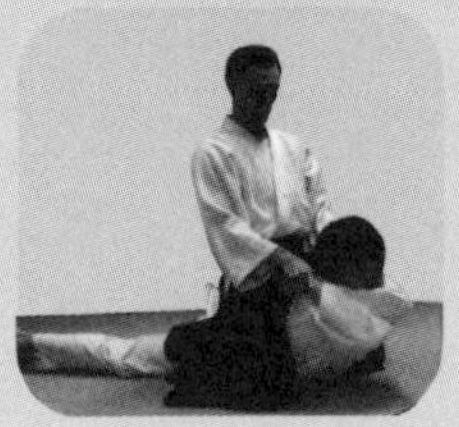

爾に伊邪那岐命詔りたまひつらく、「然らば吾と汝と是の天の御柱を行き廻り逢ひて、みとのまぐはひ為む」とのりたまひき。如此云ひ期りて、乃ち「汝は右より廻り逢へ、我は左より廻り逢はむ」と詔りたまひ、約り竟へて廻ります時、伊邪那美命、先づ「あなにやしえをとこを」と言ひ、後に伊邪那岐命、「あなにやしえをとめを」と言ひ、各言りたまひ竟へて後、其妹に告げたまひしく、「女言先だちて良はず」とつげたまひき。然れどもくみどに興して生める子は水蛭子。此の子は葦船に入れて流し去りたまひき。

ここでは、天神の命によって、日本の国、また神々を生んだとされる伊邪那岐神、伊邪那美神が、天之御柱のまわりを左旋・右旋して、交合して神々を生むのだが、本来、陽主陰従（霊主体従）で、伊邪那岐神が先になって一切は始まらなければならないものが、伊邪那美神が先になって事を始めたために、つまり天地の大原則に逆らったために、水蛭子という、あまり神の御子としては相応しくない子供が生まれてしまう。よってその水蛭子を葦舟に乗せて流してしまったというのである。

「葦舟」と聞くと私はこの場面を思い出し、天地の大原則に従うことの大切さを思うのである。また、大原則に従わなかった場合には、水蛭子が生まれるというような不祥事がこの世界においても生じる。その場合にはどうするか。すなわち、葦舟に乗せて水に流すのである。これは神道における祓い清めをなすということだ。

その後、水蛭子はどうなったか。恵比須としてよみがえり尊崇されるようになった。水蛭子を乗せた葦舟が流れ着いたとして、恵比寿を祭る神社は各地にある。なかでも、兵庫県西宮の浜から北約一キロに位置する西宮神社などは有名だ。水蛭子は不具（ふぐ）であったために水に流されるが、福（ふく）の神として戻ってくるのである。同じ植物アシがヨシとも呼ばれる如く、水蛭子も福神と呼ばれるようになるである。

それは何故か。葦の力によるものと考えられる。神道においては「神火清明、神水清明」という言葉があり、火と水の清明さを重んじるが、葦には水を浄化する働きがあるのだ。ちなみに、葦は、数十年前には河原や湖など日本全国至るところに生えており、屋根を葺（ふ）いたり、簾（すだれ）や筵（むしろ）にしたりして、生活に無くてはならないものであったが、今ではあまり利用されなくなり減ってきている。葦には川や湖などの水を浄化する力があり、一年間で一本につき約二トンの水を浄化するとされており、日本の自然を守るために大きな働きをしていることを考えると、非常に残念なことである。

また古神道においては、葦管を用いてある種の神呪（しんじゅ）を唱え、一切の病気を治す。葦には水だけではなく、一切の邪気や穢（けが）れを祓い去る力があると信じられているのだ。葦舟に乗せられ、清明な水に流されることによって、水蛭子はその穢れが葦と水の力によって祓い清められ、その本来の神性を発揮したのである。

人間の穢れを祓い清め、その本来の姿を発揮させるものとして、植芝盛平翁などは合気道を考えておられた。そうしたことを思い起こす奇縁とするために、この技の名を「葦舟」としたのである。

第七章　高天原之伝―円あるいは球を描く事

高天原＝至大天球の全大宇宙

古神道において重視する書、『古事記』の冒頭には「天地初発のとき、高天原になりませる神の御名は天之御中主神（あめのみなかぬし）……」ということが記されている。第一章において、「天地」に関しては「天地之伝」（指先を天地に向けること）として既に説明しているが、本章では、「高天原」という語に基づく「高天原之伝」を説明する。

「高天原之伝」とは〝円あるいは球転的な動きをなせ〟との口伝である。他の武術、たとえば空手などにおいても、極真空手の創始者、大山倍達師範などは、円の動きを以て極意中の極意とする旨、その著書のなかで述べておられるが、合気に関連する武術こそは、これまたそれを極意とするものである。

「合気術は、まるくまるく円にしぼる、というところにその極意がある」（堀田巍顕著『武道全書』）とする人がおり、また植芝盛平翁なども「合気というものは、初め円を描く。円を描くこと、つまり対照力。相手に指一本触れないでも相手は跳んでしまう」（『合気神髄』）と述べておられるくらいで、合気に関連する武術においては、円的な動きがかなり存在する。

もっとも、その動きが非常に小さかったり、あるいはあまりにも大きかったりするために技によってはそれに気づかぬ人もいる。だが、合気道は勿論のこと、その源流ではあるが、直線的な動きが多いと思われがちな大東流においてさえも、その足捌きの中、あるいはその技の中に、円あるいは螺旋的な動きが効果的に用いられていることが少なくないのだ。

さて、高天原とは、天上の神々の住む世界であるとか、人の心にあるとか、小アジア・アルメニアであるとか、いろいろと説はあるが、分かりやすく言い切ってしまえば、私達の住むこの大宇宙そのものを高天原と考えることができる。造化の主宰神であるところの天之御中主神が鳴り、成り、生（な）っている処の高天原とは、そのままにしてこの大宇宙なのである。そして、その宇宙が円（まど）かなるものであるとは、日本における古伝である。

このことは、高天原という語を言霊（ことだま）解釈すれば明らかである。それを、植芝盛平翁などが大本教において学ばれた言霊学者・大石凝真素美（おおいしごりますみ）の『天地茁廴貫之極典（あめつちはえぬきのきょくてん）』に見てみる。

　故れ撒霧（さぎり）に撒霧たる⦿（す）の機が一極に純窒焉（つづまりあり）て至大浩々恒々兮の時に当りて其両極端に於て自然に理として対照力を起すなり。実に天之御中主の神が双手を等しく差出して対照し給ふ形なり、誠

に億兆万里の距離を、両手に貫き保ちたる義なり。

是と同時に北南の両極端にも此の対照力が起りつゝ漸々に六合八角八荒皆悉(ことごと)く、其の両極端に等しく此の対照力を起して至大浩々恒々の至大気海の外面を全く対照力にて張り詰るなり、此の時に初めて球の形が顕はるゝなり。

蓋し球といふ二声の霊は対照力が全く張り詰めて成り定まりたる也といふ義也。対照力に至大の外郭を全く塗り詰めたる形也、タタのチカラ全き形也。

復此の至大天球を全く張り詰めたる億兆刧々、数の限りの対照力は皆悉く両々相対照して其の中間を極徴点の連球絲(さぬき)にて掛け貫き保ち居るなり、此義を声に顕してタ（対照力）カ（掛貫力）マ（全く張り詰め玉となる）といふ義なり。

此至大天球は極徴点の連球絲なる神霊分子を充実して以て機関とし活機臨々乎として活きて居る也、此の儀を称して一言にガ（神霊活機臨々）と云ふなり。復其の膨張焉として至大煕(き)々たる真相を一言にハ（至大煕々）といふ也。復其の造化機が運行循環しつゝ居る義を称して一言にラ（循環運行）と云ふ也。故に此のタカマガハラといふ六言の神霊機を明かに説明すれば天地開闢(かいびやく)の秩序を親しく目撃したる如く者の心中確乎として愉快するなり。

つまりは、言霊学によれば、タは対照力、カは掛け貫く力、マは全く張り詰め玉となった状態、ガは神霊活気臨々、ハは至大煕々、ラは循環運行である。よってタカマガハラを言霊的に簡略に言い切ってしまえば、この全大宇宙は至大天球なのである。

つまりは、高天原には円かなる球の意味があるのである。球は平面的にみれば、円であり、この高天原という言葉のなかには、円、球の一切が包含されているのである。よって私が主宰する大東流合気柔術玄修会では、円、また球的な動きに関する伝を「高天原之伝」と名付け教授している。とりあえずは、古神道的には、高天原という大宇宙のあり方が、円的であり、球的であることを理解していただけたろうか。

円を形作り、円に掛ける

さて、では大東流の技において、それがどのように活用できるのかを見てみることにしよう。

○片手捕合気投げ

❶受、捕の右手を左半身にて左手で握る。

❷捕、自分の右の手から気を発して、受の左の手を通し、受の右肩に向かって流し、

❸大きな円を描くつもりで突き出し、受を左前方に投げる。

この場合に、捕の手と受の手がうまく一つにならなければならず、受の捕の手の延長が交差するようでは駄目で、一つの大きな円を描いていなければならない。故にこそ、ここで、円を意識する「高天原之伝」が用いられるのである。右の技の場合、手を上方に上げて円を作ったが、必ずしも円は上

方でなくともよい。それを見てみよう。

○諸手捕合気投げ

1受、左半身にて捕の右手を両手にて握る。

2～3捕、右足を半歩踏み出して、直線に近い大きな円を描いて、右手を受の股のほう、斜め下に突き出し、

4前方に投げる。

この場合、腕を直線的にして受のほうに突き出そうとしても、ぶつかってしまって突き出すことはできない。腕に僅かな丸みを付けて、受の身体を後方に倒すような方角に突き出すことが大切なのである。これまた「高天原之伝」である。

また、「高天原之伝」は、合気道などにおける「呼吸力養成法」においても用いることができる。呼吸力の養成法にもいろいろとあるが、そのなかでの代表的なものである、植芝吉祥丸師範の『合気道』（光和堂　一九五七年）に記された、坐しての「両手取り正面呼吸法」を見てみよう。同書によれば、そのやりかたはざっと次のごとくである。

間合をつめ、相対して正座する。指先に力を入れ肩の力を抜き、下腹に力を入れつつ腰を基点として、掌を充分に開きながら、相手に両手首を持たせ、相手の両肩の方へ、自己の両手を柔軟

諸手捕合気投げ

ここでも捕の右腕は螺旋を描く。受のグリップが甘ければ、当然、下腹部(金的)への当てともなる軌跡で突き出す。

片手捕合気投げ

捕(右)は自らの腕(右腕)だけではなく、相手の腕(左腕)をも一体のものとして、受の右肩まで貫く大きな円をイメージする。3の右手の形から分かるように、捕は、右腕を螺旋状に突き出していることに注意。

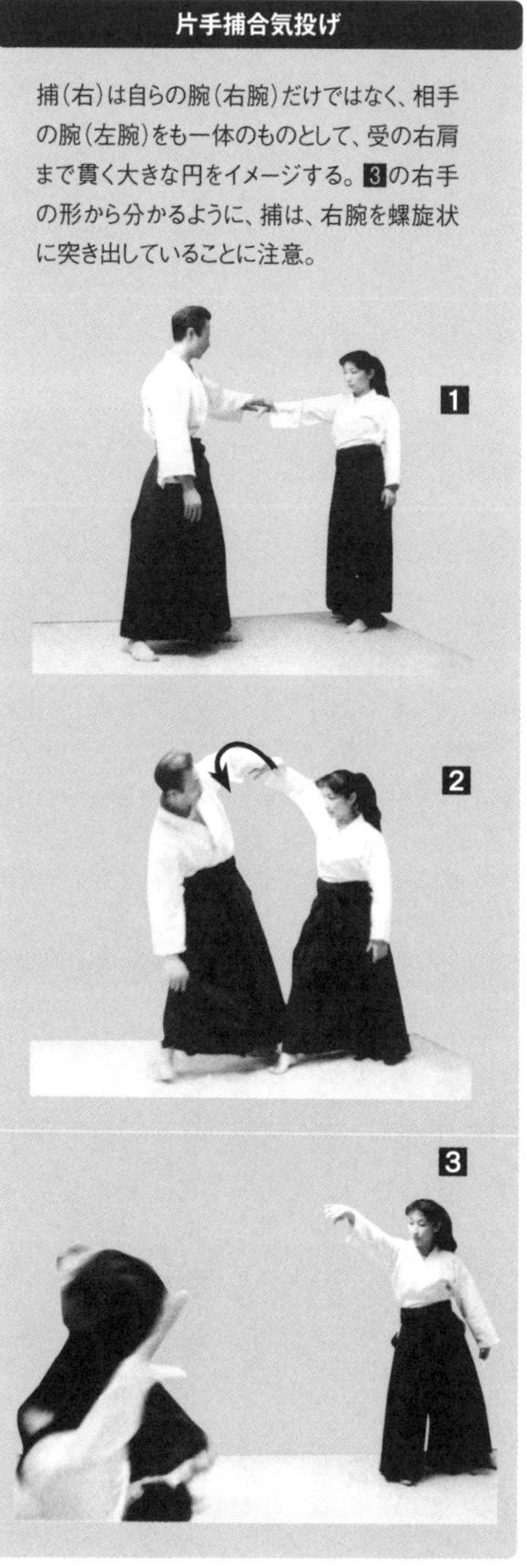

に伸し、両手内側へ螺旋状につき上げる。

　更に右或は左手を伸ばして相手の体を左或は右に倒し、倒すと同時に右或は左足を一歩膝行して、倒れた相手の体に正対し、自己の両手に気力を充実させて抑え極める。

　ここでの「自己の両手を柔軟に伸し」というのは、腕に丸みを与えることで、また「両手内側へ螺旋状につき上げる」というのも「半円を描く感じ」と説明する師範もおり、これも「高天原之伝」の範疇となる。

　また「右或は左手を伸ばして相手の体を左或は右に倒し」という場合に、これまた「高天原之伝」が用いられる。初心者などでは、受を左方に倒そうとして、左右の両手に力を入れて無理やりに倒そうとすることが多い。しかし実は、「高天原之伝」を用いれば、さほど力を用いずに受を左方に倒すことが可能なのである。

　それでは、その倒しかたを見てみよう。とりあえずは捕の両手が受の肩近くまで既にいけたということで話を進めよう。

◯「高天原之伝」による倒し方

1 受、捕の両手を掴む。捕、自分の両手を受の肩の近くまで上げる。

2 次いで、左手の位置は動かさず、受の右肩を円の中心とする円を描くようにして、

3 受の左肩を右手にて押し廻して左方に倒す。

「高天原之伝」による倒し方

応用編
「高天原之伝」を用いた呼吸法の要領を応用することで、受の肩へ軽く触れるだけのように見えて、容易に相手を崩す「触れ合気」的技法も可能となる。

合気道の呼吸力養成法における左右への崩し投げも、「高天原之伝」を意識することで、拍子抜けするほど容易に相手を崩せることが実感できるだろう。この時、倒す側の手（写真では左手）から相手の肩へかけてを、車輪が地面を転がるように空間に導いていく心持ちが肝要。

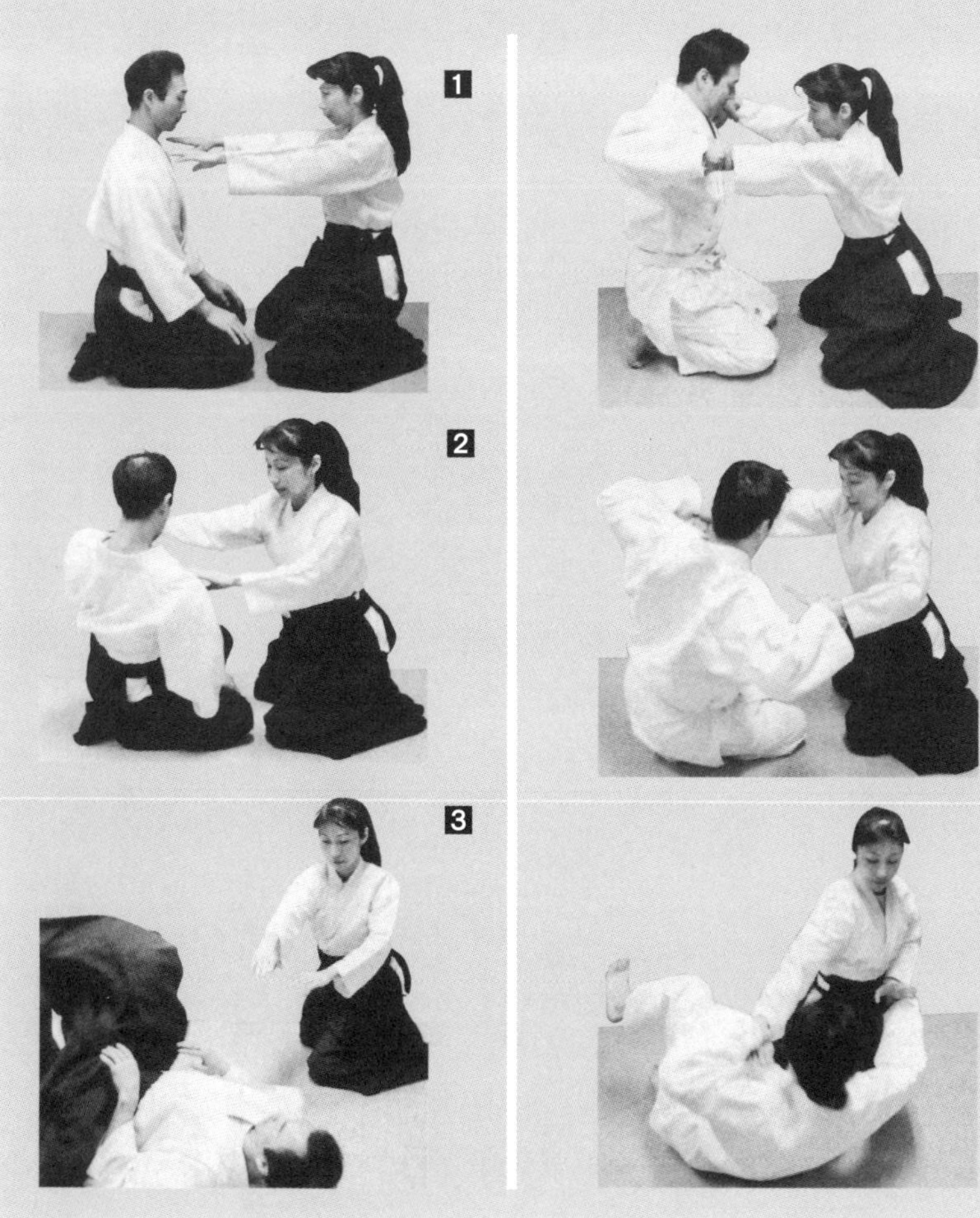

これまで両手を肩まで上げた後、力づくで倒していた人は、この方法を試していただきたい。かなり容易に相手が崩れてくれることが分かるだろう。ここで注意しなくてはならないことは、両手の指先の向いている方向である。写真**3**をみれば分かるように、これまた両手にて円を作るような形を作っている。そうでなくては、手を肩のあたりに当てた場合に、相手が握った両手を下におろそうとすればそのままおりてしまい、技にならない。もっともこの方法は、相手が手を握っていなくとも可能である。つまり次のような方法である。

○「高天原之伝」の応用

1受、姿勢を正して正座する。捕、左右の手を受の肩のあたりに当てる。

2次いで、左手は動かさず、受の右肩を中心とする円を描くようにして、

3受の左肩を右手にて押し、倒す。

これなどは「高天原之伝」のほんの応用に過ぎず、技というほどではないが、大東流を知らない人を少しは驚かすことができるものではある。

また「高天原之伝」を用いれば、短棒でのこのような技も可能である。

○短棒を用いた展開①

1受、右半身にて、右手に持った短棒を右前に構える。捕、軽く短棒に右手で触れ、

2受の右手を中心とする円を自分が触れた棒先にて描く（5～8アップ）。

3～4受が崩れたら、棒を握り、受を後方に倒す。

これは捕が棒を始めからしっかりと握って動かそうとしてもなかなか難しい。軽く触れ、あるいは軽く握って、小さな力で重いものを動かす「輪軸の原理」で受の手首に力を与えて崩しておいて、それから投げるのである。「輪軸の原理」を用いるには当然円を描くことになり、これまた「高天原之

短棒を用いた展開①

捕が短棒をはじめから握りしめていると、力の強い受を崩すことはできない。親指と人差し指の股に短棒を軽く引っ掛けるような心持ちで、力の流れる方向を感知しながら棒先で円を描く。受の肘上を越えたところで初めて短棒を握りしめることで、受はすでに逃れる術を失っている。

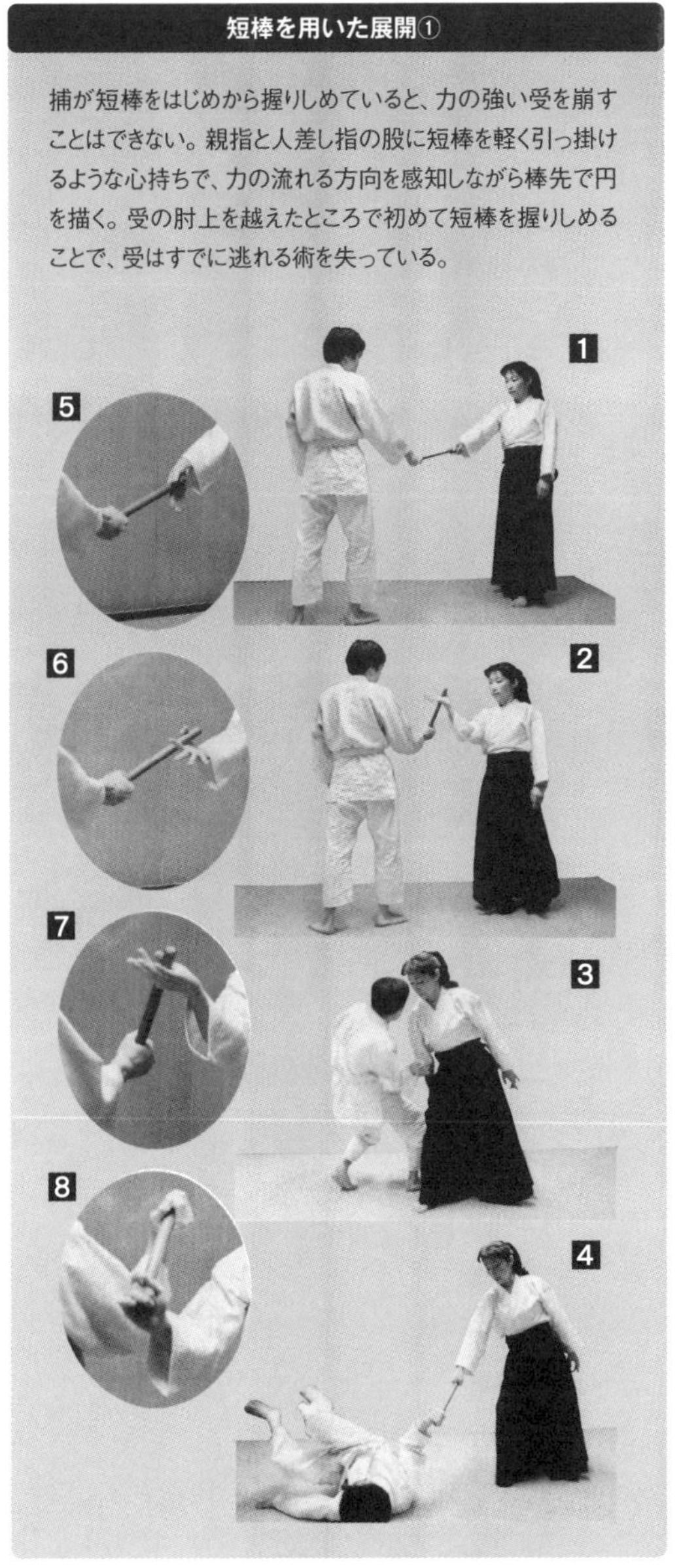

伝」を用いているということになる。

また、受の左手での攻撃を受けやすいので、あまり使うことはないが、同じことを左手で行うことも可能だ。

短棒を用いた展開②

左手にても基本的には右手の場合と変わらず、短棒は最後まで握らないことで、相手の力とぶつからないところを縫うように操作していく。

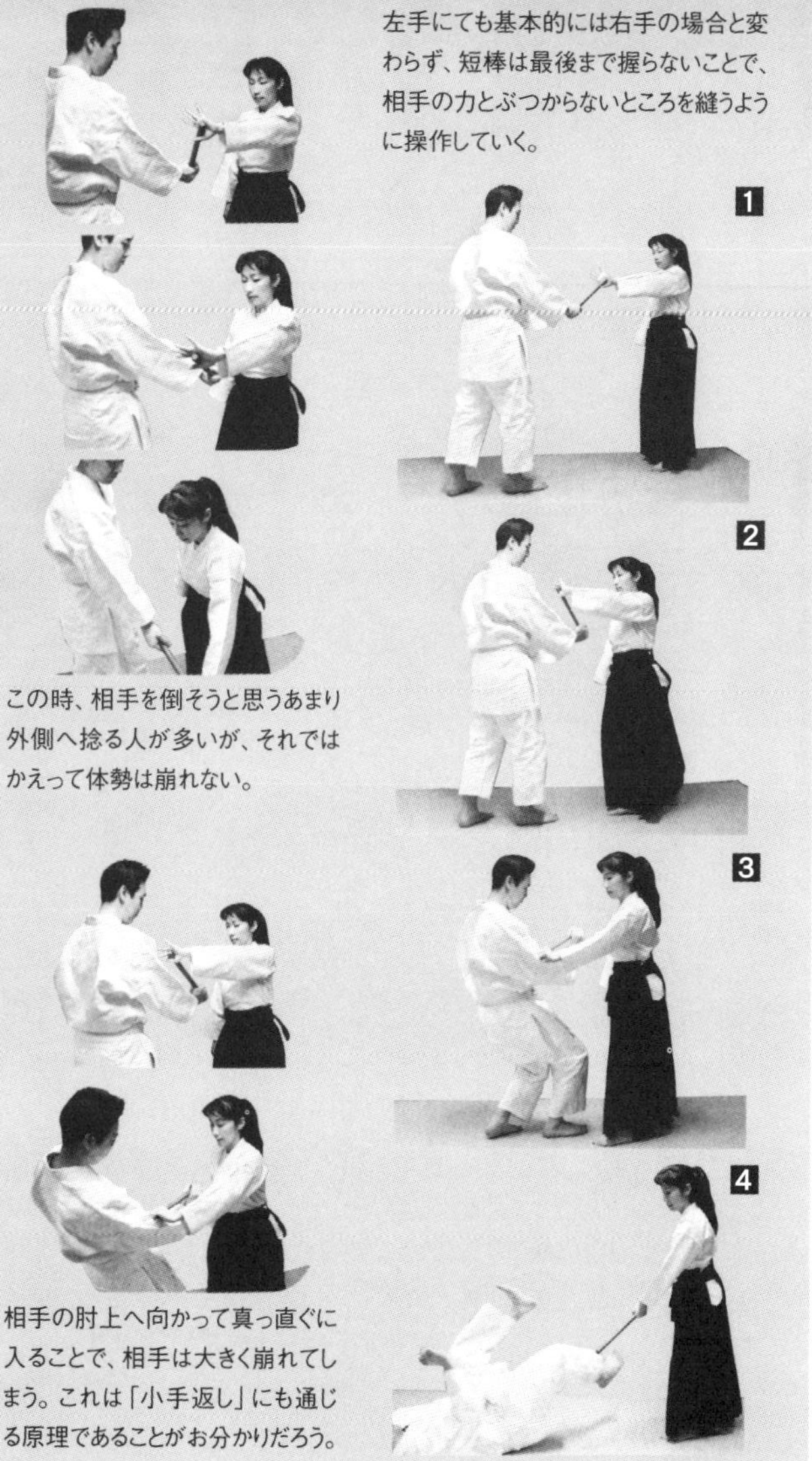

1

2

この時、相手を倒そうと思うあまり外側へ捻る人が多いが、それではかえって体勢は崩れない。

3

4

相手の肘上へ向かって真っ直ぐに入ることで、相手は大きく崩れてしまう。これは「小手返し」にも通じる原理であることがお分かりだろう。

○短棒を用いた展開②

❶受、右半身にて、右手に持った短棒を右前に構える。捕、軽く短棒に左手で触れ、❷受の右手を中心とする円を自分が触れた棒先にて描く。❸〜❹受が崩れたら、受を後方に倒す。

状況によっては、このようにしたほうがよい場合があり、とりあえず紹介しておく次第である。これも持つ手と足の位置が変わるだけで「高天原之伝」を用いているということについては同じである。

無限の技を包含する〝魂の円〟

さて「高天原之伝」は、このように個々の技においても用いられているが、滞ることのない技の連続をも上の段階では示す。

例えば、鶴山晃瑞伝では、その合気術の初伝において、次から次へと繰り広げられる技の展開を教伝した。相手が右手にて突いてきて、それを左手にて「小手返し」の形に取れば、通常はそこに右手を添えて「小手返し」を掛ける。しかし、相手の動きからそれが適当でないと察知した時には、そのまま背転して受と背中合わせとなり、右手にて受の左手を取り、それに「小手返し」を掛ける。それがまた適当でないと判断したならば、その左手を思い切り振り切り、相手の出てくる右の手を左の手で掴み、「四方投げ」を掛けるのである。

このように、状況に応じて次から次へさらに変化するのである。ちなみに、この円のように滞ることのない技の連続は、かの二刀流で有名な宮本武蔵も意識していたと思われる節がある。というのは武蔵は二天一流を名乗る以前において、その流名を「円明流」と名乗っている。その『円明流兵法免許巻』には「それ渾々沌々循環端無き円と謂ふべし。赫々奕々（かくかくえきえき）虚霊不昧明と謂ふべし」とある。

円を天地の始め、万物がまだ形成されず、陰陽の気が分かれない状態のありさまと考え、機（き）の発する以前にそれを察する、あるいは循環して止まることのない円のあり方を、滞ることのない技の連続と考えて、それを武術の極意として流名としたものと思われるのだ。

また「高天原之伝」は、目に見える形だけでの円をいうものではない。儒教などにおいては、円を無極とし、太極として、陰陽の本源となるものであり、それは五行となり、万物を生み出すものであり、同時に人も万物も、「一太極」、「円」である旨を述べている。仏教などにおいては、悟りの境地、つまり本来の自己と自分との絶対的な融合が円によって示されている。禅僧の書に大きく円が描かれているのがそれだ。円は主観・客観などを越えた絶対的無、空の真理を示すものなのである。我もなく他もないのだから、全く無対立の世界ともいえるだろう。また求めるものがないのだから、まったく無執着の世界ともいえるだろう。この無対立、または何ものにも執われない境地は、実は武術においても単なる技術を越えた最後の処において求められるものなのだ。

植芝盛平翁は、次のように述べている。

宇宙の気はすべて魂の円におさまります。おさまるがゆえに技も無限に包蔵され、生み出すこともできます。これが合気の魂の円であります。

この魂の円がなければ栄え、また精進、魂魄和合のはこびはできません。これがなければすべての五体への還元はなくなるのであります。円の魂の皆空は宇宙一体に帰します。これは合気の武の根元でありますが、魂の円を体得した極意には、相対の因縁動作を円に抱擁し、掌に握るごとく、すべてを吸収します。己れに魂があれば、人にも魂があり、これを気結び、生産(きむす)びして円の本義の合気を生み出させれば、円はすべてを統合します。

（『合気神髄』）

単に肉体的な動きにおける円だけではなく、魂の円が備わらなければならないというのだ。魂の円の中に無限の技が包蔵される。またこれがあれば栄え、いかなるものをも自由に融合し、一切を吸収し、すべてを統合できるというのである。故にこそ、合気道におけるどの技においても円の原理が働いているのである。

植芝盛平翁は、『古事記』などに記された事柄を合気道の核心に置き、また修行の根元として、「天の運化により修行する方法が私の合気道であります」（『合気神髄』）と述べているが、まさに天の運行の如き丸い円を意識した「高天原之伝」こそは、それを伝えるべく作られた伝なのである。

第八章　海幸彦之伝—魚を釣るが如くに

物を得るための道具

この「海幸彦之伝(うみさちひこ)」は、日本神話に登場する海幸彦という神が、魚を獲る神であることにちなんで名付けられたものである。魚を釣るに当たっては必要なものがあり、その種類については、北宋の学者、邵康節(しょうこうせつ)が『漁樵問対』に「釣りに六物(りくもつ)あり、一(ひとつ)、具(そな)わらざれば魚得べからず」として、釣竿、釣糸、釣針、うき、おもり、餌を記している。よってこの六つが「海幸彦之伝」に属することになる。

うき、おもり、餌に関する伝はここでは省き、今回は、その中でも技術的に分かりやすい、「釣針之伝」、「釣糸之伝」、「釣竿之伝」を説明することとする。

「釣針之伝」は、魚を釣るに当たって、釣り針を魚の顎に引っかけるように技を施すに当たって、自分の指（主として小指）を相手の手首などに引っかけ、操作するという伝である。

「釣糸之伝」は、特に「一ヶ条」などにおいて用いるのであるが、相手の手の動きにつれて、そこに釣糸がついていて、それに引かれるように自らの手も上げていくという伝である。

「釣竿之伝」は、釣竿が折れてしまっては困るわけで、相手の手首、腕が急激に角度をもって曲がらないよう、緩やかに竿がしなるように扱うという伝である。

ちなみに、海幸彦に関する話は、日本最古の歴史書『古事記』の、神話の時代から歴史の時代に変わろうとするところに登場する。現在の天皇の祖先とされる天照大神の孫の邇邇芸命（ににぎのみこと）が天から高千穂の峰に降臨し、大山祇神（おおやまつみのかみ）の娘・木花咲耶姫（このはなさくやひめ）と結婚する。そして、二人の間に火照命（ほでりのみこと）、火須勢理命（ほすせりのみこと）、火遠理命（ほおりのみこと）という三人の子供が産まれた。火照命はさまざまな魚を獲るので「海幸彦」、火遠理命はいろいろな獣を獲るので「山幸彦」と呼ばれた。

二人はあるとき漁具と猟具を交換し、海幸彦が狩りの道具を持って山に、山幸彦が釣りの道具を持って海に出かけた。だが、不慣れなために獲物は無く、山幸彦は海幸彦の大切にしていた釣針を無くしてしまう。それが原因で二人の間にきしみが生じたが、山幸彦は導きの神である塩土老翁（しおつちのおきな）の教えで、海宮に行き、海の神の助けにより釣針を探し出し、海の潮の満ち干きを自在に操ることができるという「潮満玉」「潮干玉」という宝玉を授けられ、山幸彦は遂に海幸彦を従えることになったという。

海幸彦の「幸」とは、「身のためによいこと」をいう。海で魚を得ることを海幸、山で獣を得ることを山幸という。つまり物を得るのは身のためによいので「幸」というのである。また、「幸」とは、漁猟の獲物そのものを、またそれを獲る道具をも意味する。

よって本会では「海幸彦之伝」を以て、その獲る道具の一部の名を負った「釣針之伝」、「釣糸之伝」、

「釣竿之伝」をも包含しているのである。

獲物に合わせた釣針の選択

それでは、先ず「釣針之伝」を見てみよう。

釣針の発明は、旧石器時代と土器が生まれた新石器時代の中間といわれており、動物などを突く銛（もり）に発想を得て作られたと考えられている。釣針には、大きな針、小さな針があり、またその型も、針軸の長い長型、短く丸みのある丸型、角張った角型の三つを基本に、対象魚に応じ、さまざまな大きさと形の針が生まれた。対象魚名のついたスズキ針、タイ針、また、海津型、伊勢尼型、袖型などといったものもあり、万を超す種類、サイズがある。

釣り好きでその著書も多い作家、幸田露伴（こうだろはん）などは、「ハリは大は小を兼ねないが、その型は迷信にすぎない」と断言しているが、やはり型の選択も必要であろう。であるから、この「釣針之伝」においても、掛ける技によってその釣針ともいうべき指は選択せられ、親指か、小指か、あるいは、一本か、二本かなどと変化する。

これを相対して掛手で施す「一ヶ条」に見てみよう。

○釣針之伝「掛手一ヶ条」

1 捕、受、右半身にて、右手を構えて対す。捕、右の手の小指を受の右手首に引っかける。

❷次いで、左の手で受の右の肘を抑え、右の手の甲を下に向けるようにして返しつつ、
❸受の右手を腰のほうに引き付け、「一ヶ条」を極める。

この技の時に、1で右手小指を受の手首に引っかけたのが「釣針之伝」である。初心者は相手の手をしっかりと掴み握ろうとする。しかし、固定されている手でもなければしっかりと握れるものではないし、また握ったとしたら、逆に相手がその手に対して技を掛けやすいというのが実際のところである。そこで握ることなく、また相手の手を逃がさぬために、小指を手首に引っかけるというわけなのである。2では既に紹介した「陰陽之伝」を用いている。「釣針之伝」で軽く引っかけて引くだけでも、「一ヶ条」を極められないこともないが、「陰陽之伝」をも併用したほうがやりやすいからだ。

次に「釣針之伝」を「五ヶ条」に見てみよう。

○釣針之伝「五ヶ条抑え」

1捕、受、相対す。

2受、右拳にて、捕の胴を突く。捕は右足を引いて、左手刀にて受の右拳を流す。

3次いで、受の右手首に右手の親指と小指を引っかけ、左足を受の右足横に進めつつ、左手にて顔面に当てる。

4次いで、左手にて袖を引いて受の右手を曲げつつ、

5右足を進めて、受と同方向を向いて、左手にて受の手首を抑え極める。

ここでは当然、3において「釣針之伝」が用いられている。実際にやってみれば分かるが、ここで思い切り手首などを握ってしまっては、受の手首を曲げて極めることは難しいものとなる。また手首

釣針之伝「五ヶ条抑え」

「五ヶ条」は捕らえた手首を立ち極めにする技法であり、通常、短刀捕などの対武器技とされるもの。その導入部にて相手の手首を捕らえる際に「釣針之伝」を使う。

「釣針之伝」はまさに、ルアーやトローリングのように、自然に引き寄せた針（指）が引っかかったところで技を施す。これによって、相手は罠に掛かった獲物のように、いくらもがこうとも簡単には外すことができない。

に親指と小指を引っかけると書いたが、厳密には、腕のほうから手首の方に右手を流し、右手の親指と小指の引っかかるところに引っかけるというのが実際のやりかたである。であるから、掌のほうにこの二本の指は引っかかることが多く、またこの技の場合には、そのほうが受の手首を曲げやすい。

また、この「釣針之伝」は、掛手の「小手返し」の場合などにも用いることができる。

○釣針之伝「小手返し」

❶捕、受、正座して対する。捕、左手で目つぶしを入れ、右手の小指を受の左手首に引っかけて、❷〜❸小指にて手首を引き寄せ、小手を返して投げる。

この場合に、単に手の甲を掴んで投げようとしても難しい。小指をしっかりと手首にひっかけ、少し引き寄せる様にして、手首を曲げて極めると極めやすいのである。針の生命は鋭い切れ味をもつことと、伸びず折れずといった点にあるが、この場合の小指がまさにそうである。

また「乗兎(じょうと)」などという固め技の導入において用いることもできる。

○釣針之伝「乗兎」

❶受、正座して座る。捕、後ろより近づき、❷受の両肩より手首まで両手をすべらせる。❸小指が引っかかったところで、捕の両手を上方に持ち上げ、

釣針之伝「乗兎」

釣針之伝「小手返し」

「小手返し」においても、単に手首を折り曲げようとするよりも、手首の内側へ小指を引っかける要領で引き寄せると、非常に極めやすくなる。

「乗兎」とは写真のように相手の両腕を背中側へ極めつつ、その背へ乗る形で全身身動きできないほどに固めてしまう大東流独特の技法。ここでは掛手として、背後から相手の腕を捕る形で表現されるが、例えば、片腕を極めておいて、もう一方を背後から捕る場合などにも、この「釣針之伝」を応用することができる。

4～5背中の上に腰掛け、極める。

この場合も始めから手首を掴もうとしても難しいし、また掴んだりすると、逆に相手に返し技を掛けられやすいのだが、「釣針之伝」を用いると、そうした憂いがない。

釣られて導かれる釣り糸

次に「釣糸之伝」を見てみよう。釣糸はかつては、天蚕（てんさん）（ヤママユガ科の野生の蚕（かいこ）の一種）の幼虫の体内からとった繊維を精製した天蚕糸（てぐす）や、麻糸や、馬の尾の毛を撚（よ）ったもの、あるいは綿糸などが使われていた。その後、セルロースを酸で処理した人造天蚕糸が出現し、第二次大戦後は、ナイロン糸、テトロン糸の人造天蚕糸も開発され普及した。

釣糸は、竿につける糸は「道糸（みちいと）」と呼び、針を結ぶ糸は「針素（はりす）」という。特殊な場合を除き道糸は太く、針素はそれよりも細いものを使う。そして、目的に応じて、適当な透明度、伸び、強度のものが用いられている。「釣糸之伝」においては、透明な糸に釣られていくように、相手の動きよりも早くも遅くもなく、動いて制していくのである。

では、「正面打ち一ヶ条」に「釣糸之伝」を見てみよう。また何度も繰り返すようであるが、口伝というものは一つの技の中でいくつも複合して用いられることが多く、ここでは「釣針之伝」「風角之伝」も併用されている。

釣糸之伝「一ヶ条」

「釣糸之伝」は、まるで糸で引かれたように、相手の動作につれて、その起こりを抑える技法となる。「一ヶ条」における手刀を抑える際にも、この意識を持つことによって、ほとんど同時に動作することができる。

1

2

3

4

5

○釣糸之伝「一ヶ条」

1受、捕、対座す。

2〜3受、右手刀にて捕の頭を打とうと、右手を自分の頭上に上げる。捕、受の右手に見えない糸がついていてそれに引かれるように自らの両手を上げていき、受がこちらを打つ前にその右手を両手で抑える。

4〜5次いで、捕は、右手の親指と小指を受の手首に引っかけ、左手にて受の肘を受の耳にぶち当てるようにして受を崩し、腕を抑えて制する。

❸において、「釣糸之伝」が用いられている。初心者であると、相手が思い切り打ってきたのをガシッとしっかりと受けて、相手の体力が勝る場合には手痛い目にあうことが多い。相手が打とうとした時には既にスッと入って抑えることが大切なのである。もっとも、上達してくると、かなりのスピードで思い切り打ってきたものを自分の身体の近くで上手く受け止める技術もある。そうした技もあるということを踏まえた上で、この口伝を利用することが肝要だ。

❹で用いられている受の耳に肘をぶち当てる「風角之伝」については、既に第六章において記したが、この時、実をいうと、受の手首をがっしりと握ってぶち当ててもあまり効果はない。「釣針之伝」を併用してこそ「風角之伝」もその威力が発揮されるのである。

あと一つ、「釣糸之伝」の応用を「四方投げ」の裏に見てみよう。

○釣糸之伝「四方投げ」

❶捕、受、対峙す。

❷受、右手刀にて、袈裟斬りにこようとする。

❸捕、受が右手刀を上方にあげるにつれ、その手刀に釣られるようにして左手刀を上げ、その右手刀を制止、右手にて顔面に当て。

❹～❺次いで、左手と右手にて受の右手首を掴み、左足を軸にして背転し、受を後倒しに投げる。

釣糸之伝「四方投げ」

相手の横面打ちにいち早く反応して、まるで糸で引かれるようにその出鼻を左手刀で抑えつつ、右拳を突き入れている。これが崩しとなって、相手の右腕を捕りつつ反転し、背後へ「四方投げ」を放つ。

1

2

3

4

5

この場合には、3において「釣糸之伝」が用いられている。こちらから攻撃して相手の受けを誘って掛ける技、相手に十分に攻撃させておいてから掛ける技などあるが、その中庸を行くのがこの「釣糸之伝」で、初心者には有効なものである。

釣竿のしなりを活かす

次に「釣竿之伝」見てみよう。釣竿は、日本では、竹竿がかなり古くから使われてきたが、それは一本の延べ竿だった。携行に便利な二本継ぎ、三本継ぎの継ぎ竿が出現したのは江戸時代頃らしい。竹竿は、継ぎ竿に切り込み、焼きを入れて癖を直し、漆(うるし)などで仕上げられるが、名竿などといわれるものは、癖がついても、火入れすればもとに戻るようになっている。

釣竿の性能には「長さ」と「調子」がある。「長さ」はその通り「竿の長さ」で、釣場の状況と対象魚により使い分ける。「調子」とは、竿の曲がる場所によって定められ、手元近くから曲がるものを「本調子」、中央から曲がるものを「胴調子」といい、魚の引きを和らげ、細い糸を用いていてもそのショック切れを防げる。こうした竿の「長さ」と「調子」は幾通りもあるが、当然「釣竿之伝」においても、相手の手の長さ、力の入れ具合などによって、その掛けかたは微妙に変化しなくてはならない。

では「綾取り三ヶ条」において、「釣竿之伝」を見てみよう。

○釣竿之伝「三ヶ条」

1受、捕の右手を右手にて掴む。

2〜3捕、右手の掌を返し、左手にて受の右手甲を掴む。

4左手にて、受の右手首が曲がらないように捻り上げる。

この時に手首が曲がっているとかなり効きが悪い。そのために釣竿のように一本に相手の腕を伸ばすという「釣竿之伝」があるのである。だが手首を曲げてしまえば絶対に効かないというわけではなく、その場合にはそれを効かす方法があるが、ここでは省く。

片手捕合気投げ

「高天原之伝」で紹介した「片手捕合気投げ」も、相手に掴まれた想定ながら、力の伝達に関しては、「釣竿之伝」と同様の理合が使われている。

釣竿之伝「三ヶ条」

相手を「三ヶ条」に極める際、手首や肘を捻ることばかり気をとられると、かえって相手は楽になる場合が少なくない。相手の腕を釣竿に見立てて、竿のしなりのように腕を伸ばさせると、技の効きばかりでなく、相手の体勢をコントロールする力の伝達がスムースとなる。

このように曲げすぎると、かえって効きは悪く、返し技も喰らいやすい。

また前章「高天原之伝」において、

○片手捕合気投げ

1受、捕の右手を左半身にて左手で握る。

2捕、気を自分の右の手から気を発して、受の左の手を通し、受の右肩に向かって流し、大きな円を描くつもりで突き出し、受を左前方に投げる。

という技を紹介したが、これは相手の手を釣竿を持つように掴んではいないが、受の手の形としては「釣竿之伝」と同じようになる。各関節が極度に折れていないことにより、力を伝えているという点においては共通しているのである。

少し状況が変化して名称は違っていても、ほぼ同じような内容の口伝も少なからずあり、単に教わるだけではなく、一つの口伝が他の状況においても用いることができないかと考えることで、技のより一層の進歩が望めるのである。

第九章 合鏡之伝──影を映すが如くに

互いに映し出す

「合鏡之伝(あわせかがみのでん)」は、古神道においてよく用いられる「顕幽合鏡(けんゆう)」という語から取って、玄修会における大東流教伝の口伝としたものである。合鏡とはもともと、二枚の鏡を合わせて後姿をみることであり、それから人の気に入るように調子を合わせること、また、二枚の鏡に同じものを映したように、極めて似ていることをいう。

だが、古神道において用いる場合には、顕幽の相関相即、互いにもう一方の世界を映しだすことをいう。則ち、私達の住んでいるこの世界(顕界)と、神々の住んでいる目に見えない世界(幽界)とは、互いが鏡を合わした合鏡のようなものであり、神々の世界に生じたことがこの世界にも自ずから映し出される。また人間界において生じた現象が、幽界にもまた映し出されることをいうので

ある。

一例を挙げれば、幕末から明治にかけて活躍した古神道の大家、宮地水位大人などの記すところによれば、明治維新において排仏毀釈(きしゃく)が行われたのも、その前に、幽界において、神々が支配する神仙界と仏たちが支配する仏仙界の戦いがあり、その戦いにおいて神仙界が勝利した結果とされている。目に見えない世界（幽界）に生じたことが、いつのまにかこの世界（顕界）に映し出されてくるというわけなのだ。

それと同じように、捕、受の心身の状態が鏡を合わせたように互いに映し出されるというのが、我が会における「合鏡之伝」なのである。もっとも、鏡においては、物は左右が逆になって映し出されるが、技を掛ける場合においては、左右は逆転せず、同じような状態に相手が陥るというのが普通である。では実際を見てみよう。

○掌付け四方投げ

1受、右半身にて、右手を伸ばして出す。

2捕、右手指先を受の右掌に強く当て、指先を曲げる。

3受の掌も自然と曲がり、捕の右手に吸いついた状態となる。

4捕、その状態のまま、左足を右斜め前方に踏み出し、

5～**6**時計廻りに体を廻転させて受を投げる。

掌付け四方投げ

「釣針之伝」では、小指などを引っ掛けることで相手を誘導したが、今回の技法はあくまで相手の反応を主として、「柔らかく触れたところから、固く変化することで、相手も同様に固まってしまう」という、まさに合鏡のような生理的な反射を利用している。そのために、まず指先から始まり手首へと順に曲げていく。これによって、相手も指先、手首の順に同じように曲げて（固めて）いってしまう。
こうした技法は、俗に「触れ合気」とか「付け合気」などと呼ばれる技法と同種のものであり、大東流合気柔術独特の「合気の妙技」を端的にイメージさせやすい代表的な技となる。

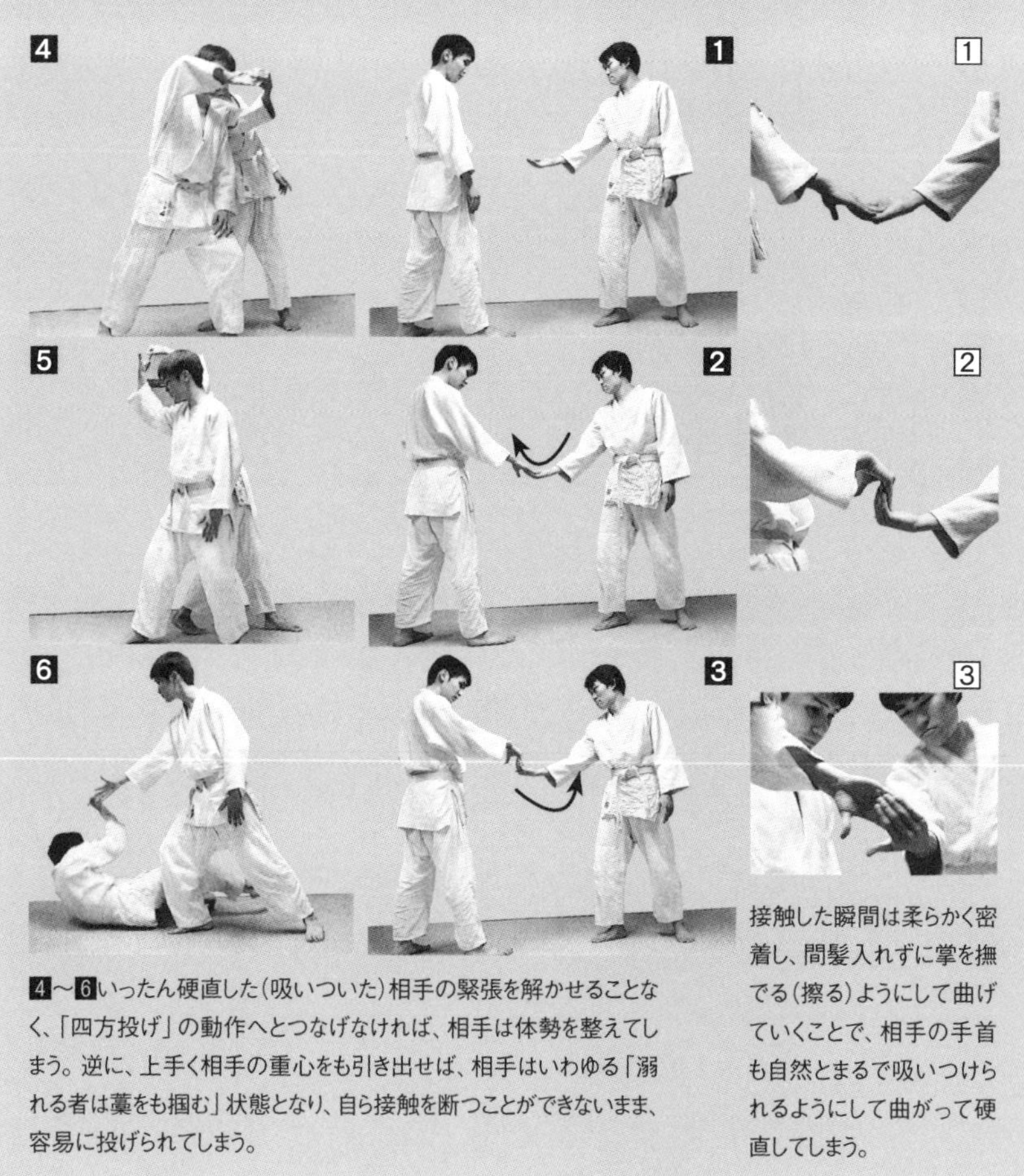

4～6いったん硬直した（吸いついた）相手の緊張を解かせることなく、「四方投げ」の動作へとつなげなければ、相手は体勢を整えてしまう。逆に、上手く相手の重心をも引き出せば、相手はいわゆる「溺れる者は藁をも掴む」状態となり、自ら接触を断つことができないまま、容易に投げられてしまう。

接触した瞬間は柔らかく密着し、間髪入れずに掌を撫でる（擦る）ようにして曲げていくことで、相手の手首も自然とまるで吸いつけられるようにして曲がって硬直してしまう。

通常であれば、捕は受の右手首を右手にて掴み、「四方投げ」を掛けるのであり、またそのほうが実戦向きではあるが、大東流においては、掴まなくとも投げられるのですよと、その技法の奥深さの一端を示す場合に、このような技法も使う。この場合、捕が指先、手首を曲げていくことが大切で、「合鏡之伝」により、受の手もそれに反応して、指先、手首が曲がり、受の手は捕の手に吸いついたような状態となる。

もっとも既に説明した「擦過之伝」ように、擦るだけでも相手の手がこちらの手に自然と吸いつくようなこともできるわけで、絶対に指、手首などを曲げていかなければならないというわけではない。参考のために「擦過之伝」による吸いつけを見てみよう。

○手首付け

❶捕、右手を突き出す。受、右手にて、捕の右手を取ろうとする。

❷捕、右手首を受の右手首に当て、

❸擦るようにして左後方に廻していく。

❹受、捕の動きにつれて、手首が吸いついた状態となり、身体を誘導される。

右のように擦るだけでも相手の身体は吸いついた状態となり誘導できるわけで、それは、「掌付け四方投げ」でも応用できないことはない。ただ「合鏡之伝」を用いて、指、掌、肘などを曲げていったほうが、相手も同じような状態になり、はるかにやりやすいということなのである。また当然、この

片手捕合気投げ

この「合気投げ」が、「手首付け」と同じ理合を包含していることは一目瞭然であろう。ここでの注意点も「四方投げ」同様、手首、肘と順に柔らかく曲げていくこと。それが相手へも映って、体を崩していく。

ここで大切なのは、指先から先導する動きで、相手へ密着していくこと。単に手首を捻り込もうとしても、相手は手を離してしまう。また、手首の動きに合わせた重心の移動も見逃さないように!

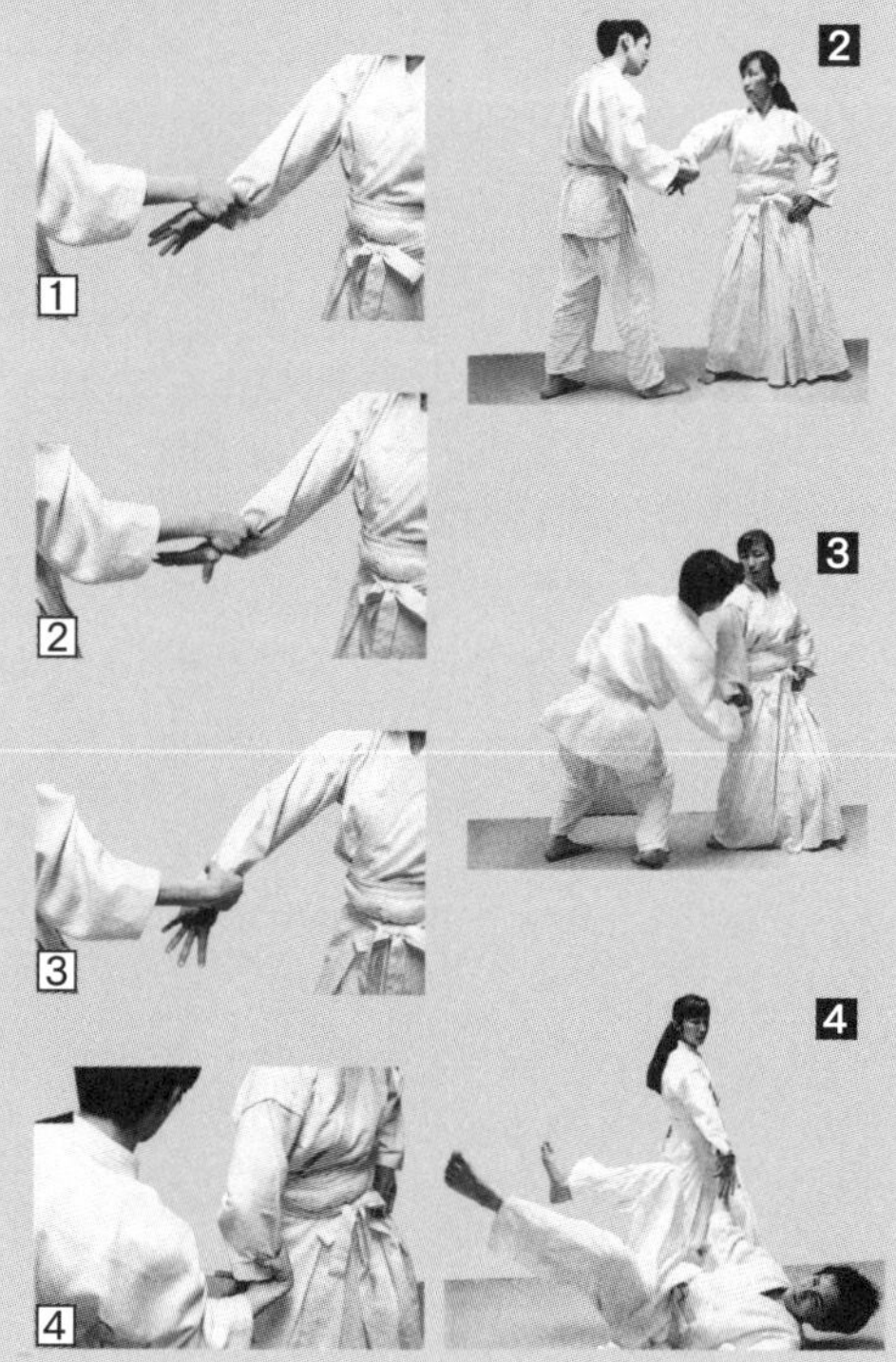

手首付け

「擦過之伝」でも紹介した「手首付け」の「離れぬ手」。相手の身体(この場合は手首内側)を擦ることで、「合鏡之伝」と同じ効果を生み出している。すなわち「どのように擦りつけるか」が、「合鏡之伝」においても一つの眼目となる。

技においては、「合鏡之伝」とは記しているが、「擦過之伝」も用いている。通常なんらかの技を行う場合に、何度も繰り返すようではあるが、一つの口伝だけで行うことはほとんどなく、併用することが多い。ある技において一つの口伝を得ただけでは、その全体を掴んだことにはならず、通常は必ずしもそれだけで事足れりとはならないのである。

○片手捕合気投げ

1受、右半身の捕の右手を右手にて掴む。
2捕、右の手の指を巻き込むようにし、さらに右手首を曲げ、
3～4右肘を曲げてゆき、受をその場に倒す。

この技のコツは、右手を柔らかく順に曲げていくことにある。すると受もそれにつられるように手首を曲げ、肘を曲げるようにして崩れていき、その場に倒れるのである。すなわち、こちらの身体の状態が相手に映るというわけで、ここに「合鏡之伝」が生かされているのだ。手首、肘を伸ばしたままでは受も同じくそのままであり、手首だけを思い切りひねってもなかなか相手は崩れてはくれない。

古流柔術の「合鏡」

さて、ここで古流柔術を知る人で、古流柔術における「合鏡」という口伝と、ここで説明されている「合鏡之伝」とはどう違うのだと疑問を呈する人もいるかと思うので答えておく。ご存じのように、確かに「合鏡」という言葉は、柳生新陰流の影響を受けたとされる良移心当流とか起倒流の秘伝書にも記されている。だがその「合鏡」という伝は、私がここで語っている「合鏡之伝」とはかなり違う。

ちなみに、良移心当流は、戦国から江戸時代初期にかけて活躍した福野七郎右衛門正勝が起こした柔術の流派だ。福野は摂津浪花の人で、剣を柳生石舟斎に学び、更に拳法を江戸麻布、国昌寺に滞在する陳元贇に学んで、良移心当流を編み出したとされる。

起倒流の流祖については、良移心当流を創始した福野七郎右衛門説、またその福野から学び、あるいは独自の工夫によって茨木専斎俊房が作り上げたとする説、また茨木に師事した父親から学んだ寺田勘右衛門正重が開いたという説の三説がある。

しかし、少なくとも、茨木については、福野と同様に柳生に出入りし、武芸の研究錬磨に励み、東海寺の沢庵に参禅して工夫し、後に柳生宗矩や鍋島直能に呈した『起倒流乱目録』などが残されており、茨木が寺田よりも先に起倒流を称していたようである。

また良移心当流と起倒流の伝書は、その内容に著しい違いはなく、その『人之巻』『性鏡之巻』などを見比べてみるとまるで同じである。起倒流という命名はともかく、実質的には福野の時代に起倒流の核となるところは既に成立していたらしい。

さて、「合鏡」という語が出てくるのは、その奥秘を説いたとされる『位目録』一巻においてである。『位目録』には、曲尺（身の矩を知るの秘事）、北辰（北辰があって、衆星がそれに従うかのようにす

る秘事）、合鏡（二鏡が向かえば、互いに影入るかのように移る秘事）、虎噴（待敵の扱いの秘事）、鏡垂（虚を知って、これを撃つ秘事）、磯浪（大波が打ち寄せ、引く様な心持の大事）、鉄山（目付の大事）、露月（静気を得る大事）、草偃（くさなびき）（心気次第の大事）、電光（間隙無き事の大事）、石火（敵と合うや勝つ大事）、身剣（正気体の伝）などがあり、つまり、その三番目に位置する伝が「合鏡」というわけである。

ではそこに説かれる「合鏡」とはどのようなものであろうか。

当流の秘事合鏡の事は、鏡を二面両方よりむかわし候へば、たがひに影入ことごとく移り候。そのごとく敵に対し、手届の前にてとや角と見含候時は、鏡の影と同じく双方互に様々と心動き、其障に勝負の場合ぬけて勝利全からず候、其二面の鏡をひつたりと打合せ候へば、互の影も身をひといきに寄る也。

として、普通の勝負においては、互いに鏡に影が映るように心が動いて、そのために絶対的な勝ちはない。そこで二枚の鏡をピタッと合わせ、柳の雪が自然と落ちるようにして一度に強くあたれば、敵は手を出す間もないとする。また敵が少しでも手技を出そうとするときに、厳しく攻撃するのを「合鏡」という言葉で表しているようなのだ。

主体性をもって相手を制する

その解釈が正しいとすれば、起倒流などの「合鏡之伝」においては、互いの心身の状況が互いに反映しているということを利用するという観点に欠けているかと思われる。玄修会においては、捕は受に捕の心身の状態を映して、それを利用して技を掛けるのである。その例をもう少し見てみよう。

○掛手陰陽投げ

❶捕、受、普通に正座す。捕、受の右手を左手、左手を右手にて軽く握る。
❷捕、手に力を入れず、左手は左後方に引き、右手は受の左胸のほうに持って行き、
❸受を左方に倒す。

この時、引く方向、また押す方向の角度なども大切であるが、もっとも大切なことは、捕が押すのも引くのも肩、肘などの力を抜いて軽く行い、力を使わないということなのである。

おもしろいことに、力を入れて受の手を引いたり押したりすると、合鏡の原理により、相手も無意識の内に手に力を入れて、却って制御しづらいのである。それを手に力を入れずスッとなすと、受はそれこそスッと倒れていく。自分が力を抜いた状態でいると、合鏡のように相手も力抜いた状態のままでいてくれるのである。

掛手一ヶ条

「風角之伝」を用いなくても「合鏡之伝」によって、自分が力を入れないと相手も力を入れないことも多いため、普通に対している相手には簡単に「一ヶ条」を掛けることができる。

1

2

3

掛手陰陽投げ

もっとも大切なことは、捕が押すのも引くのも肩、肘などの力を抜いて軽く行い、力を使わないということだ。自分が力を抜いた状態でいると、合鏡のように相手も力抜いた状態のままでいてくれる。

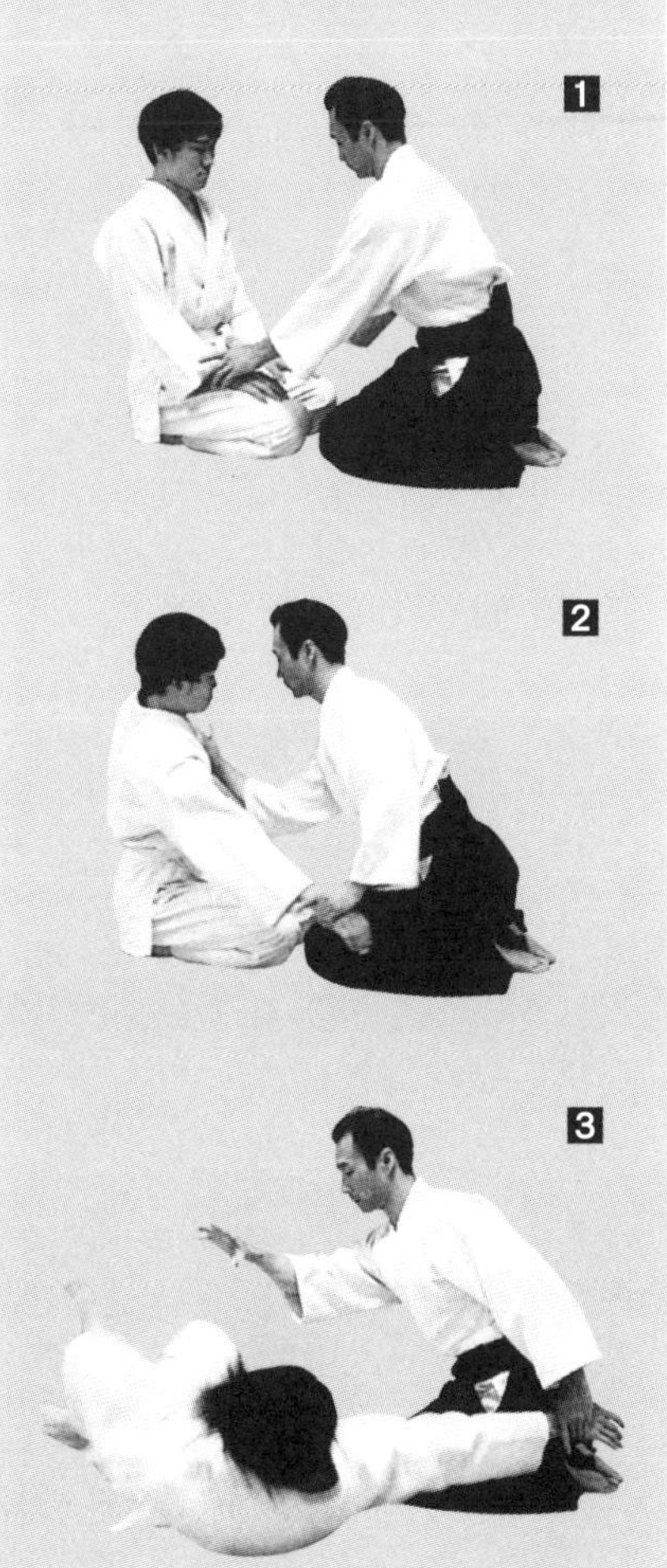

この「掛手陰陽投げ」ができると、「一ヶ条」などを掛ける場合にも応用できる。いくつか見てみることにしよう。

○掛手一ヶ条

1 捕、受、リラックスして正座す。捕、受の右手を右手にて軽く掴む。

2 次いで、捕、左手を受の右肘に添えて、右横に軽く引き、

3「一ヶ条」を極める。

先に、「一ヶ条」においては「風角之伝」を説明しておいたが、その口伝を用いて相手を崩さなくとも、「合鏡之伝」によって、自分が力を入れないと相手も時に意識をしないかぎりにおいて力を入れないため、普通に対している相手には簡単に「一ヶ条」を掛けることができる。ところが力を入れると、相手はあえて抵抗する気もないのに自然と力が入り、捕は技を掛けづらくなる。

次に捕が受を掴んで掛けるのではなく、逆に受が捕の両手を掴んだ場合を見てみよう。

○両手捕陰陽投げ

1 捕、受、正座す。受、捕の両手をしっかりと掴む。

2 捕、両手の力を抜いて、左手は左後方に、右手は受の左胸のほうに持っていき、

3 左方に倒す。

実は、脱力するとかなりしっかりと手を持っていられても、手は自在に動くものなのである。たとえば、右手を両手でしっかりと持たれた場合でも、力を抜いて振れば自由自在に振ることができる（次頁参照）。

であるから、相手がいくら力を入れて持っていても、通常であれば倒せるものなのであるが、捕が初心者であると、受に力を入れて持たれると、合鏡の原理で無意識に捕は手に力を入れてしまって、動けなくなってしまう。ここでは、「合鏡之伝」を知った上で、いかに合鏡の状態から自分が主体的に抜け出して力を抜くかが問題になる。

両手捕陰陽投げ

「合鏡之伝」の原理では、こちらが力を入れると相手も力を入れ、力を抜くと相手も力を抜く。これを知った上で、主体性をもって、いかに力を抜き、相手を自在に操るかが肝要である。

1

2

3

体力・体格に勝る相手に両手で持たれては、力で振り解こうとしても容易に動かない。

むしろ力を抜いて腕を振れば、相手を自在に動かすことができる。

「合鏡之伝」の原理により、こちらが気を入れると相手も気を入れる、気を抜くと相手も気を抜く、ぼんやりするとぼんやりする。そのように相手の心理状態にも影響を与えて用いる高度な法の他、いろいろと「合鏡之伝」の活用法はあるが、もはや紙幅もないので省く。

ただ最後に一つ付け加えておきたいのは、この伝は、単に大東流の技においてのみ、あるいは武道においてのみ、活用すべきものでもないということだ。

古人の道歌に、

立ち向かふ、人の心は鏡なり、
己が姿を映してや見む

というものがある。

まさに人生においても、出会う人々は互いに合鏡であり、こちらが嫌な奴だと思えば、相手も思い、逆に良い人だと思えば、相手もこちらをそう思うものである。人間どこにおいても主人公であるべきとは思うが、特に武道をなすものは、相手にその主体性を奪われることなく、自らがその主体性を持って事に対するべきかと思う。

第十章 野中幕之伝―袖などを掴み、制し、投げる伝え

風になびく幕の威力

大東流において、「野中幕（のなかのまく）」あるいは「野中幕之伝」という口伝が存するが、その系統によって、内容に大分相違がある。その系統の一つ一つを取り上げていってもよいのであるが、すでに公開されているものもあり、また秘して余程の段階に達していなくては伝えることのできない系統もあるので、ここでは、かつて日本伝合気柔術系統において伝授されていたものを紹介しよう。

日本伝を名乗られた故鶴山晃瑞（こうずい）師範は、「野中幕之伝」を、袖などを掴んで相手を倒したり、制したりする技術とし、次のように説明しておられた。

野中に幕が張ってあって、その幕は地上に立てられた杭に結びつけられている。この杭を倒す場合、直接その杭に力を用いて倒す方法もあるが、野中に強い風が吹いて幕に吹きつければ、幕は大きく風

を含んで膨らみ、遂にはその結びつけられた杭ともども吹き飛ばされる。風がいくら吹いても杭だけを倒すのは難しい。そこに幕が結びつけられているからこそ、杭は風によって容易に倒れるのだ。

人を倒したり制したりする場合においても同じことで、直接、人の手や足を掴もうとするのは難しい。しかし、その着ている服を掴むことはかなり容易である。よって、相手の身体を直接的に掴もうとせず、その袖などを掴んで相手を投げたり、制したりしようとするのが「野中幕之伝」である。

なお、より深い伝として、敵の如何なる部分でも接触しているところを利用し、返し技に用いる場合もあるのだが、これは後日機会があれば記すこととする。

それでは「野中幕之伝」の実際の応用を先ず「小手返し」に見てみよう。

○野中幕之伝「小手返し」

1受、右手にて捕の胴を突く。

2捕、右足を引き、突きを除け、受の右袖を左手にて掴む。

3～5次いで、右手を受の手の甲に添えて投げる。

通常の「小手返し」であれば、左の手で受の手首を掴んで投げる。しかし、練習のときはまだしも、実際のときには手首を掴むということはなかなかに難しい。そこで手首を掴むよりは容易な、袖を掴んで投げるのである。

次に「野中幕之伝」を用いる場合を「一ヶ条」に見てみよう。

野中幕之伝「一ヶ条」

ここでは、「一ヶ条」に制した後(1～4)、受の頭部を軸として廻り込むように反転して、さらに相手を固める応用例を示した。これも「野中幕之伝」ならではの変化といえるだろう。

野中幕之伝「小手返し」

受の中段突きを捌きつつ、その腕を捕らえて「小手返し」をかける。きわめてオーソドックスな手法ながら、突く手を捕らえるのはなかなか容易ではない。

しかし、引き手に合わせて、瞬間的に袖を掴むのであれば、比較的容易に突き手を捕らえることができる。

○野中幕之伝「一ヶ条」

❶受、捕、右半身にて対峙す。捕、右手にて受の右袖を掴む。
❷捕、右手を振り上げつつ、
❸～❹左手を受の右肘に添え、左足を踏み込み、「一ヶ条」に制する。
❺次いで、制した受の左腕を緩めることなく、左足を軸に反転し、
❻床についた受の左手を右足で踏んで、受を背中越しに制す。

この場合も、通常の「一ヶ条」であれば、受の右手首を捕は右手にて掴んで技を掛ける。しかし、右手を掴むということは必ずしも容易ではない。よって「野中幕之伝」により、その袖を掴んで、あとは「一ヶ条」と同じように動いて極めるのである。

次に「小車」に見てみよう。

○野中幕之伝「小車」

❶受、捕の胴を突く。捕、左足を進め、受の右袖を右手にて掴む。
❷～❸次いで、左の手を受の右腕に絡め、手刀を自らの右の手に当てて、
❹受を後方に倒す。

この技は腕を絡めるところから、「腕絡み」などとも呼ばれており、通常は❶の時に、袖ではなく、

野中幕之伝「小車」

「小手返し」同様、相手の右の突き手の袖を今度は右手で捕らえ、さらに左手刀を受の右腕にかけ、左右の手でハンドルを切るようにしながら、受を後方へ倒す。

1

2

3

4

右の手にて受の右手首を掴んでなすのであるが、必ずしも手首に拘泥（こうでい）しなくとも、このように「野中幕之伝」を用いて、袖を掴んで相手を制することもできるのである。

合気独特の技法へと展開

「野中幕之伝」は合気的技法と併用しても用いることができる。

「袖持ち合気投げ」だ。

○野中幕之伝「袖持ち合気投げ」

1捕、受、対峙す。捕、右手にて受の左袖、左手にて受の右袖を掴む。

2～**3**捕、右足を半歩進めつつ、左右の手を「の」の字を描くように廻しながら、

4受を後方に倒す。

この技は直接的に相手の肌に両手を触れて、同じように手を動かして相手を倒すこともできる。しかし、それでは、人によっては手がすべって上手くいかないこともある。このように「野中幕之伝」を用い、袖を掴むことによって、比較的楽に「の」の字を描くことが可能となり、初心者でもやりや

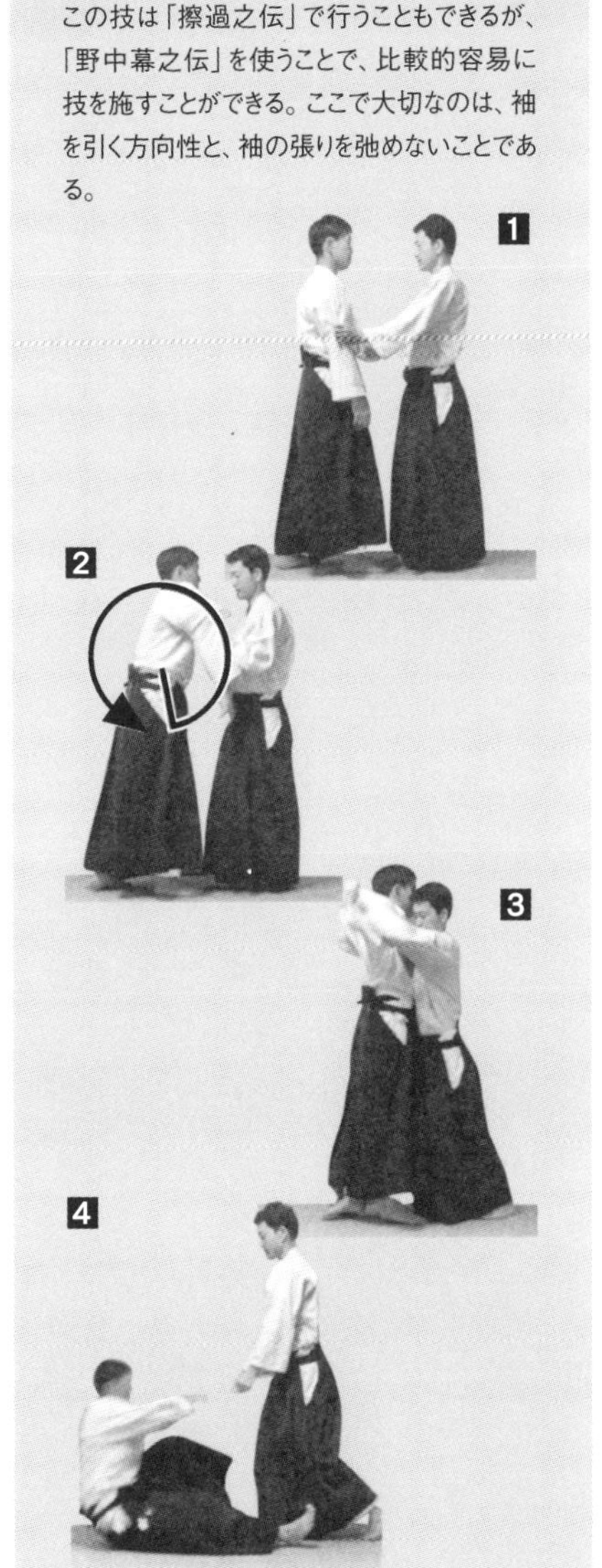

野中幕之伝「袖持ち合気投げ」

この技は「擦過之伝」で行うこともできるが、「野中幕之伝」を使うことで、比較的容易に技を施すことができる。ここで大切なのは、袖を引く方向性と、袖の張りを弛めないことである。

すい技となる。

この「袖持ち合気投げ」は、必ずしも両袖を持たなければならないということもなく、片袖でも可能だ。座って投げてみよう。

両袖の場合には、「の」の字を前後に描くが、片袖の場合には、ほぼ左右に描く感じで行う。これは受の中心を崩すためである。

次に久琢磨師範のまとめた『総伝十一巻』のなかに出てくる「袖落し」（伝書には名称なし）の技を見てみよう。

○久琢磨師範著『総伝』に見る野中幕

❶捕、受、正座して対す。受、捕の両手を掴む。

❷捕、受の左手を、受の右手の上に載せ綾に組み、左手を抜く。

❸次いで、右膝を引き、抜いた左手で受の左袖を引き、

❹～❺前方へ倒す。

これは「野中幕之伝」により、左袖を掴み、その左袖を引き、また引いた手で右手を抑えて、受の両手ともに制して、受を仰向けに倒しているのである。

次に「引落し」をみてみよう。

○野中幕之伝「引落し」

1受、正面打ち。捕、右に転身して当身。

2～3次いで、右手刀にて、受の右手を右方に払う。

4～5受の後方に入り、肩胛骨の辺りの布を掴んで後方に引き倒す。

これは肩を掴んで引き倒してもよいのであるが、相手の背が高い場合にわざわざ手を高く上げずに、取りやすい肩胛骨の辺りの布を掴んで後ろに引き倒すのである。この辺りを掴んで引いたほうが倒しやすい。これは「野中幕之伝」などと大げさなことはいわず、普通に用いられている引落しであるが、

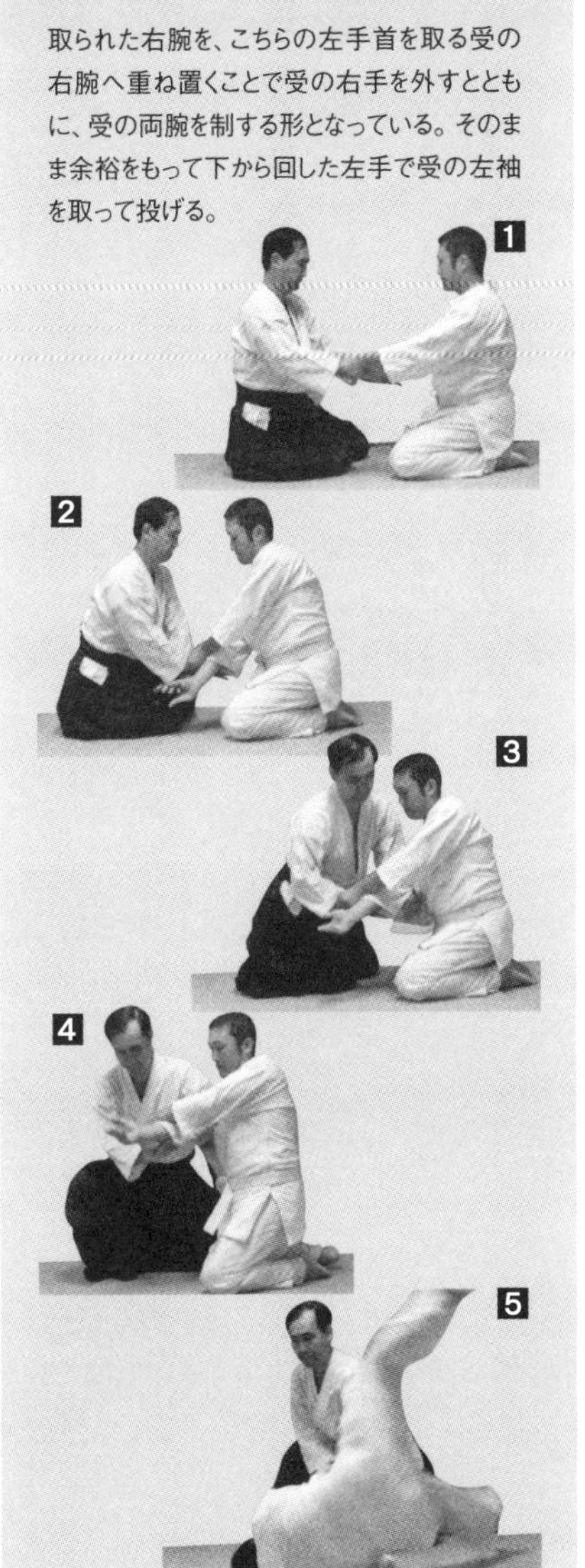

久琢磨師範著『総伝』に見る「野中幕之伝」

取られた右腕を、こちらの左手首を取る受の右腕へ重ね置くことで受の右手を外すとともに、受の両腕を制する形となっている。そのまま余裕をもって下から回した左手で受の左袖を取って投げる。

これも「野中幕之伝」の応用技といえないこともない。

また逆に相手がこちらの袖などを掴んできた場合に、直接、身体を掴まずに相手を制するといった風にも「野中幕之伝」は応用可能だ。例えば「括り」と呼ばれる独特の技法がある。

○野中幕之伝「括り」

❶受、捕の右袖を左手にて掴む。
❷〜❸捕、受の右手首を巻き取るように肩上まで上げていきながら体を反転させつつ、
❹〜❺巻き上げた受の左腕をアゴに挟んで、背中越しに制する。

ここでは、捕は受の腕を全く掴むことなく制してしまうこととなる。
あるいは「二ヶ条」である。

○野中幕之伝「二ヶ条」

❶受、捕の右袖を左手にて掴む。
❷〜❺捕、ゆるみを作らないようにして、手を「片手持ち二ヶ条」のように巻いて受を制す。

通常、片手を持たれた場合、「二ヶ条」を簡単に掛けることができる人でも、この方法では、技を掛けることがなかなかできないことも多い。

野中幕之伝「括り」

相手に袖を取られた場合の、「野中幕之伝」の応用例。相手の腕全体を巻き上げるように反転していくことが大事。上手く合気が掛かれば、最後に引っ掛けるアゴの抑えもほとんど用いる必要なく、相手は張り付いたように身動きが取れなくなる。

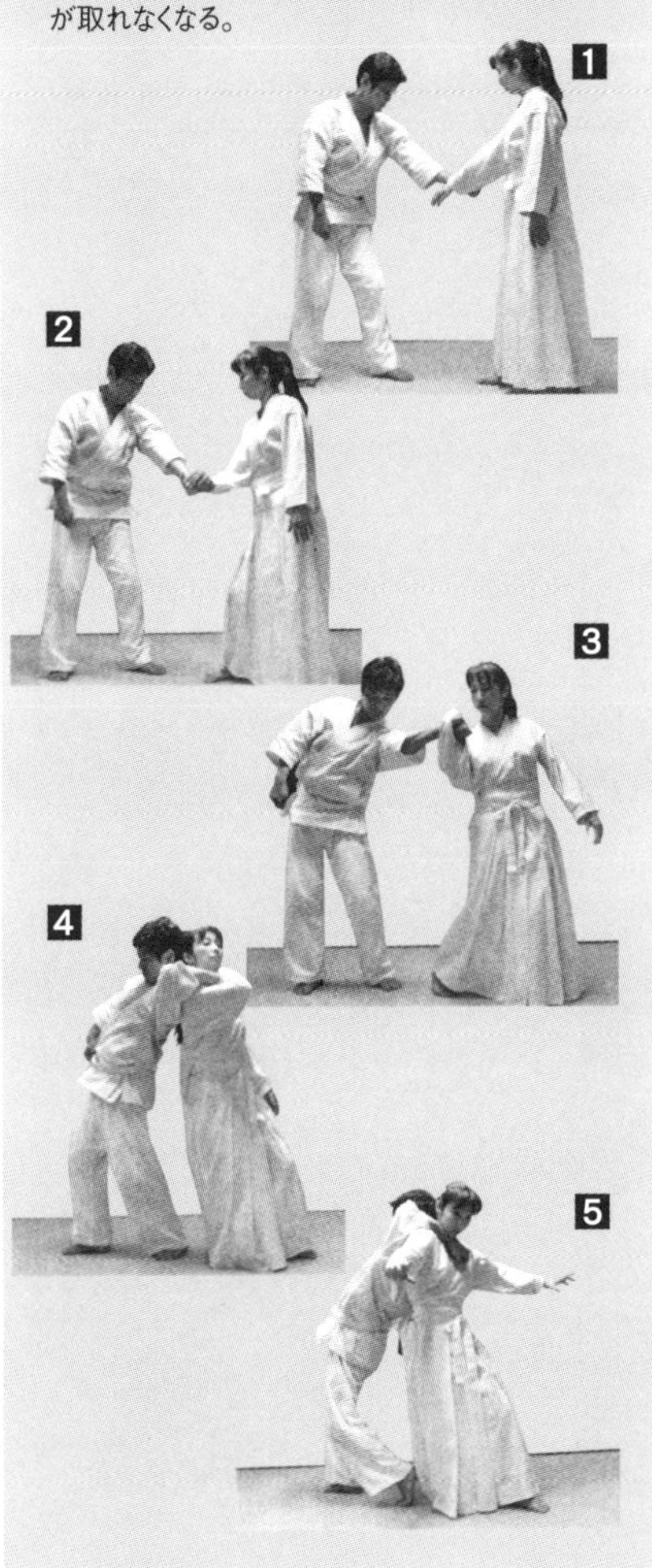

野中幕之伝「引落し」

正面打を受ける際は少し右斜め前へ入り身しながら行い、受の腕全体を大きく回すように振り上げること。写真ではやや後方に引っ張る観があるが、あくまで真下へ引き落とすこと。

野中幕之伝「二ヶ条」

相手に袖を取られた場合での「野中幕之伝」の応用。なお、相手の把握が強ければ、1〜5のようにその場で極めることも可能だが、相手の握力が乏しいときなどは、1〜3のように巻き込んだ手首を胸につけて固定すれば、容易に極めることができる。

実は、「野中幕之伝」を用いる場合には、風を孕んだ幕のように袖が常にピンと張っていなくてはならない。そうでなければ、相手を常に制しておくことは難しいのである。だが、慣れない人は、ある時期までピンと張っていたものを、大切なときには弛ませており、そのために技がうまくいかないのである。「野中幕之伝」を用いる場合に最も大切なことは、相手の身体とこちらの身体を結ぶ布などが、

風を孕んだ野中の幕のように常にピンと張っていることなのである。

古流武術の中の「野中幕」

さて、この「野中幕之伝」と称される伝は、大東流のみに存在するわけではない。総合武術である柳生心眼流、また十手術のひとつである一角流などにもその名称はある。例えば、柳生心眼流においては、島津兼治師範の『甲冑拳法　柳生心眼流』（日東書院　一九七九年）の奥伝の部に、「扇之伝の部」「十手術の部」「投小刀の部」などの名称が上げられ、その一つとして「野中幕伝」の名称が記されている。また一角流については、『図解隠し武器百科』（名和弓雄著　新人物往来社　一九七七年）には、その伝書が紹介され、そこには羽織の図に「野中幕」という文字が記されている。

柳生心眼流において奥伝の部に位置するところからも分かるように、この伝はかなり重視された伝らしい。ちなみに、『秘伝』（通巻１３０号）の「柳生心眼流の里をたずねて」という記事のなかに、『矢弓神眼流（柳生心眼流）兵法口伝之巻』という伝書が紹介され、「扇之伝」「野中幕」という名称が記されているが、「右印可極意大旨趣　無一脱落　相伝之者　宜猥秘勿他見」として、秘して猥りに他見することを禁止している。

柳生心眼流に伝わる「野中幕」に関しては、かつて島津兼治師範にお会いした折りにその内容をお尋ねしたことがあり、その伝が日本伝合気柔術におけるものとは違うことを確認したが、まだ文書などになっていない他流の秘伝の詳細を書くことも憚られる。

他の流派ではこんな内容になっていると一つくらい紹介したいが、柳生心眼流以外の流派で「野中幕」について説明しているものが思いつかずに困っていた。ところが幸いにして、古流武術研究家の平上信行師範と電話でのやりとりの中で、かつては居合のみならず、棒、和(やわら)の技法をも伝えていたとされる無双直伝英信流(むそうじきでんえいしんりゅう)の伝書のなかに、かなり詳しく「野中幕」について記したものがあることを教示していただいた。

その伝書とは『英信流居合目録秘訣』というものである。そこには、〝互に太刀を打下し組付けた所に勝あり〟とする「太刀組附位」、〝敵の足に目を付けよ〟という「太刀目附之事」、〝夜中の仕合には白い物を着るべし〟と教える「夜の太刀」、旅などで夜中の変事に対応するための各種の心得を記した「閨之大事(ねやのだいじ)」、戸口などで相手の待ち伏せに遇わないための「獅子洞入」などが記され、その中の一つに「野中幕」として次のような伝が記されていた。

取籠者杯の有之時杖の先或は竹の先に又横手を括り付其横手を羽織の袖に通し其竹の本を左の手に持ち向へ差出し右の手に刀を持ち生捕なれば木刀の類を持ち我身は羽織の蔭に隠れ羽織をば相手の方へ寄付べし向より切と雖我身には届く事なし其所を持たる刀にて相手の足を薙ぐべし又矢玉を防ぐに至て良し

つまり、閉じこもった者がいるときには、杖とか竹の先に横棒を付け、その横棒に羽織の袖を通して左の手に持ち、右の手に刀、または生け捕るつもりなら木刀の類い(たぐい)を持ち、自らは羽織の陰に隠れて、相手のほうに寄っていく。その羽織を敵が近づいて来たと思って、相手が斬りかかってきても自分には届かない。この時に持っている刀などで足を薙ぐというのである。また矢玉を防ぐにも非常によいというのである。

無双直伝英信流では、羽織を以て野中幕とし、自らの姿を隠し、それによって敵の攻撃を防ぐというわけなのだ。ちなみに、ある古流の先生にお聞きした所、竹生島流棒術の伝書などにも、「野中幕」とは記されていないが、棒の先に布などを付けて、矢玉を防ぐことが記されているとのことであり、同様な方法はさまざまな古流に残っているものと思われる。

だが、日本伝合気柔術系統のように、袖などを取って相手を制することを以て「野中幕之伝」と名付けている所は他にないかと思われる。識者の示教を得られれば幸いである。

第十一章 斎向之伝

――臍を以て意識や力を向けること

力を向ける極意

「斎向之伝(さいこうのでん)」とは、身体の中心に鎮座する臍(へそ)の大事を伝えるものである。「臍」という字の旁(つくり)は「齊」であり、齊の字音は「セイ」、「シ」、「サイ」、字訓は「ととのう」、「ひとしい」、「つつしむ」、「いむ」である。「齊」という字は、髪の上に、三本の簪(かんざし)を立てて並べた形からくる象形文字であり、もともとは祭祀に奉仕するときの婦人の髪飾りを象(かたど)ったものである。それに、祭卓の形である「示」を加えると、字音が「サイ」、「シ」で、字訓に「ものいみ」、「つつしむ」を持つ「齋(斎)」となる。

白川静の『字通』によれば、「齊(斉)」の訓義は、

①そろう、ととのう、髪飾りがととのう。

②つつしむ、おごそか、うやうやしい、神につかえる、いむ。
③おなじ、ひとしい、正しい。
④つとめる、すみやか。
⑤まぜあわせる、和する、あんばいする。

であり、齋（斎）の訓義は

①ものいみ、ものいみする、祭祀などの前に斎戒して沐浴などをする、いさぎよい。
②おごそか、つつしむ、うやまう、斎戒するさまをいう。
③斎戒する場所・室、のち書斎、居室。
④仏教で、とき（法会の食事）、また精進。
⑤斉と通じ、斉衰（しさい）、喪服。

である。基本としては同じような訓義を持つとはいえ、口伝の内容からいえば「斎向之伝」とするよりは「臍向之伝」、あるいはあまり露骨に書くことを忌むなら「齊向之伝」とするほうがその内実に相応（ふさわ）しいのであるが、神道においては、潔斎（けっさい）、斎王などと「斎」の文字がよく用いられるので、「斎」とした。

さて、「斎向之伝」の実際の応用を「胸取り二ヶ条」からの「浮舟の固め」に見てみよう。

○「胸取り二ヶ条」からの「浮舟（固め）」

❶受、対座する捕の胸元を右手にて掴む。捕、右手にて受の顔に当て。

❷次いで、左膝を少し左方に移動しつつ、右手にて受の右手首を掴み、右膝を立てる。

❸左手にて受の右肘を抑え、右手にて受の手首を捻って極める。

❹次いで、受をうつ伏せとし、受の右手を曲げて肩胛骨に付け、右膝にて極める。

❺次いで、右手にて受の左手首を掴み、左手にて受の左足首を掴んで制する。

この技において、❸にて受を「二ヶ条」に極めるときが問題である。初心者であるとなかなか「二ヶ条」に極めることができないのだ。これは自分の力を及ぼしたい方向に、自らの臍が向いていないことによる。相手の横に動き右膝を後ろに開いたために、臍を相手に向けるということを意識しないかぎり、初心者においては、自らの臍が相手に向かわず、そっぽを向いている。それでは相手に伝える力が弱くなってしまうのである。

臍の向く方向によって、「二ヶ条」の効きにどれだけの相違があるか、臍を意識的に相手に向けたり、また自らの臍の方向を相手から外したりして、試されるとよいと思う。ところで、このように書くと、人によっては次のように思う人もいるであろう。自分の臍が相手に向かっているほうがよいのなら、わざわざ膝を左方に移動して「二ヶ条」を掛けず、そのままの位置で掛ければよいのではないかと。しかり、確かにそうなのである。であるから、早島正雄師範の『道家合気術　内功之巻』では（少し省略して引用）、

「胸取り二ヶ条」からの「浮舟（固め）」

2における左サイドへのわずかな移動から、自らの臍を相手（技を施す方向）へ向けることによって、スムースに相手へ力を伝えることができる。臍があらぬ方向を向いていると、力は上手く伝わらない。また、相手と正対したまま技をかけた場合、相手の空いた方の腕で反撃される恐れがあるが、右膝を立てて体を捌くことによって、これを防ぐこととなる。

1

2

3

4

5

①AがBに左胸を持たれたら、Aは直ちに右手五指を開き、合気にてBの鼻を打つ。それと同時に左手こぶしでBの右腕を打つ。

②そして、Aは右手の小指、薬指、中指にてBの右手を逆に取り、またAの左手の三指を重ねて、そのまま直線に切りさげる。

と記されていて、膝などは移動せずにそのままに極めている。だが、これは当てが入り、それにより受が崩れていることが前提となっている。実際のところ、もし、当てを用いず、また体の合気も使えない場合には、相手の力が十分に発揮できない位置に自らの身体を移動するという方法を用いなければ、相手の手を「二ヶ条」の形に取ることさえも難しいのだ（左の手を矢筈にして取る方法など、他にもテクニックがないことはないが）。また、捕は受の右手一本を制するために両手を用いており、受が崩れず真正面にいるならば、逆に受は、空いている左の手で捕の胴を突くことも可能となってしまうのである。

それを、捕が左方に膝を動かすことにより、受の姿勢は少し崩れ、その手は取り易くなる。そして、受は通常ではその臍が捕のほうに向かっていないために、その力を十分に捕に加えることができない。またその位置関係によって、受はその左手では、捕の胴が突きづらくなるのだ。かくして、捕は自らは正しい体勢を保ち、受に対してその臍を向けて己の十全な力を相手に及ぼすのである。

であるから、植芝吉祥丸師範の『すばらしい合気道』中の「肩取り第二教座り技表」などにおいて

両手取り合気投げ

植芝吉祥丸師範による「肩取り第二教座り技表」の再現（一部のみ）

1

2

3

4

早島正雄伝による「二ヶ条極め」の再現（一部のみ）

1

2

早島師範による「座取り二ヶ条極め」に相当する技法では、当身による崩れを誘った後、正面から「二ヶ条」を掛けることで力を余すところなく集中させている（『道家合気術　内功之巻』より）。

一方、植芝吉祥丸師範の解説では（「肩取り」という違いはあるが）、体捌きによって相手を大きく崩すとともに、自らの臍のみが相手へ向かって、相手の反撃する力を封じている。

は、受が左手にて肩に取ってくる場合に、右膝を後方に転じ、左手にて顔面に当てをなして相手を大きく崩し、相手の左手の甲を左手に掴むと、今度は右膝を受の左側面に進めて、相手にとって不利な、しかもあまり意識せずとも、自らの臍が受のほうに向かいやすいところに位置して「二ヶ条」を極めている。あまり合気的な崩しは意識せず、体捌きによって相手を崩し、またよい位置に自らをおくので、これもまた一法ではあるのだ。またこうした場合に、捕は自らの肘を受の肘の上に載せて極める場合も多く、そうした場合には、肘を脇に落すということを意識すればよく、「斎向之伝」は用いなくとも「二ヶ条」は極まる。条件によってどの口伝を用いるかは変わるので、その辺りは注意が必要だ。

参考までに記すと、早島師範の師ともいわれる松田敏美師範伝の大東流合気柔術に、口伝をいろは四十七文字の順にまとめた『いろは訓』がある。この中に「夜行丹田」という教えがあり、一説に、互いの丹田を意識的につないで動作することを示唆するものであるといわれる。そうであれば、これも「斎向之伝」に通じる口伝であるだろう。

臍を向け、臍へ向かう意識

次に「綾手捕二ヶ条」から「北斗の固め」に移る技において見てみよう。

○「綾手捕二ヶ条」から「北斗の固め」

1 捕、受は右半身にて対し、受、捕の右手首を右手にて掴む。

2 捕、左手を受の右手の甲に添え、右手掌を受の手首に巻き付け極める。受、左手を地につける。

3 捕、右足刀にて受の左手肘を踏み極め、左手にて受の右手首を掴み、

4 右膝を受の首筋に当て、受の肩に直角に捕の右後方に受の右手を下し極める。

右の**2**において、「斎向之伝」により、自分の臍を相手に向けることは当然であるが、さらには自分が使用する右の手も巻き込むような形をしながら、受の臍のほうに向かう。右手の向かう方向が受

の臍のほうに向いていないと受は逃げやすく（逃げたときに掛けるやり方はあるが）、また技も効きづらい。

「斎向之伝」の応用として、自分の親指を自分の臍のほうに向けることもある。前述した「綾手捕二ヶ条」の場合、受がしっかりと捕の手を握った場合に、余程の力の差がないと、手掌を受の手首に巻き付けることさえも難しい。そうした時に用いるテクニックはいろいろとあるが、その一つが親指を一度自分の臍のほうに向けるという「斎向之伝」の応用だ。相手の力が強くて、なかなか手掌を巻き付けることができなかった人も、かなり楽に巻き付けることができるはずだ。

このテクニックは、後ろから両手を握られた場合にも用いることができる。

○後捕合気投げ

❶受、自然体に立った捕の後から、その両手を掴む。

❷捕、右足を少し前方に踏みだし、左手は右後方、右手は親指で臍を指すようにして前に出し、

❸受を前方に投げる。

単に右手を前方に突き出すだけと、親指を臍のほうに向けるのではどれだけ違うか、実際に試してみるとよいと思う。かなり相手の抵抗が違うことが分かると思う。

また力を加えたいと思うところに自らの臍を向けるのは「一ヶ条」においても同じである。それを「綾手捕一ヶ条」に見てみよう。

後捕合気投げ

「斎向之伝」の応用を使って、一歩踏み出した方の手の親指を自らの臍へ向ける動作と腰の回転を合わせせることによって「合気投げ」をする。ただ腕を前方に突き出すだけでは相手はなかなか崩れてくれない。

1

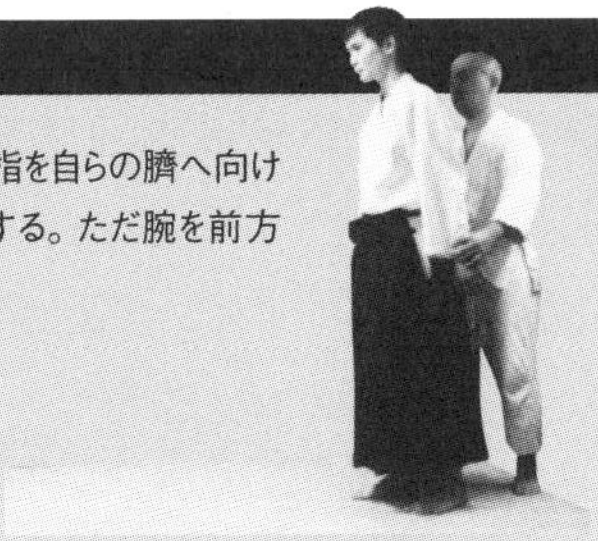

2

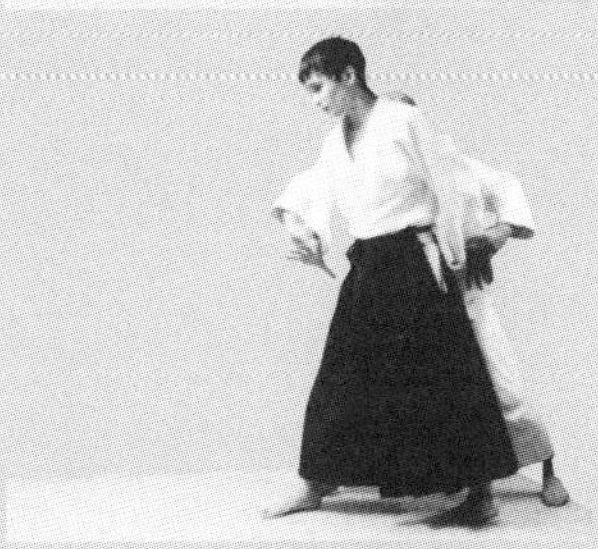

3

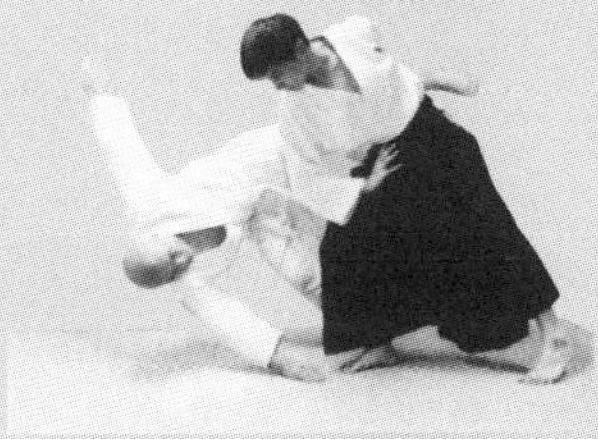

4

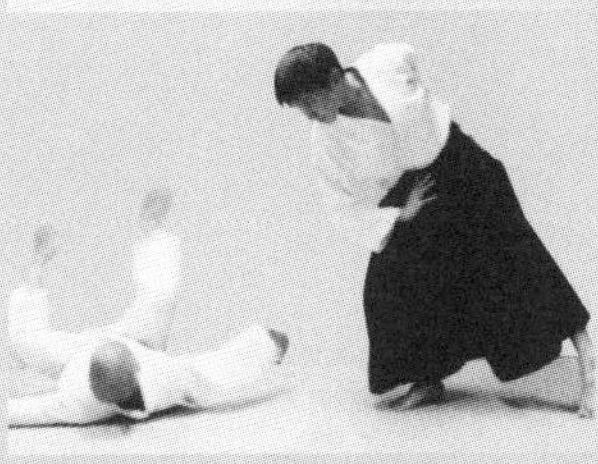

✕

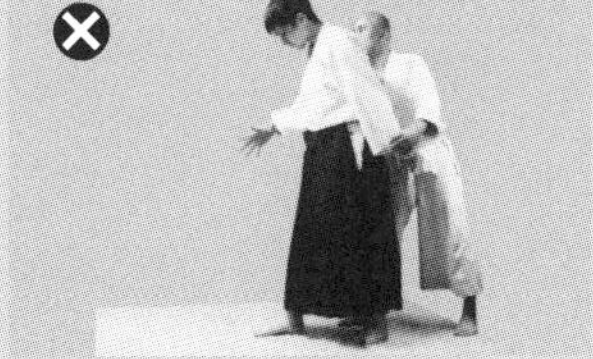

「二ヶ条」に取るための応用

「二ヶ条」に取るには、取られた手を相手手首に巻き付けなければならないが、相手が強力な場合、なかなか容易ならざるものがある。そこで、「斎向之伝」の応用として、自らの親指をいったん自分の臍に向けると、かなり楽に巻き付けることができる。

✕

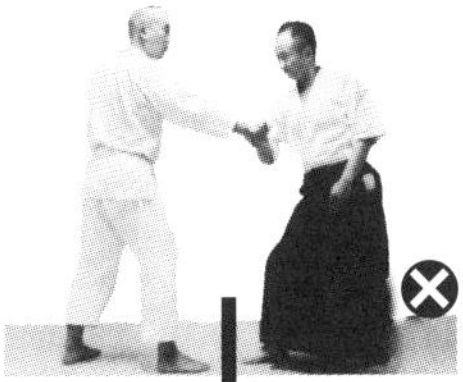

1

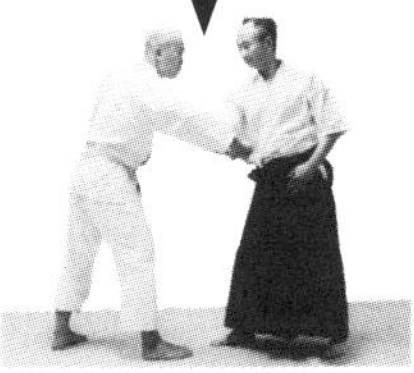

2

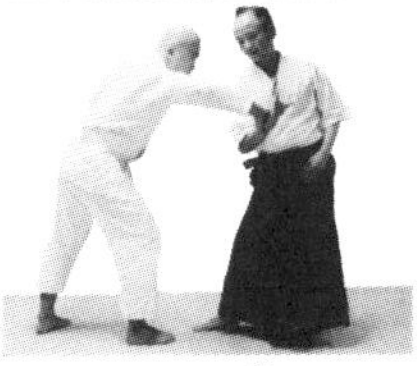

3

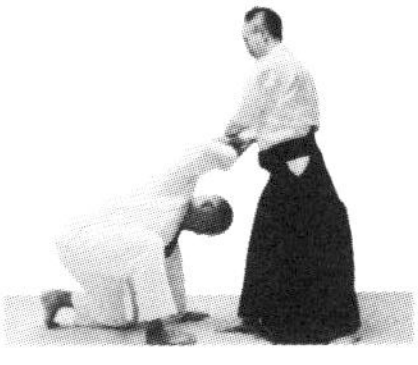

○綾手捕一ヶ条

1相半身にて対し、受、捕の右手を右手にて掴む。

2捕、右手を右腰のほうに引きつつ、左手を受の右肘に添える。

3捕、完全に腰を切り、右手は右腰、左手は臍の前にて受の左肘を抑えて「一ヶ条」を極める。

この時に左手が自分の臍の前方になく、他の場所で受の肘を極めようとしても、十全な力が注がれずあまり有効ではない。

掴み手などによって相手を制する場合にも、基本的にはこの「斎向之伝」を用いることが多い。

「一ヶ条」にみる「斎向之伝」

相手の肘にかける左手がしっかりと臍前に来ることを意識するだけで、威力に大きな差が出ることを実感できるだろう。

「掴み手」にみる「斎向之伝」

ただ押すだけでも、力んだ状態であれば崩すこともできるが、肩から力が抜けている相手へは逆に肘から引き抜かれてこちらが崩されてしまうこととなりかねない。

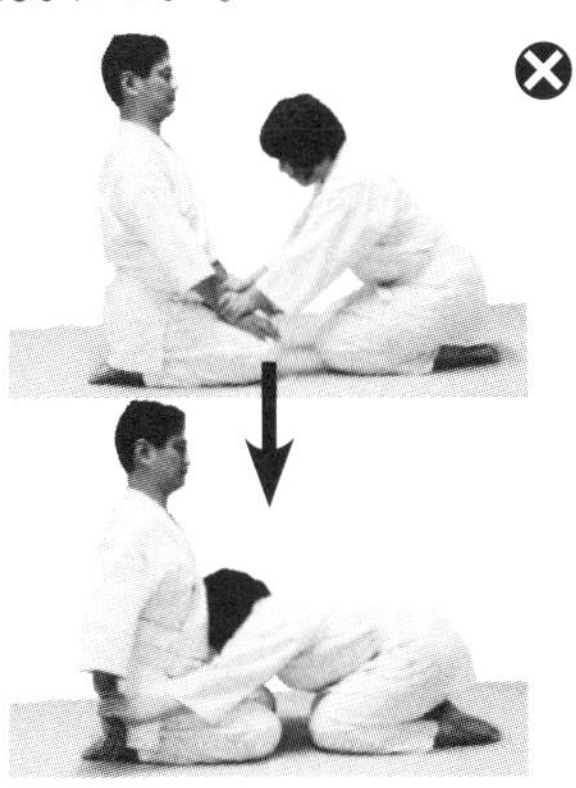

掴み手は手首の急所を攻める上で、受の両腕を内側へ絞り込むようにするのを基本とするが、これも中心（臍）へ向かって力を集中する「斎向之伝」に通じている。

こちらから相手の両手を掴み、そのまま仰向けに倒してしまう技法だが、受の臍下へ向かって突き出すことで受は容易に倒れてしまう。この技法はゆっくり押すのではなく、幾分両手を弾くように突き出すことで、不思議なほど軽く弾き倒すことができる。

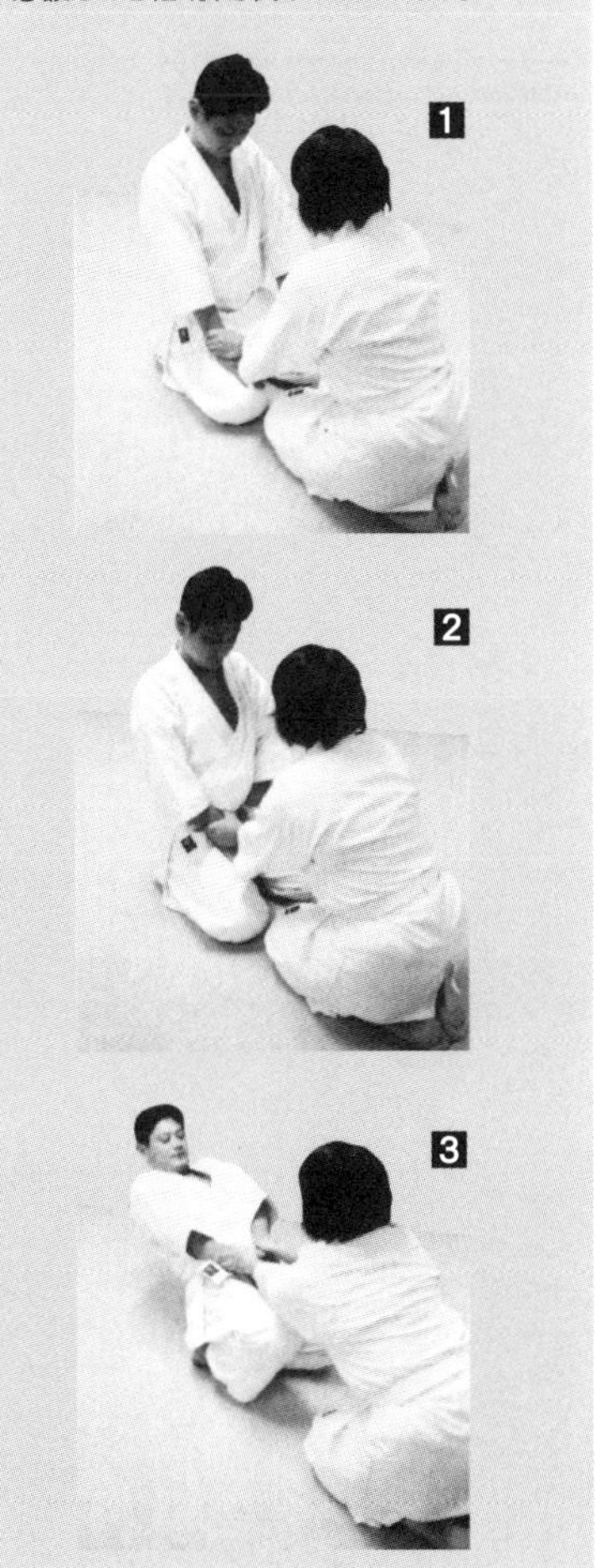

○掴み手

❶捕、受、対して座る。

❷捕が受の両手を掴み、その手を受の臍のほうに持っていき、

❸仰向けに倒す。

この時に、初心者の場合において、受の手を身体の中心ではなく、体側に沿って押すことが多い。受の身体に力が入っている場合には、そうしたやり方であっても受が崩れてくれるので問題はないのだが、受の肩の力が抜けている場合には、押すほうの自分のほうが、ややもすれば受よりも身体が崩れてしまう。勿論そうした場合には、体当たりで相手を倒すということもできないことではないのだが、そのようなことをしなくても済ますためには、相手の臍のほうに向かって受の手を押していけばよいのである。

厳かに、正しく、整える

実は、「斎向之伝」は、最終章「造化三神之伝」の一部をなすものであり、「天之御中主神之伝」の「第二伝」の一部である。天之御中主神はこの全大宇宙の真中に座して、一切を主宰する神であるが、その古くからの伝の一つに、「ミナカ」とは「身中」であるとされ、身体の中心に座して一切を主宰する神ともいわれている。

そもそも私達の身体も大宇宙に対して小宇宙とされ、宇宙の一切を備えているとされるわけであるから、そこに天之御中主神が存していても不思議ではない。そしてその存しているところこそは、身体の中心部にあたる臍のあたりなのだ。天之御中主神こそは一切造化の根源である。とすれば、人間の身体において、一切の身体操作の根源となるところも臍のあたりとなる。よって臍のあたりの活用を期することによって、自在なる合気の技を生み出すことも可能となるかとも思う。

弓道の名人とされる阿波研造（あわけんぞう）師範は「高天原は即ち人間の腹なり」という言葉を残し、心身一如を実現するためには腹の鍛練が誠に重要であることを示唆しているが、まさに臍とはその腹の中心にあるものなのである。

蛇足ながら付け加えておくと、「臍」の字の旁（つくり）である「齊」には、先に記したように「整う」、「厳か」、「正しい」などの意味がある。自らの身体を厳かに正しく整えることこそが大切である。自らが正しい姿勢を保ち、その聖なる臍をすみやかに相手に向けて相和し、そこに合気のさらなる世界を展開すべきなのである。

第十二章 移香之伝

―香の自然と移るが如く切れることとなく制すること

霊域・鵜戸神宮と移香

ある時、九州宮崎の地にある鵜戸(うど)神宮を訪ねた。ここを参拝したのには理由がある。ここは、私の研究課題の一つである大東流の中興の祖とされる武田惣角(たけだそうかく)が、明治十二年、塩断の参籠祈願をした神社であり、その武道的な悟りと深い縁がある所だからだ。

惣角は九州の地を武者修行していたとき、鵜戸の神の化身と思われる異形の男に出会い、それを機縁として神宮に参籠した。ここでまた神の化身かと思われる行者に、自然現象をも左右するといった奇跡を見せられる。そして、試合に勝つ事のみを目的とする鍛練修行は、信仰心ある人の持つ霊感、神通力には及ばない事を悟り、遂に神仏となることを以て流儀の極意とするに至った。つまり、鵜戸神宮は、大東流の歴史において重要な神社なのだ。

鵜戸神宮は、鵜戸山の断崖絶壁の日向灘に面する大洞窟（約三百坪）の中に建てられた優美な朱塗りの神社である。その洞窟は、国定公園に指定された奇岩怪礁が南北約一・五キロにもわたる日南海岸にあり、御祭神は鵜葺草葺不合命である。

ちなみに、第八章「海幸彦之伝」に登場した山幸彦・海幸彦の伝説の舞台となったのがこの場所で、山幸彦とその妻、豊玉姫の御子が鵜葺草葺不合命であり、この洞窟は豊玉姫が鵜葺草葺不合命を出産された場所といわれている。出産のために鵜の羽を用いた立派な産屋がこの洞窟に準備されようとしたのだが、それを葺き終わる前に出産した。そのため生誕した子供は、鵜葺草葺不合命と名付けられたのである。

鵜戸神宮は、地元では「鵜戸さん」と呼ばれ、夫婦円満、安産、育児、漁業、航海、そして、縁結びの神として古くから信仰を集める。また、愛洲移香が陰流を開眼したところから、剣法発祥の地としても知られている（念流を開いた念阿弥慈音もこの地にてその精妙を覚ったともいわれている）。

愛洲移香（一四五二～一五三八）は、剣術流派の一つである陰流の開祖である。名は久忠、日向守、また惟孝ともいう。伊勢（一説に日向）の豪族の子孫である。剣術の修行のために全国各地を旅し、三十六歳のとき、この鵜戸の岩屋に参籠して陰流を開いた。

伝えによれば、愛洲移香は岩屋に籠もっているとき、夢枕に猿があらわれて陰流の秘奥を得たとか、岩屋の天井からスーッと糸をひいて下りてきた蜘蛛の動きを見て陰流を編み出したともいわれる（新羅三郎義光も、女郎蜘蛛の動きを見て大東流の奥義を会得したとの伝説があり、興味深い）。後に陰流は上泉伊勢守信綱が新陰流として体系づけをし、柳生石舟斎（宗矩の父）に伝わり、柳生新陰流として大成された。

この愛洲移香の「移香」の文字にちなんで、今回は「移香之伝」について記す事にした。香について簡単に触れると、日本では、奈良時代には、香が、穢れを去り、仏前を清め、邪気を祓い、厳かな雰囲気をだすためのもの（「供香」という）として用いられた。また平安時代には『源氏物語』や『枕草子』などにも記述されているように、部屋に香りをくゆらす「空薫」とか、衣服に香を焚きしめ、そこに移った香りを楽しむ「移香」などの習慣があり、香は日常の生活を豊かにし優雅にしていたのである。今日では香の療法であるアロマテラピーが流行している。

ちなみに香道の世界では、一香木のなかに天地の正気が籠もり、その香は天地自然の和の精神の集約したもので、これを嗅ぐことによって大宇宙の真髄までも己のものとすることができるとしている。

移りゆく「香」のごとく

今回の口伝は、そうした香の習慣から「移香」という言葉を借りて「移香之伝」とした。香りが自然とそばにあるものに移っていくように、右手で制していたものをその状態を途切れさせることなく自然に左手で制し、あるいは手で制していたものをその状態を途中で切ることなく足にて制し、あるいはある種の合気にて制していた状態を途切れさすことなく違った合気で制する（また今回は触れないが、手足を触れずして制している場合においても同様なことをなす）ことをもって「移香之伝」とした。

まずそれを「二ヶ条」にみてみよう。

○片手捕二ヶ条抑え

1受、右手にて、捕の左手を握る。

2捕、右裏拳にて受の顔面に当て、左手は手掌を開いて左方に張る。

3次いで、右手にて受の右小手を掴み、「二ヶ条」に極めつつ振り降ろし、左手を受の肘に添える。

4～5そのままうつ伏せとして、右手で持っていた受の右手首を自分の左腕の肘関節内側の部分で内に抱え、右手刀で受の右肘を抑えて極める。


ここで「移香之伝」を用いるべき箇所は二ヶ所ある。先ず第一は3の「右手にて受の小手を掴む」ときである。3に至る前において、通常であれば、受の右手はすでに捕の左手によって制された状態となっている。ところが初心者は、右手で受の右手首を掴もうとするとき、それに気をとられて、左手の左方への張りを弛(ゆる)めてしまうのだ。そのため受は安定した体勢に戻り、結果として、捕は右手で受の右手を掴んでも、人によってはその右手を返す事もできないことがある。右手がしっかりと受の右手を制するまでは、左手は決して弛めてはならないのだ。それを意識して行え、というのが「移香之伝」の教えなのである。

もう一つは5において、「右手で持っていた受の右手首を自分の左腕の肘関節内側の部分で内に抱え」るときである。このときも初心者のなかには、しっかりと肘関節の内側で受の手首を制していないのに右手を離してしまう人がいる。それではその瞬間に受に逃げられてしまうことになる。このときも「移香之伝」により、左腕の肘関節でしっかりと受の手首を抱えて、その手首を制するのに合わ

片手捕二ヶ条抑え

顔面への当てを入れた後、相手の右手首を「二ヶ条」に捕るところと、その腕を抱え込むように相手をうつ伏せとしたところで上下を持ち替えて極める箇所で、「移香之伝」が使われている。

顔面への当てを入れる際、左手は手首を通じて相手の右腕へ圧を掛けた、いわゆる合気がかかった状態となっている。これを、「二ヶ条」に手首を捕る際にも弛めることなく持続させていなければ、相手へ反撃の隙を与えてしまう。

最後に肘を極める際も、捻り上げた相手の手首を右手でしっかりと左肘へ押しつけながら移動させ、更にちゃんと肘の股での手首の押さえに引き継がれることを意識しなければならない。

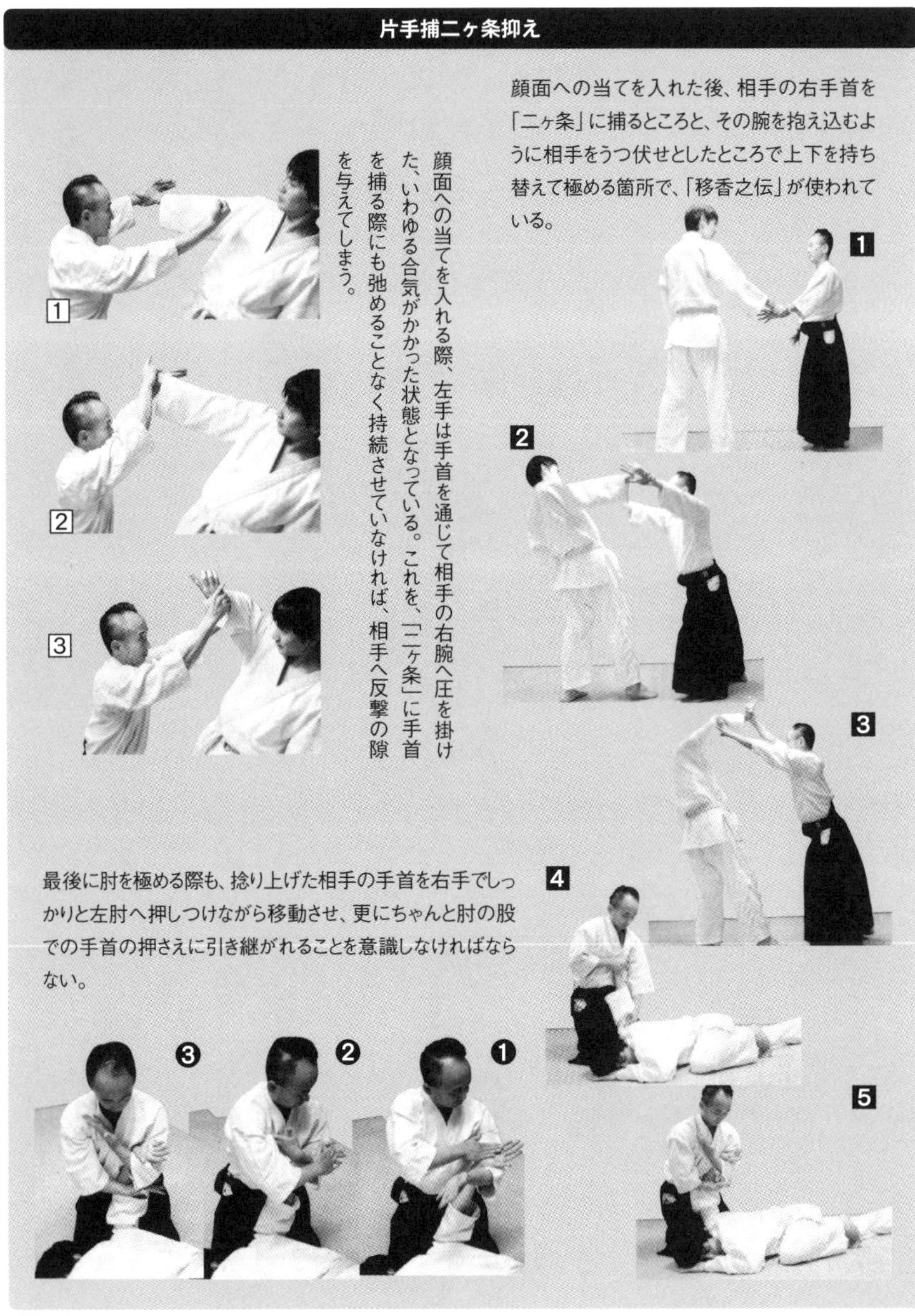

せて右手を離すべきなのである。

次は「三ヶ条」において見てみよう。

○横面打ち三ヶ条抑え

❶受、自然体にて立つ捕に、横面打ち。捕、左足を左前方に踏みだし、左手刀で受の右手を受け、右裏拳で顔面に当て。

❷捕、受の右手首を制した左手と右手を切り換え、左足を軸にして後方に廻転しながら受の力を流しつつ、左手は受の右肘に添える。

❸次いで、主として人差し指と親指で受の右掌を挟むように持ち、手首を返して肘を上げさせる。そのまま左手にて受の手の甲を親指が受の親指の付け根の辺りに当たるようにして持ち、右手は持ち替え、捻るようにして上方に突き上げる。

❹次いで、右足を受の前方に踏みだしながら、右拳で顔面に当て、

❺その足を軸にしつつ右方に背転しつつ、右の手を受の右肘に当てて、うつ伏せに倒す。

❻右手にて受の右手の甲を掴み、左手刀を受の肘に添えて極める。

この技においては、まず❷の「左手と右手を切り換え」るときに、「移香之伝」を用いなければならない。捕は、左手で制していた受の右手を右手で制する状態になったときに左手を離し、その手を受の右肘に持っていくのである。自然と相手の右手を制する手が切り換わらなければならないのである。

また制する状態に弛みがでてもいけないのだ。

1～4は、1～2の動きを細かく見たものであるが、2～3においては、手は切り換わらないが、捕の右手の位置は手首から指先のほうに移動する。この場合においても「移香之伝」によって、その制した状態を途切れることがないように気を付けなければならない。

3において、右手から左手に持ち替えるときにおいても、当然のことであるが「移香之伝」が意識されなければならない。弛みを作ってはならないのだ。

6において、これまで左手で持っていた受の手の甲を右手で掴むが、この場合においてはこれまで以上に「移香之伝」を意識することが必要となる。というのは、ほぼ同じ箇所を持ち替えるために、パッと左手を離してパッと右手で掴むといったことが初心者にはよく見受けられるからだ。練習であれば、

横面打ち三ヶ条抑え

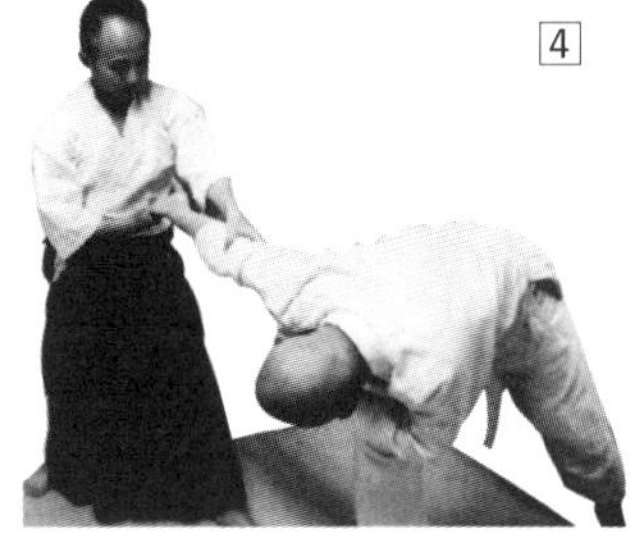

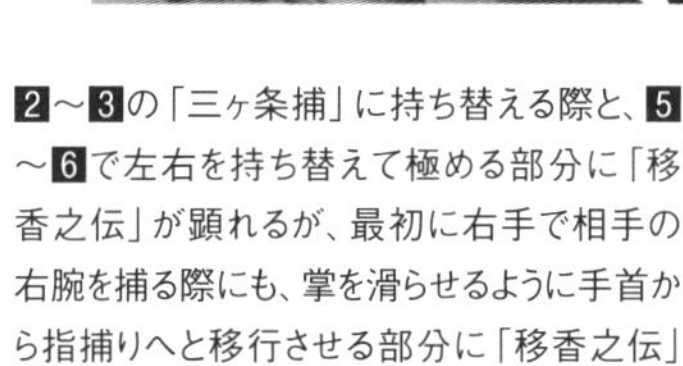

2～3の「三ヶ条捕」に持ち替える際と、5～6で左右を持ち替えて極める部分に「移香之伝」が顕れるが、最初に右手で相手の右腕を捕る際にも、掌を滑らせるように手首から指捕りへと移行させる部分に「移香之伝」の持続力が求められる。

前後左右に変転する複雑な足捌きを要する。その間、最初に接触した相手の右腕への捉えを緩めることなく動作しなければならない。そのためには、指の一本一本にいたる微妙な把握を、無意識となるまで意識しながら技を修練することが必要だろう。

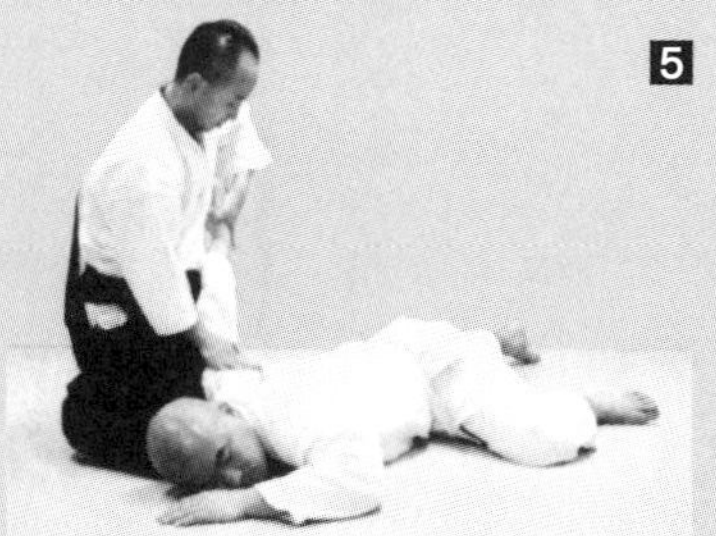

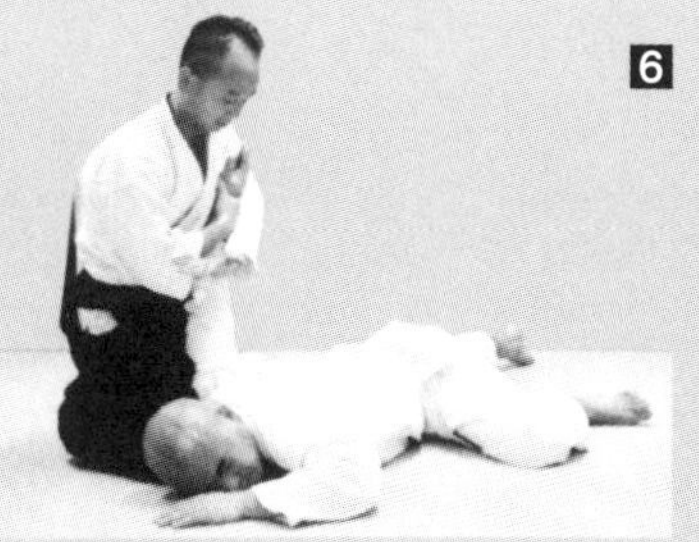

相手は左手が離れて右手が自由になったときにおいても、そのままじっとしているから、とりあえず続けて右手で受の右手甲を掴むことができるが、実戦の場合、受は右手が捕の手から自由になった瞬間に逃げ出していることだろう。少しずつ逃がさぬように、左手から右手へと持つ手を替えていくことが大切なのである。

途切れぬコントロール

では同じ箇所において手を切り換えるとき、どのようにしたらよいか。それを分かりやすい「鎌首固め」という技に見てみよう。

○鎌首固め

1 捕、受、対峙す。受、右拳にて捕の鳩尾に突き。

2 捕、右足を引き、左手刀を受の右手首に添えて避ける。

3 捕、左手刀と右手刀とを切り換え、右手にて受の右手の甲を掴み、左足を受の右足の横に進めつつ、左手にて受の顔面に当て。

4 右手にて受の甲を極めつつ、左手にて受の右袖を下に引いて肘を曲げさせつつ、横に並ぶ。

5 受の右手甲を制した右手と左手を切り換えて極める（1と2）。

鎌首固め

4

1

2

5

3

受の右側への移動は、相手の右腕の捉えを弛めぬように動作すること。

左手の小指から接して、順に指を入れ替えていく。

実際にはここまで厳密なものではないが、意識して稽古することで、無意識の回路を作ることが大切。

2

1

手を持ち換えるのは多敵に対する備えとなる。ここから両者を搦めて制するのが大東流の真骨頂でもある。

3において「右手刀と左手刀を切り換え」るときにおいて「移香之伝」を意識して、ともに手に重みを掛け、右斜め下方に切り落とす感じにて、途切れることなく受の手を制することが必要である。そして、そのまま「移香之伝」で自然に途切れることなく「右手にて手の甲を掴」むのである。

5が「移香之伝」を意識した同じ箇所における手の切り替えになる。これは、先ず右の手の小指を受の甲から離して、そこに左手の小指を付けるようにし、次いで右手の薬指を離して左手の薬指を付けるようにし、といった風に指一本ずつ替えていくのである。こうすることによって、相手を逃がすことなく手の持ち替えが可能となるのである。

蛇足ながら付け加えておくと、ここで手を持ち替えるのは多敵に備えるためで、相手が一人という前提ならば、両手を用いて受の手首を抑えればよいので、こうした持ち替えなどは必ずしも必要ではない。

次に「柱立て」という技をみてみよう。

○柱立て

1受、左半身にて、右半身の捕の右手を左手にて掴む。捕、右手を軽く開掌して、合気を掛け、
2次いで、手前に落とし、さらに上げて受を腹這いとす。
3次いで、そのまま受の左掌に右掌を当てて受の左肘は伸ばさせたまま、掌を圧して極める。
4〜5次いで、右足を受の肩と首の間に、受の左手に絡ませるようして踏み込み、肩を極め、手を離し「無手捕り」となる。

ここでは4において足を「受の左手に絡ませるようして踏み込」むときに「移香之伝」を意識しなければならない。足を絡ませることに気持ちがいってしまって、受の手を右の手で制していなければならないことをつい初心者は忘れてしまい、ややもすれば返されてしまうことがあるからだ。

ちなみに、この技は、右手掌で受の掌を圧して極めたところで一応は終わりであり、そのあと足で制するのは、両手を使えるようにするためである。これによっても他にも攻撃する人がいた場合に、両

柱立て

圧し極めた後だけではなく、開掌による合気から(1)、つっかえ棒を外すように相手をうつ伏せに落として極める際も、相手の腕へ通した意識を途切れさせない。つまりは技を掛けたら、相手を完全に制するまで、力を途切れさせてはいけないということである。

1

2

3

4

5

手を持って立ち向かうことができるのだ。一見、足が使えず、動きが不自由なようであるが、必要であれば、身体を廻すようにして受の肩関節を外して、他の攻撃者に対することもできる。

最後に「綾手捕合気投げ」をみてみよう。

綾手捕合気投げ

2で「合気上げ」を掛けた右腕の位置を、空間上に固定することで力を途切れさせることなく「合気下げ」へと移行する。動きの中における一点の固定とは〝他の部分が滑らかに動き続けている〟ということに他ならない。

〇綾手捕合気投げ

1受、右半身にて相半身の捕の右手を右手にて握る。

2捕、「合気上げ」をしながら、左足を受の右横に進める。

3～4次いで、右足を前に進めながら「合気下げ」をする。

この場合においては、初心者の場合はせっかく「合気上げ」で受を崩しておきながら、「合気下げ」に移るときに、その移り具合がぎごちなく、わざわざ相手を元の状態に戻してから、また改めて、「合気下げ」をかけるといった人が多い。このため、「合気上げ」を用いていながら、単に、「合気下げ」だけを用いているのと同じになり、受を倒しづらくなる。相乗効果を期待できなくなるのだ。よって、合気の技法を組み合わせて用いるこうした場合にも「移香之伝」を意識する必要があるのだ。

天地をつなぐ「香り」

香の使用は、人類の文化とともに古い歴史を持つ。香は清浄作用を持ち、人の心身を高揚させ、人を陶酔させ、忘我的な歓喜に誘うといった神秘的な作用を伴うところから、呪術効果を高めるための不可欠の媒体として、太古から祭祀に用いられてきた。洋の東西を問わず、香を焚いて天に捧げ、ところによっては、香煙を縷々(るる)として中絶することなく立ち昇らせた。立ち昇る香煙は、神と人、天と地をつなぎ、不断の香は崇拝の永遠性を示したのである。

これと同じく、今回、説明した「移香之伝」においても、香が天地を不断にしてつなぐ如く、ある動作からある動作に移るときにおいて、相手を制した状態を途切れることなくつなぐ意識こそが重要なのである。

第十三章 曲尺之伝ー角度を直角とすること

曲尺とは？

曲尺（まがりがね。かねじゃく）は、帯状の金属を直角に折れ曲った形につくった物差しで、工匠が木材を工作するのに用いるものだ。少し前まで工匠は正月を迎えるにあたって、暮れのうちから、曲尺と墨壺（すみつぼ）を別々に奉書紙で包み「寿」と書き、紅白の水引で結んで床の間に飾るくらいに、曲尺を大切にし尊んでいたものであった。

また、かの石工組合に起源し、錬金術やカバラ思想なども取り入れているとされるフリーメイソンなどにおいても、その霊的標識として、コンパスとともに曲尺は用いられ、ゆるがせにできないものとされている。

私の主宰する玄修会においても、わざわざ曲尺を用いることはないが、大東流の技を掛け固める場

合において、曲尺に基づく「曲尺之伝」はゆるがせにできないものである。では「曲尺之伝」とはどのようなものか。これは、捕が受を制する場合に、受の肩と腕の角度が曲尺のように直角になるようにすることをいう。もっとも相手の身体が柔軟か固いかで、その角度は少し加減され変化することになる。

ここで、曲尺を知らない人はいないとは思うが、老婆心ながら簡単に曲尺について説明しておく。直角を測るための木工用の道具を古く中国では「矩(く)」といい、それが曲尺の始まりである。曲尺は、建築に使う材木などの寸法や角度を、計算せずに機械的に割り出す道具として、中国の周代に魯班(ろはん)が作り出したとされている。よって中国では「魯班尺」とも呼び、「矩尺(かねじゃく)」、「差し金」などとも呼ぶ。

ちなみに、曲尺の長短二本の枝からなる長いほうを「長手(ながて)」または「長腕(ながうで)」、その半分くらいの短いほうを「短手(つまて)」または「短腕(つまうで)」という。長手を左手で、短手を右手で持ったとき、手前に見える面(Γガンマの字に見える)を表といい、その反対の面を裏という。表の面の長手の外側、裏の面の短手の外側には、正規の長さの単位の目盛が刻まれている。

また、裏の面の長手の外側には、正規の目盛の$\sqrt{2}$(約1・414)倍の目盛がつけられている。これを角目(かどめ)といい、これを原木の直径に当てることにより、その原木から取れる角材の幅が分かる。また、裏の面の短手の内側に、正規の目盛を円周率π(約3・14)で割った大きさの目盛がつけられており、これを丸目といい、丸材の直径に当てれば、その丸材の周囲の長さが分かる仕組みになっている。

さらに、中国の古い曲尺には、この裏の目盛を十等分し、それに順次「財、病、離、義、官、劫、害、本、財、病」と記したもの、また日本の江戸時代のものには、表の目盛を八等分し、各部分に「財、病、離、義、官、劫、害、吉」の八字が刻んであるものなどがある。これらは、門扉の寸法数値に関する呪術的なもので、これによってその家が富むとか、災難が多いなどと吉凶を占うのである。曲尺は単なる長さを測る道具というだけではないのだ。

反撃を封じる規矩

簡単に、曲尺について説明したところで、そろそろ、「曲尺之伝」をどのように用いるのかを説明していこう。先ず「一ヶ条」からである。

○横面打ち一ヶ条

❶受、捕、対座し、受、横面打ち。捕、左手刀にて受の右手首を受け、右手にて顔面に当て。

❷〜❸次いで、右手にて受の手首を掴み、左手を肘に添え、受をうつ伏せにする。

❹受の脇の下と右腕が直角になるようにして受の腕を抑える。

右の❹で用いるのが「曲尺之伝」である。初心者が抑えるとき、往々にして脇の下と腕の角度が七十〜八十度くらいになってしまうことが多い。すると相手は簡単に体を返して、捕に左手で当て（当身）を入れることが可能であり、逃げられやすい。この角度を曲尺にならって九十度にする必要があるのだ。

横面打ち一ヶ条

受の横面打ちを左腕で受けると同時に右手の当身で崩し、そのまま右手を差し入れて「一ヶ条」に返して抑える。その極めの、腕と体側との関係性が曲尺のごとくに直角となることで、受の抵抗を封じることができる。

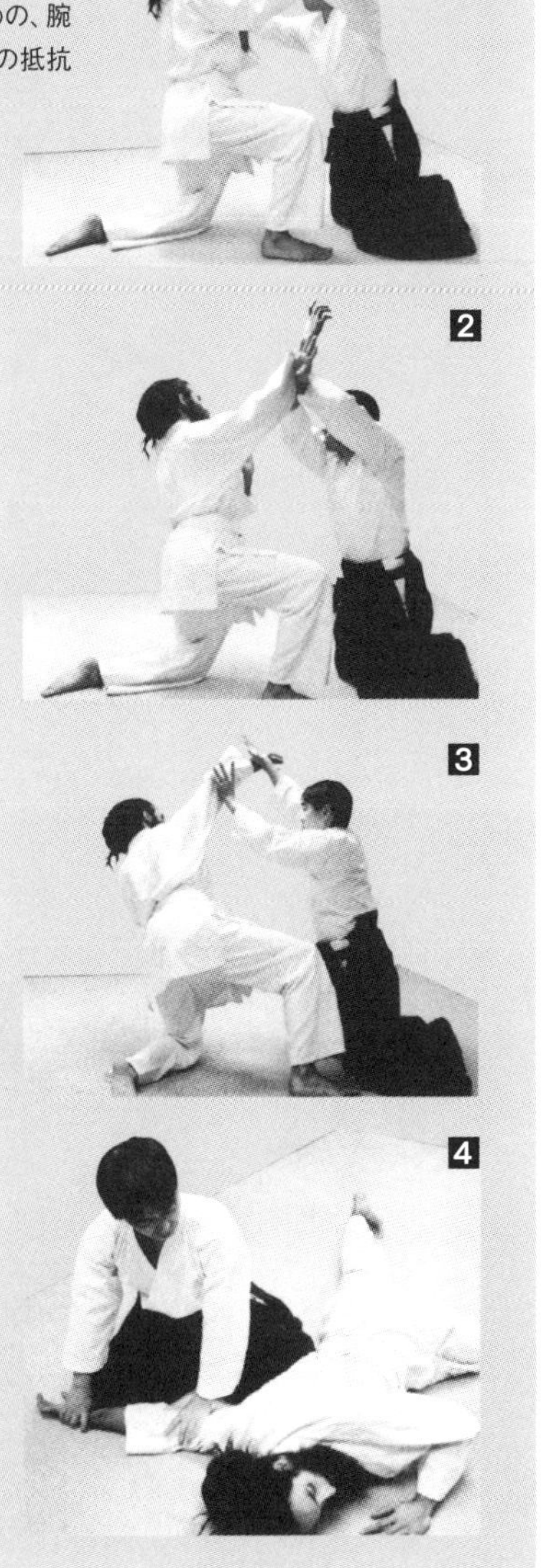

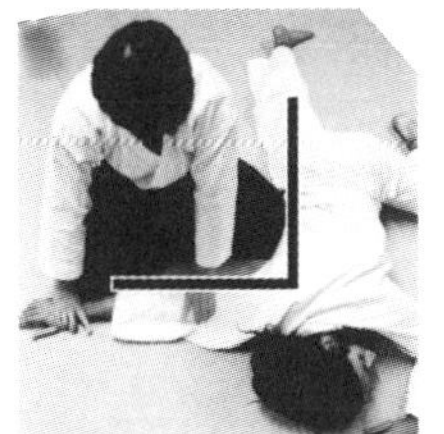

ちょうど極めた腕と受の体側にピタッとつくように、捕の両膝が入るのが理想的。この両膝によって、脚で上から抑えているわけでもないのに、相手は身動きできなくなるので、左腕を離してトドメの当てを入れることもできるのだ。

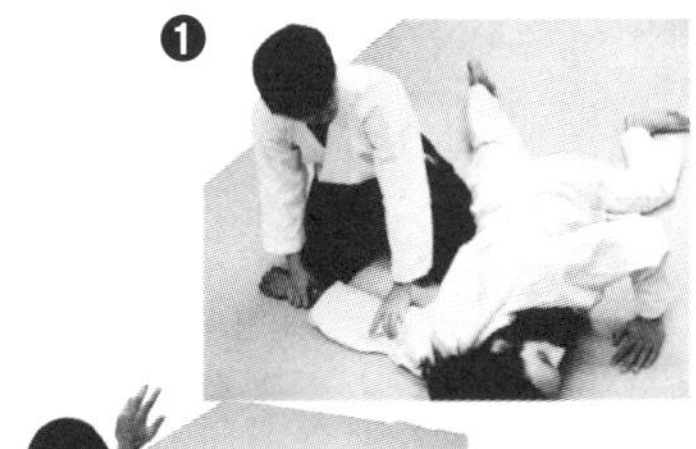

この腕の角度が甘いと、相手は身を捻って容易に反撃を出すことができる（もっとも、さらに高次の段階でワザとこれを誘い、さらなる固めに入る展開もある）

またこのようにして抑える場合に、左膝で受の脇下を抑えていないと、始めは九十度の角度で抑えていても、受が身体を近づけてきて、その角度を狭くすると逃げられてしまう。初心者はそうしたことにも配慮が必要だ。

○片手捕二ヶ条

❶受、捕、対座し、受、右手にて捕の左手を掴む。捕、右手にて顔面に当て。

❷次いで、捕、受の右手首を右手にて逆に掴み、「二ヶ条」を極め。

❸〜❹次いで、捕、受をうつ伏せにし、受の右手首を左手の内肘に挟み、右手を受の肘に当てて固める。

片手捕二ヶ条

「二ヶ条」に極めた(❶〜❷)後の固め(❸)に「曲尺之伝」を活かす。ここでは、曲尺を床に立てた形と同じに、しっかりと腕を垂直に上げて肩を極める(❹)。

1

2

3

4

3では、実はまだ「曲尺之伝」は用いていない。だが状況によっては、4のように、「曲尺之伝」を用いるべきなのである。昔、私が少しばかり合気道を学んだころ、「二ヶ条」の固めを練習の相手が私にかけようとしたがかからず、驚かれたことがあった。逆に、初段とか二段クラス相手ではあるにしろ、「二ヶ条」の固めはかかったことがないという人に、「二ヶ条」の固めを極めてびっくりされたことがあった。種を明かせば簡単で、これは「曲尺之伝」を用いるかどうかによるのであった。

合気道においては、どのような人が練習しても危なくないようにと、3において腕を曲げさせ、どちらかといえば肩に負担がこないようにしてかけることが多い。こうすることで肩などの外れることが少なくなり、かなり安全になるのだ。しかし、身体の柔らかい人の場合、他の細かいことを注意しても、そのやり方ではなかなか制することが難しくなる。よって必要であれば、そのような場合には「曲尺之伝」を用いて、受の身体と腕が直角になるようにして相手を制するとよいのである。

○綾手捕三ヶ条

1受、捕、対座し、受、捕の右手を右手にて掴む。捕、右手掌を返し、左手にて受の手甲を掴む。

2捕、右手にて受の掌を握り、上に突き上げる。

3捕、受を自分の前にうつ伏せとし、

4右手にて右手甲を掴み左胸に当て、左手を肘に当てて固める。

4の「三ヶ条」の固めであるが、これも通常、肩などを外さないように相手の腕を曲げてやり、危なくないように極めていくので、身体の柔らかい人とか、少し練習などした人には効きづらくなる。よって効かない人に対しては、これまた腕が床に垂直になるように、つまり曲尺を置いたように腕を抑えることによって、かなり効くようになるものである。玄修会では、「右手にて右手甲を掴み左胸に当て」のところで胸間に当てるようにしている。ただ相手の身体が固い場合においてはその限りではない。

○片手捕四ヶ条

❶受、捕、対座し、受、左手にて捕の右手を掴む。捕、右手にて受の左手を掴み返し、
❷左手を受の甲に添える。受の手首の脈拍部に右手の人差し指の付け根が当たるようにして、
❸極め崩し、うつ伏せとする。
❹身体全体の力を右手の人差し指の付け根と小指に集中して、相手のやや左前方に抑えて極める。

❹において、これまた受の身体と腕が、曲尺のように直角になっていることが望ましい。また肘から先が地に垂直になるような感じで制すると、「四ヶ条」の極まらないような人であっても制することができる。

つまり「四ヶ条」では、二ヶ所において「曲尺之伝」を用いるわけである。手首の弱い素人であれば、「四ヶ条」で掴むだけで悲鳴をあげて降参するが、少し鍛えた人にはなかなか極めづらくなるので、「曲尺之伝」を意識しなくては、相手を制することは難しいものとなる。

片手捕四ヶ条

「四ヶ条」は手首周辺の経路のツボを圧迫することで、相手に痛みを与える技だが、その効き具合には個人差があり、特に初心のうちはなかなか一点に力を集中できない。

1

2

3

4

そこで相手をうつ伏せにした際、肩と二の腕、二の腕と前腕で二つの「曲尺之伝」を使うことで、相手の自由を奪いつつ力を一点に集中させる。

綾手捕三ヶ条

同じく綾手に捕られた（右手で左手、左手で右手といった交叉する形に手を捕ること）ところから「三ヶ条」を極めた（1～2）後、相手を手前にうつ伏せとして腕を極める際に「曲尺之伝」を用いる。

1

2

3

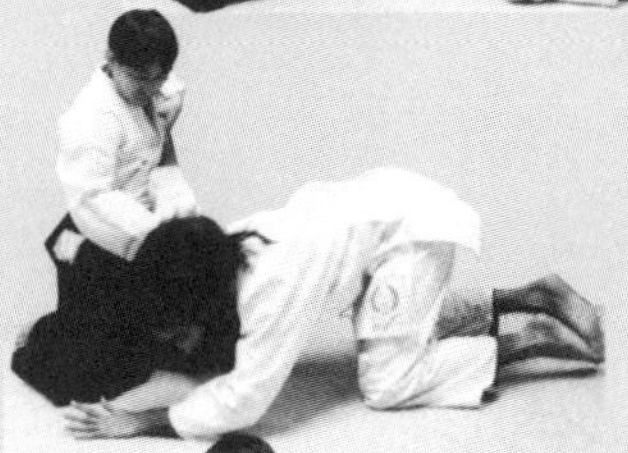

4

短刀捕

短刀を持った相手の振り下ろしを捌きつつ地に抑えてからの、いわゆる「五ヶ条」の極めである。これも、「五ヶ条」（短刀棒）を極める際に、直角を意識することで二重の「曲尺之伝」となり、相手の自由を奪って反撃を防ぐ。

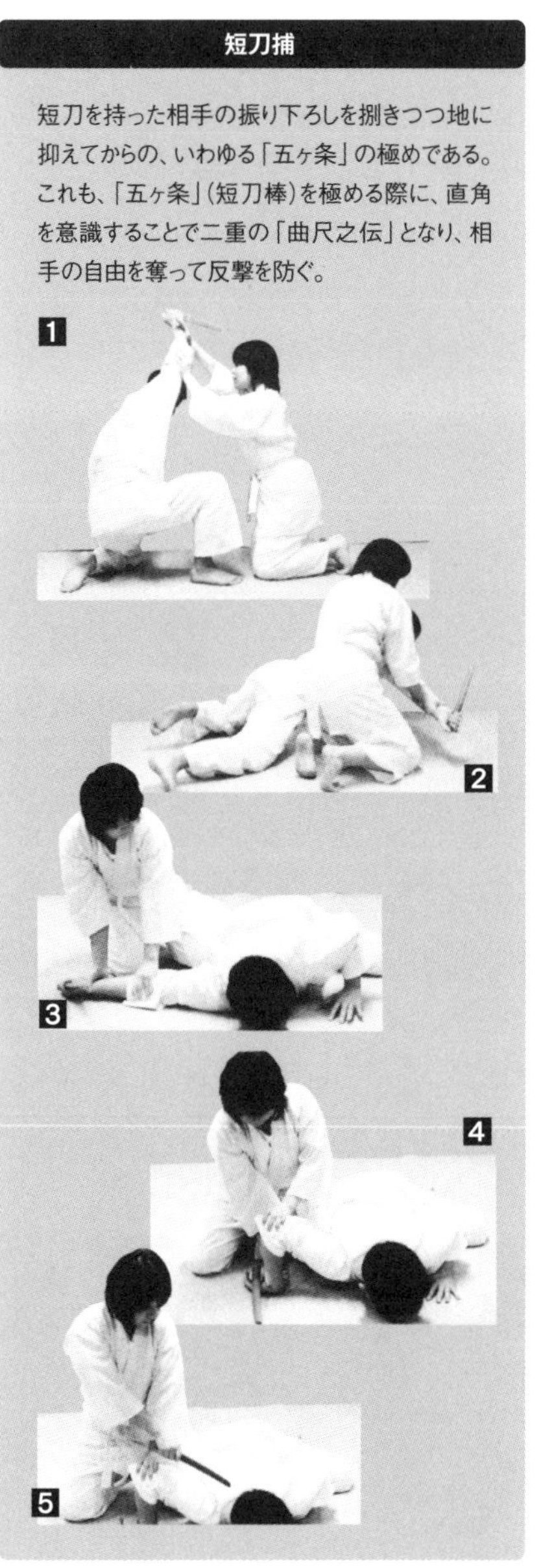

○短刀捕

1受、対座する捕に短刀を逆手に持って打ちかかる。捕、左手で受の右肘、右手にて右手首を受ける。

2～**3**捕、右手で、親指を手首内側、他の指を甲側にかけて掴み、左膝を中心に背転し、受をうつ伏せに倒す。

4～**5**次いで、受の右手首と右肘を曲げて極め、短刀を取り上げる。

これは極めつけるだけであれば、かなり手首を痛めつけることができるので、手首が極まっていれば

それで十分だろう。しかし、固め制しておくというのであれば、やはり「曲尺之伝」を用いて、「一ヶ条」などと同様に、受の腕と体側とを直角にするように固める必要がある。また、これは他の技の場合においても同様であるが、通常は直角よりも少し大きめの角度のほうが有効となる。

奥伝技法への展開

さて、では少し高級な固め技において「曲尺之伝」を見てみよう。先ずはその技名を「楓合せ」と名付けている技である。

○楓合せ

1受、捕の右手を左手にて取る。

2～4捕、「合気上げ」をし、瞬間に力を抜いて落とし、うつ伏せにする。

5次いで、右足首を受の左の首の付け根辺りにつけ、受の左手を垂直に立て、受の掌に自分の掌を合わせて極める。

これまた、「曲尺之伝」によって、受の腕を垂直にすることにより、受の肩の関節が制せられて、受はたやすくは動けなくなる。もっとも、掌で押す方向に工夫が必要ではある。

次は「乖離」という技を見てみよう。

○乖離

1受、捕、対峙し、受、右手にて捕の鳩尾を突く。

2捕、受の右手を左手にて受け流し、親指は手の甲、他の指は手掌に当てて持ちつつ、背中合わせとなりて肘打ち。

3次いで、右手にて受の左小手を掴み、受の掌と自分の掌を合わせ、両手を中央に寄せるようにして、受の肘を極める。

4さらにそのまま座り、自分の体重を受の背にかけて痛み極める。

5さらに受の両手を膝に挟み、無手にて極める。

この技の場合においては、345において、受の肘を極めるにあたって、受の腕と体側が直角になっているということがポイントである。つまり「曲尺之伝」を意識することが肝要なのだ。よって3の時には、受の腕が床とほぼ水平になるし、4の場合には受の身体が前に傾いているので、手の先がいささか上方を向く感じとなり、5の場合には受はいささか仰向けの感じとなっているので、逆に手の先はいささか下向きとなっている。

次に「伏兎（ふくと）」という技を見てみる。

○伏兎

1受、捕の両手を掴む。

突きを受け流すと同時に自ら廻転して、相手と背中合わせとなりながら両腕を逆に制する。この両腕極めの際、「曲尺之伝」を意識することで、さらに腰を降ろし、両腕を脚で極めるという動きに際しても、終始、極めを弛めることなく動作できる。

相手と自分の掌を楓の葉に見立てて、ほとんど掴むことなく、掌と掌との吸着力(「合鏡之伝」)によって相手を地に伏せさせる。そのまま腕を垂直として「曲尺之伝」を意識することで、「楓の合わせ」を解かずに効果的に抑えることができる。

伏兎

両腕を「兎の耳」のように逆に極めてしまうこの技法も、「乖離」と同じ理合で、特に体の柔らかい相手に対しては「曲尺之伝」を意識する必要がある。

2捕、外側から親指を上げ、親指を受の手首に上からかけて手首を極める。
3次に受の手首を掴んで、下方に降ろし、
4次いで上方に上げて、受の上半身が下につかない状態で、頭を下方に下げさせる。
5受の頭を自分の股に挟んで、受の両手を自分の背後に押し、肩を極める。

この場合において、受の上半身は大分曲がってはいるが、両腕と肩とはほぼ直角になるようにして極めている。肩を極めるためには当たり前のことなのであるが、初心者の場合には、角度が小さくなっていて、あまり効果のないことが少なからずある。「曲尺之伝」の必要な由縁だ。

規律の大事

先にも記したように、曲尺は矩尺とも書くが、そもそも「手本」、「規則」などの意味のある「規矩」の「規」はコンパスであり、「矩」は矩尺を意味している。「手本」、「規則」を意味する規矩二つの道具の一つこそが「曲尺」なのである。読者も各技において曲尺の直角を意識するとき、何かを学ぶ上での手本とか形、またこの世界を生きていく上での規則とか規律などの重要性をも感じ取っていただきたい。

ちなみにフリーメイソンにおいては、上向き三角形（コンパス）と下向き三角形（曲尺）を重ねたシンボルを自らの霊的標識としているが、その結合はダビデの星を形成し、道徳と真理の調和を表し、また、陽と陰、天と地、精神と物質、男と女など、世界の二元性の融和を意味し、これによって自らが完全な人間となることが象徴的に示されている。「曲尺之伝」を用いる場合に併せて思い出していただければと思う次第である。

合気口伝

第十四章　影虚之伝―影をとらせる

実体と見えているモノとの差

光と影、虚と実などという言葉があるが、「影虚之伝(えいきょ)」は、光をみせて影をとらせ、実をみせて虚をとらせるところの伝である。これはまた、私の道場においては、今、自分の見ているものが、本当にそこに存在するのかどうかを問いかけるところの伝でもある。

私たちは、現在認識しているものを、そのままに存在するものと普通は考えている。また、人は外界のものをその見える面でしか判断しないことが多い。だが今見ているものが本当にそこにあるのか、また見えているそのままにあるのか、ということは実は疑わしいのである。

いくつかの例をあげてみよう。私は、幼少時、夜空を仰いで、目の前に見えている多くの星がすべて存在していることを全く疑ってもいなかった。だが、長じて、星の光などが地球に届くには時間の

かかることを教えられた。

今見えている太陽や星の輝きは、たった今輝いている光ではない。地球の近くを周回している月の場合でも約一・二六秒前、太陽の場合、約八分二〇秒前、最も身近な銀河であるアンドロメダ銀河はおよそ二百万光年（光速で二百万年かかる距離）前の姿を私たちは見ているのだという。つまりは、場合によっては、すでに何らかの原因で消滅してしまった星の光を夜空に見て、その星が存在するかのように思っていたことに大きくなって気付かされた。

また、テーブルの上に置かれた一個のコーヒーカップであっても、その見る角度によっては、いろいろに違って見える。つまり、一つのコーヒーカップでも、Aの位置から見ている人と、Bの位置から見ている人では同じコーヒーカップを見ているつもりでも、その形状を描かせたならば、違った形状になるはずである。

ある方向から見たコーヒーカップは、その方向から見た時に見えるコーヒーカップであり、だれにしろその今見ているものは、コーヒーカップそのものを全体的にズバリそのままに見ているわけではないのだから。

形状のみならず色についても同じで、例えば、ここに赤い花が咲いているとする。この赤い花は本当に赤い色を自ら発しているのだろうか。花そのものが赤色をしているのだろうか。そうではない。単に花が太陽光などの光を吸収せず反射した光の波長が赤く見えるだけなのである。だから、花そのものが赤いわけではない。赤くない花を私たちは赤い花と認識しているのだ。それを試したければ、その花に緑や黄色のライトをあててやるといい。同じ花がまったく全く違った色に見えるはずである。

実体なき〝虚〟を攻めさせる

このように私たちは、その本体をズバリ見ているつもりでありながら、通常は見ていないことが多いのである。それをそのままに技に表して、「影虚之伝」では、捕は受に、光の当たった部分ではなく影をつかませ、あるいは本体ではなく、虚にして無いところを攻撃させるのである。では、そのいくつかを見ていこう。

○綾手捕一ヶ条

❶捕、右手の甲を見せて誘いとして、受のほうに突き出す。

❷受、捕の右手を右手で取る。この取られる瞬間に、捕、手の平を上に向けるように返す。

❸〜❺捕、左手を受の右肘に添え、右手で受の右手首を握って、左足、右足と動いて受を崩し「一ヶ条」に極める。

右において「取られる瞬間に、捕、手の平を上に向けるように返す」のが、「影虚之伝」を用いたところである。手の甲を上に向けたままで相手につかませると、初心者には、握り返すことも、受の手首に小指をかけてそれを制することも難しい。それを掌を返して、小指側を上方にすることにより、たやすく受の手首に小指をかけてそれを制し、「一ヶ条」にもっていくことが可能となる。つまり影を

綾手捕一ヶ条

相手の目の前に突き出した手を、その取られる寸前に変化させ、事前に次の動作へつなげやすい形としてしまう「影虚之伝」。それは単なる一つの技ではなく、口伝を用いることで技法の流れを掴む一便法なのである。

そのまま取られた際でも、手首を返して受の手首を制する（1～3「陰陽之伝」）ことや、こちらの親指を丹田に向ける（3「指南之伝」）など、口伝の展開は無数に存在する。

取らせて自らを有利にするのである。

このように書くと、「そのような面倒なことをしなくても、手の甲を持たれたら、そのまま掌を返して、手の甲側でいったん受の手を制し、それから『一ヶ条』にもっていけばいいではないか」とか、「親指をいったん自分の丹田のほうにもっていって、相手を崩してから掛ければいいではないか」などと言われるかもしれない。

だが、あくまでここに紹介するのは、ある口伝をこのように用いることができるということであって、ある技をかける場合にこの口伝を用いなければならないと言っているわけではないことをご了解願いたい。それぞれの状況によって、あるいはその人の力量によって、使う技も、口伝も違うというのが本来なのだ。

○両手捕二ヶ条投げ

❶受、捕、対座し、捕、手の甲を側方に向けて、両手を前に出し、受を誘う。

❷受、捕の右手を左手、左手を右手にて側方から掴む。捕、掴まれる瞬間に親指を外側から下方に向けて、掌を外に向けるつもりで返す。

❸次いで、捕、手刀で、受の手首を「二ヶ条」に極める。

❹捕、右手の極めを弛めて、受を左方に投げる。

ここでは、「掴まれる瞬間に親指を外側から下方に向けて、掌を外に向けるつもりで返す」ところに「影虚之伝」が用いられている。掌を外側に向けるまでの必要はないが、少なくとも掌が上方に向

両手捕手首切倒し

「二ヶ条」とは正反対に、今度は中心から両手を掻き分けるように掌を外側へ返すことで、事前に相手の手首内側へ乗りやすくしてしまう。

両手捕二ヶ条投げ

取られる一瞬に両掌を捧げるように返すことで、後の「二ヶ条」がさらに強力に極まることとなる。

いているくらいでなくては、初心者は手刀による「二ヶ条」は難しい。

人によっては、わざわざ持たれる瞬間に手の向きを変えなくとも、始めからやりやすい向きに掌を向けておけばよいではないかと考える人もいるであろうが、そうすると、持つほうがそれを制しやすいように持ってくるので、これまた難しくなる。よって、持たれる瞬間に手の向きを変えることが大切となる。

○両手捕手首切倒し

1捕、受、右半身で対峙する。捕、両手を掌を向かい合わせるようにして、受の前に突き出す。
2受、捕の両手を掴もうとする瞬間に、捕、小指側を外側から上にするようにして掌を外に向ける。
3〜**4**次いで、手刀で切るようにして、受の踵のあたりに両手首を切り落とし、受を倒す。

これは**2**において「影虚之伝」が用いられている。ただ、「両手捕二ヶ条投げ」では、自分の掌が受の手の外側に行くようにして返され、ここでは内側のままで返されているところが大きく違う。

○綾手捕入身投げ

1捕、受、右半身で対峙する。捕、右手を手の甲側を見せながら、受のほうに突き出す。
2受、右手にて捕の右手を掴もうとする瞬間に、捕、掌を上方に向けて、その手をつかませる。
3捕、左足を大きく受の右足に踏み込んで、左手を受の首に掛け、左足を軸にして背転して受を崩し、
4〜**5**右足を受の背後に踏み込んで倒す。

この技では、2において「影虚之伝」が用いられている。これまた手の甲側を持たせてもできるのだが、多くの人の場合、掌側の手首を受に持たせたほうが、4において戻しを入れて投げ倒す場合にやりやすいようである。

○弓身

1捕、受、対峙し、捕、左手を誘いとして出す。

2受、捕の左手を右手にて掴もうとする瞬間、捕、掌の親指側が受の親指と中指の指先に向くよう

綾手捕入身投げ

「入身投げ」の崩しは軌道が大きいので、相手の手首を螺旋状に引き出すうちに手首の可動域がキツくなりがちだが、ここで「影虚之伝」を用いることで、余裕を持って相手を崩すことができる。

弓身

この技法の要点は後半の、相手を弓なりに反らせる極め技にあるが、そこへ至るまでの「手解き」をよりスムースにするために「影虚之伝」が用いられている。

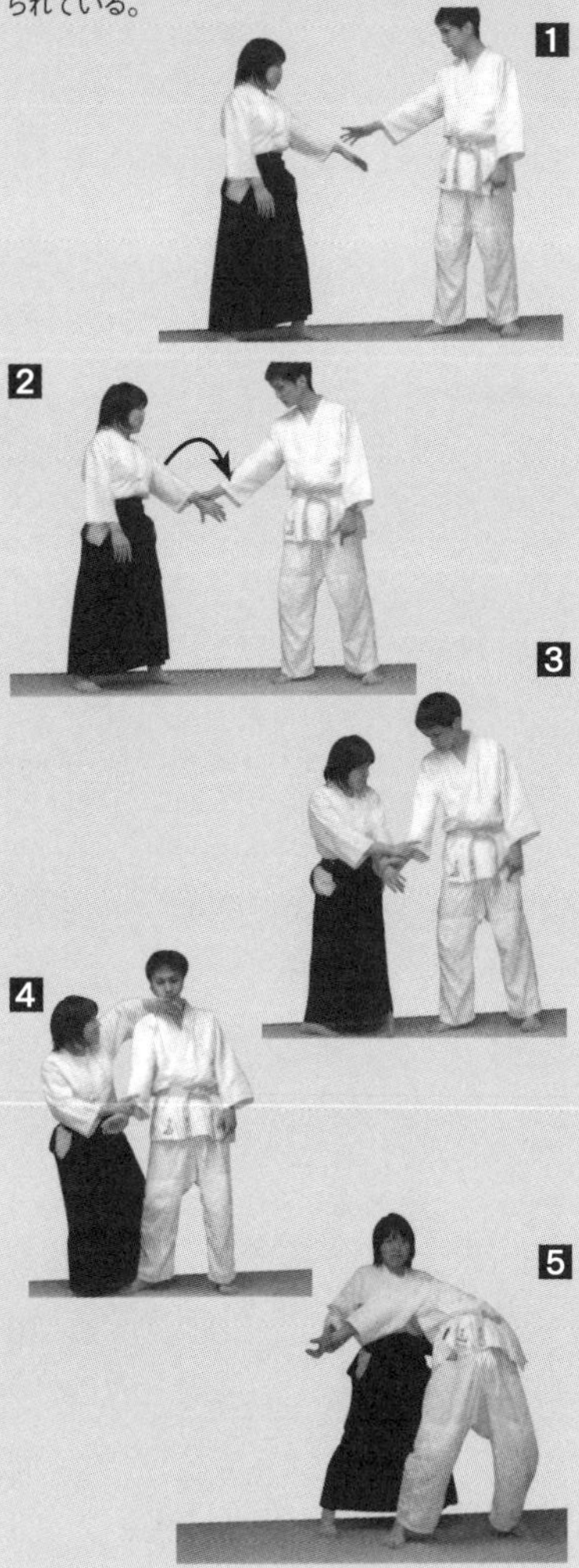

1

2

3

4

5

に向けて受に持たす。

3次いで、左手を自分のほうに引き寄せつつ、左手を受の右手から離脱させ、右手にて受の手首を握る。

4次いで、右手にて受の右手を極め、左手にて受のアゴを押し極め、

5左手を首に巻いて極める。

この技では、2おいて「影虚之伝」を用いている。といっても、受に持たれた左手が離脱しやすいように、持たれる瞬間にその向きを変えているに過ぎない。そのようなことをしなくとも「手解き」くらいはどのような状況でもできるはずと思われる方も多いと思う。勿論、そのような方にとっては、このようなことは必要ないことである。だが、初心者は勿論、中級程度の人であっても、相手がかなり腕力のある人であったり上級者であったりすると、なかなか簡単には「手解き」もできないこともあるのである。よってそういう場合には、この「影虚之伝」を思い出していただきたい。

"誘い"への展開

また、この影を取らせるところの伝を発展させていくと、あえて相手に自分の手を取らせる必要もないことが分かってくる。万力のような手でしっかりと手を握られてしまったら、もはやどう動こうとしても動けないということもありうるからだ。そこで、虚、つまり何も無い虚空を相手に取らせるということになる。

○綾手誘い四ヶ条

❶捕、受、対峙し、捕、右手を誘いとして出す。
❷〜❸受、捕の右手を右手にて取ろうとした瞬間、捕、その手を透かして逆に受の手首を右手にて掴む。
❹〜❺次いで、そのまま受の手首に「四ヶ条」を掛けて受を後方に倒す。

受に手を取らせるように見せて、受がその手を掴もうとした時に、その手をすっと動かして、逆に受の手を掴み、制するのである。ここでは「四ヶ条」を掛けたが、同じようなやりかたで「四方投げ」を掛けても、「逆肘投げ」などを掛けてもかまわない。掴む手を変えて「小手返し」などにすることもできる。

○誘い小手返し

❶捕、受、対峙し、捕、右手を誘いとして出す。

❷～❸受、右手にて捕の右手をつかもうとした瞬間、右手は持たせずに、逆に左手にて受の右手首を掴む。

❹次いで、捕、右手を受の右手の甲に添えて「小手返し」にて倒す。

この技では、❷において「影虚之伝」を用いている。右手を見せておいて受の右手に空を取らし、その右手首を左手で掴み、技を掛けているのである。勿論、左手を見せておいて、受の右手に空を取らせて、右手でその手を掴んで制するということもできるし、両手を見せておいて、同様なことも可能だ。

○虚空

❶捕、受、対峙し、受、正面打ちをしようとする。捕、受の目を見て、ガッシリと受け止める気勢を示す。

❷受、思い切り、捕の頭上を手刀にて打つ。

❸～❹捕、受の打ってきた瞬間、受の足元に小さく跪（ひざまず）く。受、空を打って前方に飛ぶ。

誘い小手返し

取られるか取られないかという瞬間に体を捌きつつ、逆の手で来た手首を制し、そのまま反転に次ぐ反転で「小手返し」を掛ける。最初の「影虚之伝」によって相手は居着いている。

綾手誘い四ヶ条

影を取らせるのは、必ずしも実体である必要もない。取られる瞬間にはずしつつ、来た手首を逆に取り返して「四ヶ条」を掛ける。

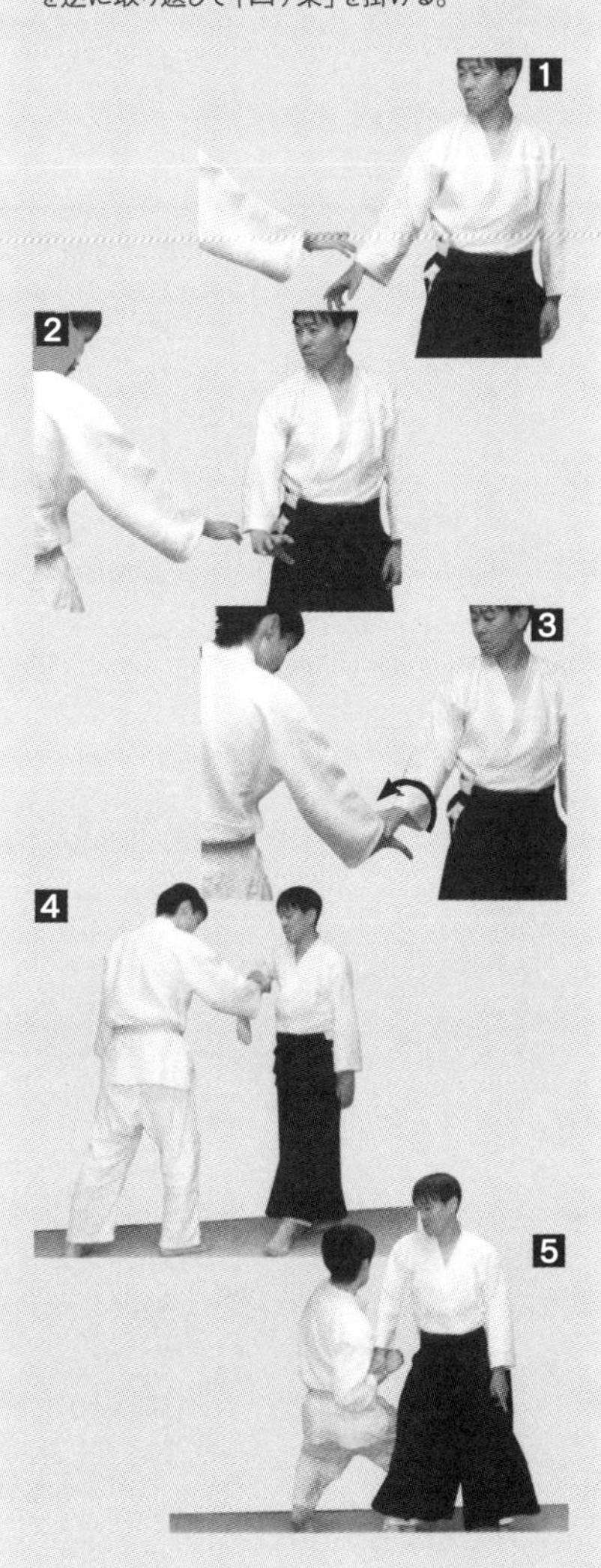

虚空

「有ると思ったものが無い」という一瞬の虚脱感が、技を技たらしめていることを学ぶ技法である。ゆえに、最初の「受ける気概」が技の成否を握ると言っても過言ではないだろう。

1

2

3

4

これは3において「影虚之伝」が用いられている。身体がしっかりとそのままにあると見せて、その身体を受が打ってきた時にはなくしてしまうのだ。受は、突然、捕が目の前からいなくなり、足元に障害物ができたので、勢いよく前方に転がるというわけなのだ。

敵の心を我が心に

ざっと「影虚之伝」を説明してきたが、影については宮本武蔵が『兵法三十五箇条』のなかで「影を動かす事」として説いていたり、陰流(かげ)、新陰流(しんかげ)といった流派があり、その流派ではまた独自の陰論

があるはずと調べてみたが、あまり影についての説明はない。ただ、武道専門学校の教師であった下川潮という人物が『剣道の発達』のなかで、陰流全体の教法を総括し、その全精神を踏まえた上で、

余の考ふる処によれば同流の表に　猿飛・猿廻・山影・月影・浮舟・浦波とある山影・月影（山陰・月陰とも書す）の陰（影）を採りて影（陰）流とせしものにて、勝に進む所の一心を指して陰と云ひ、剣を振ふ身体四肢の動作を陽とす。而して敵に未だ動作に現はさず、只心の内に思ひ定めし其刹那、恰も水が月の影を移すの速かなるが如く、直ちに我が心に敵の心即ち影をうつして　之に対して勝を制するの義にとりて、影の流また陰の流と名づけしものと信ずるものなり。

と説明していた。つまり陰流の影とは心であり、水が月の影を映すように速やかに、敵の心を我が心に映して勝ちを制するところから「陰流」を名乗ったというのだ。ここで紹介した「影虚之伝」においても影を心としてそのように見ることも可能である。ただ「影虚之伝」においては、敵が未だ動作に現わしていない、心の内に思い定めたその刹那にそれを感得するのは未熟なうちでは難しいので、こちらが相手のやりやすそうな形で敵を誘い、相手が仕掛けようと思ったその気持ちを利用して技を仕掛けているのである。

であるから、この「影虚之伝」に止まることなく、これを進めていって、最後には相手の心を月の影を水が映すようにスッと感得できるようになることが大切である。

第十五章 開掌之伝――掌をパッと開く伝

力をずらし、相手を固める開掌

「開掌之伝」とは、相手に手を持たれた瞬間に、勢いよく掌をパッと開くことである。この開掌によって、こちらの手を握って抑えようとする相手は、その手の力が微妙にずらされ緊張し、こちらは相手を制しやすくなる。

五指を開くことは大東流においては重要なことであったらしく、同流につながる大半の人々がそれを主張する。たとえば、大東流を学び、八光流を創始した奥山龍峰師範は「敵に掴まれている手を八光に開いて（注：開掌のこと）伸ばしてみる。よく赤児の手を捻じるというが、それより更に無造作に押し返すことが出来るのみならず、前後左右に無造作に投げつけることもできるのである」と、その著『奥山龍峰旅日記』に述べている。

また、同じく大東流を学び、後に道家合気術を名乗った早島正雄師範は、手を開くとは放つことであり、放てば自由であるから力は入らない。これは、合気にとって重要な肩の力を抜くことにつながるとして、「合気術においては、肩の力を抜くことが最も大切である。そのためには、思いきり五指を開くことである。これが武道の極意であり、すなわち合気である」（『道家合気術』）と記している。

では実際に手を開くとどうなるのか。たとえば右の手を左の手で力を入れて握り、その瞬間に右の手の五指をパッと開き、少し突き入れるようにしてみる。すると面白いことに左の手に硬直したような奇妙な緊張が生じる。相手が腕や肩の力が抜けていない人、あるいは感覚の鋭敏な人であれば、この技法だけでも一種の合気がかかり、動きを封じ、あるいは倒すことさえも可能だ。

ちなみに『合気道』（植芝盛平監修　植芝吉祥丸著）には「合気道における力の使い方は、先ず第一に肩、首等上半身の力を全く抜き、臍下丹田に気力を充実すること、第二に手を開き五指を張って指先に力を入れる」と記されているが、このことに注意して修行している人は少ないようである。とはいえ、五指を張るというこの技法は、身体の無駄な力を抜くこととともに（またそれにつながるものであり）、本来は、合気道を修行する者にとって、先ず最初に会得すべき要諦の一つなのである。

もっとも単に五指をパッと開くだけでは、合気の技法としては不十分なところも多い。戦前のことではあるが、朝日新聞に掲載された植芝盛平翁の写真を見て「こんな手をしてやっていたら百年たっても合気はわからん」と武田惣角翁が佐川幸義（さがわゆきよし）師範に語ったという逸話がある。

つまり、手を単に開くだけではだめなのである。手をパッと開くだけでは相手との密着が切れやすいのだ。密着がなくては普通の合気は掛けづらい。そこで、「朝顔之伝」とか「猫乃手之伝」などがある。だが、初心者の手を見ると、多くは指先から力が抜けてダラッとして相手に押さえ込まれていることが大半である。そうならないためには、『合気道』に示されているように、合気技法を学ぶ者は、とりあえず肩の力を抜いて手をパッと開くことを修得する必要があるのだ。

パッと開いて、少し突き込む

さて、では、「開掌之伝」をさまざまな技において、どのように用いるかを見てみよう。

○両手捕小手返し

1捕、受、対座し、受、捕の両手を掴んでいく。

2捕、掴まれた瞬間に両手をパッと開き、少し前方に突き込む。

3～4次いで、右手にて受の右手の魚腹部（親指付け根あたり）を掴み、左手を受の右手から手解きして、その左手を受の甲に当てて小手を返して倒し、制する。


断るまでもないこととは思うが、2において「開掌之伝」を用いている。「開掌之伝」によって受は少し崩れるので、かなり簡単に「小手返し」をかけることができるのだ。もっとも、これは相手が身体に力を入れて突っ張って、握ってきた場合に有効なのであって、熟練した、肩、肘の無駄な力を抜いて掴んでくるような人に対しては、他のテクニックが必要となる。何度も断るようであるが、一つの口伝ですべてに使えるというわけではないのだ（すべての場合に用いる口伝がないこともないのではあるが）。

○片手捕外方入身

1 捕、右半身に立ち、右手を出して受を誘う。

2 受、左半身となり、左手で捕の右手を掴んだ瞬間、捕は右手の五指をパッと開く。

両手捕小手返し

受（左）に両手首を取られる瞬間に、捕（右）は五指をパッと開き、少し突き込むことで、受は両手を通して一瞬固まったような状態となる（1参照）。この時、受の両手は捕の手首を確かに掴んでいるにも関わらず、力が上手く伝わらない状態となっているので、捕は余裕をもって受の右手を取って、「小手返し」をかけることができる。

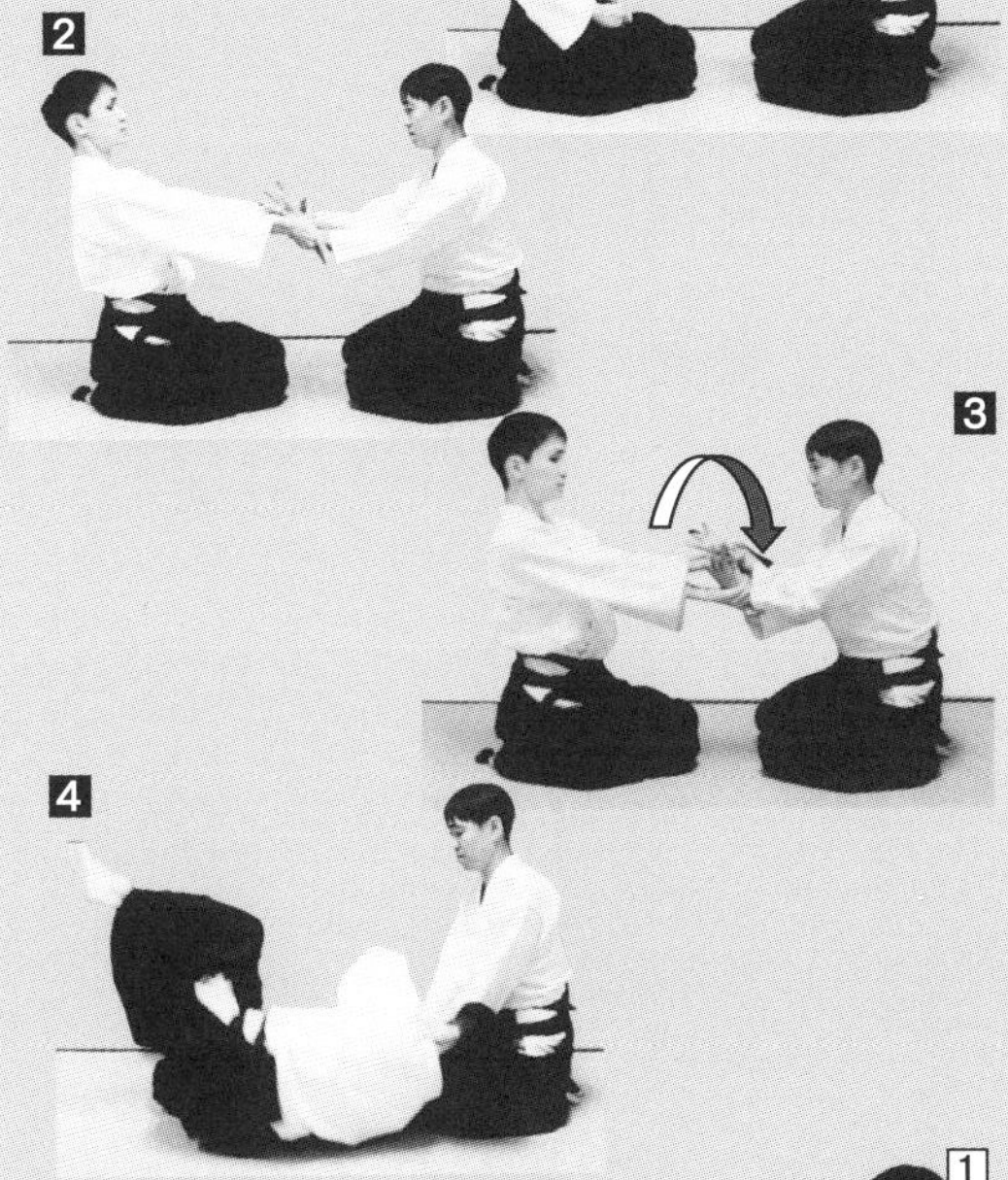

1

2

3

4

1

五指を開くことは、相手の掴む力が微妙にズレることで、かえって「しっかり掴もう」とする相手の腕に緊張を生じさせる。相手の無意識の力みは、さらに力を出すことを自ら阻害している。

3～4次いで、捕は右手の力を抜いて、受の斜め下前方に円を描き、その手を受の胸元に廻して受を倒す。

右の技では、2において「開掌之伝」を用いている。これによって受は瞬間的に力を出すことができない状態になっている。受が掴んできたときに、受の左足の横に右足を揃え、いったん同方向に向いて力の方向を同じようにしてから技を掛けてもよいのであるが、掴んだ瞬間に手をパッと開くだけで、このように簡単に相手を倒すことも可能なのである。また3において、「右手の力を抜いて」技をかけたが、そのまま相手を少し突っ張らせておいて、左足、右足と相手に近づいて倒すことも可能である。この突っ張らせたまま掛けるのは、「四方投げ」においてよく用いる。

○片手捕四方投げ

1捕、左半身に立ち、左手を出して、受を誘う。

2受、右半身にて、右手で捕の左手を掴んだ瞬間、捕、左手をパッと開く。

3～4次いで、捕、受の右手首を右手で掴み、両手を上方に上げ、左足を右斜め方向に踏み出し、一八〇度時計廻りに廻転して、両手を振り下ろし、受を倒す。

この技では2において「開掌之伝」を用いている。「合気上げ」などを用いて崩してもよいのであるが、そこまでしなくても、手をパッと開いて相手を少し崩すだけでも、「四方投げ」はかなり掛けやす

片手捕四方投げ

2の「開掌之伝」によって重心を浮かせた受の右手首を、捕は右手で掴み、その腕をくぐるようにして体を入れ換えつつ、「四方投げ」で真下へ落とす。

片手捕外方入身

2の「開掌之伝」によって上体を固められているため、3において力を抜き落とした捕の右手につられて、容易に重心を崩してしまう。そのまま右腕を回しつつ、右足を進めて入身することで波に呑まれたように受は地に倒れる。

くなるので試してみるとよい。

開掌がもたらす合気技法

さて、この「開掌之伝」は「合気投げ」において用いることもできる。先ず、その練習法から見てみよう。

○開掌合気投げ練習法

❶受、捕、対座し、捕、右手刀を前に突き出す。

❷受、捕の右手刀を両掌ではさむ。その瞬間に捕は掌をパッと開き、少し前に突き出す。

❸～❹次いで、少し円を描くようにして、右手を自分の左膝の上、あるいは右膝の上にもってきて受を倒す。

この技、実は重みをうまく使えれば、❷において「開掌之伝」を用いなくともできるのではあるが、ほとんどの人の場合には「開掌之伝」によって、相手を少し崩してから右手を左右に降ろしたほうが受を倒しやすい。また、始めは右手を左膝にもってくるほうがやりやすいので、こちらのほうから練習するとよいかもしれない。この練習で、左右どちらの側にも自在に受を倒せるようになったなら、はさんでもらわなくとも投げられるようになる。ではどうするかをみてみよう。

開掌合気投げ練習法

相手を掴まずして、その生理反射などを利用しつつ投げる「合気投げ」。この「反射」を誘発する作用が「開掌之伝」には含まれている。差し出した掌を両手で挟まれた瞬間に五指を開く。この反動で硬直した相手を、掌を返すような心持ちで下方へ崩し投げる。

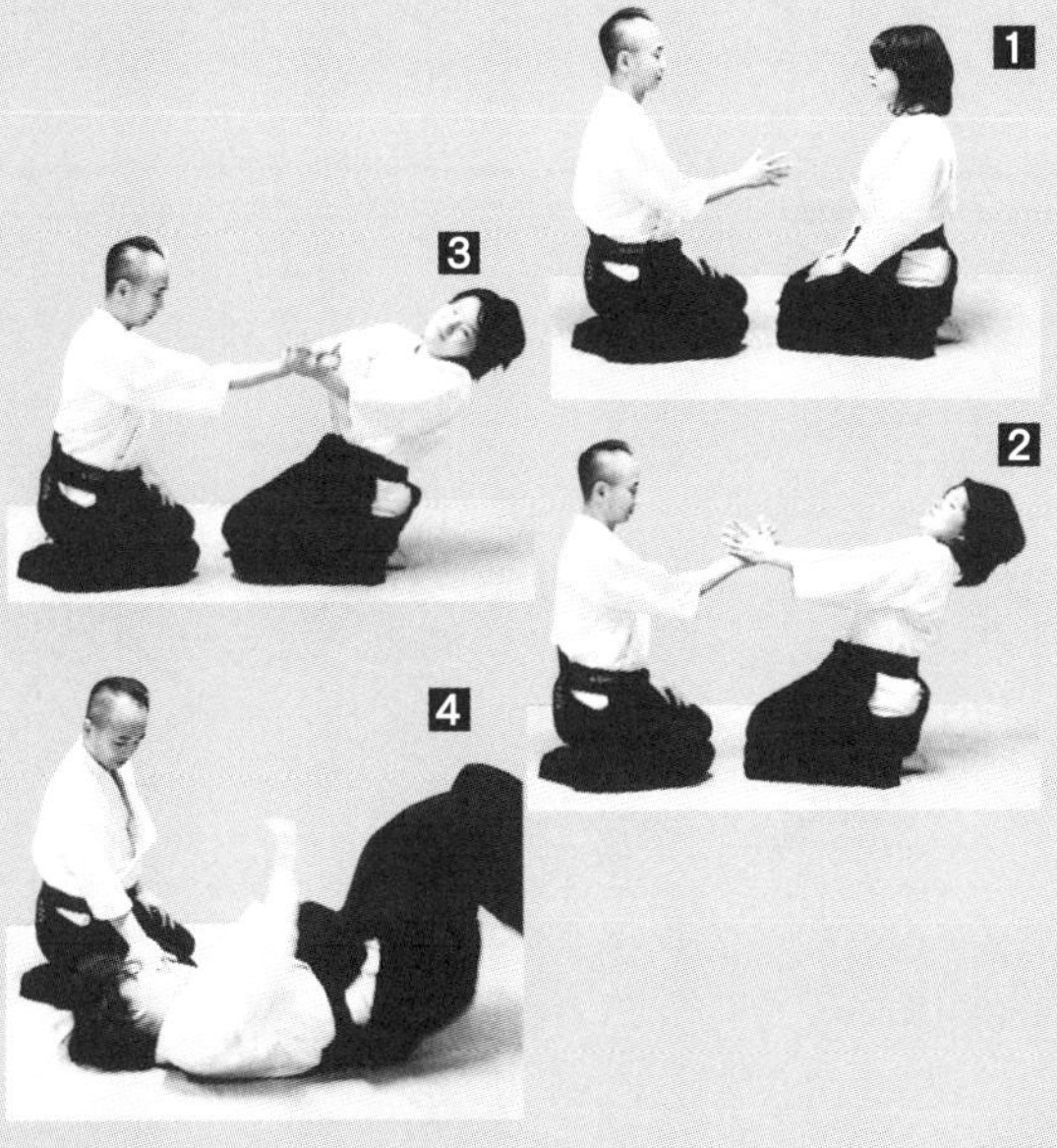

この合気投げ練習では左右に倒すことができる。上記写真のように、掌をかぶせるように動かすほうが比較的にやりやすいようだ。

○綾手触れ合気投げ

1受、捕、対座し、受は右手刀を前に突き出す。

2捕、右手刀を突き出し、受の掌と自分の掌を軽く合わせ、少し擦るようにして突き出しながら、掌をパッと開く。

3～4次いで、少し円を描くようにして右手を自分の左膝の上にもってきて、受を倒す。

これはもうおわかりであろうが、「開掌合気投げ練習法」において、受の左手がない状態である。もっとも「綾手触れ合気投げ」においては、捕のほうから受のほうに触っていって倒す。はじめからそれではできないという人の場合には、捕は「開掌合気投げ練習法」と同様に、右手刀を前に突き出していって、受には両手ではさむときと同じような感覚で、右手を捕の右手刀の掌側につけてもらい、その瞬間に手をパッと開いて練習してもいいが、たいていの人はそこまでしなくともできることと思う。

○片手触れ合気投げ

1受、捕、対座し、受は左手刀を前に突き出す。

2捕、右手刀を突き出し、受の掌と自分の手の甲を少し擦るようにして突き出しながら、掌をパッと開く。

3～4次いで、少し円を描くようにして右手を右膝の上にもってきて、受を倒す。

これは「開掌合気投げ練習法」において、受の右手がない状態である。もっともこれも、「綾手触れ合気投げ」同様に、捕のほうから受のほうに触っていって倒す。これまた、はじめからそれではできないという人の場合には、捕は「開掌合気投げ練習法」と同様に右手刀を前に突き出していって、受には両手ではさむときと同じような感覚で、左手を捕の右手刀の甲側につけてもらい、その瞬間に手

片手触れ合気投げ

受の掌へ、こちらの手の甲側を開掌しつつ合わせていき、これを崩し投げる。実は、この相手と密着させる感覚こそ、「開掌之伝」の真骨頂と言えるものである。

綾手触れ合気投げ

「合気投げ練習」は「触れ合気」へと展開することができる。差し出された受の右手掌に、右手を開掌しつつ合わせて密着、そのまま練習法の要領で崩し投げる。

をパッと開いて練習してもいい。

　ここで強調しておきたいことは、手を開く練習は合気にはすぐつながらないにしても、初心者や力のない人においては大きな意味をもつということである。力を抜いた右の手首を左の手で掴んでもらい、先ずは掴んだ左手の状態を観察し、次いで右の指先に力を入れて五指を張って見てもらいたい。そして、もう一度掴んだ左手の状態を観察してもらいたい。相手の掴んだ左手の親指と中指の間隔が離れることが分かるだろう。五指を張ると手首が太くなり、相手はそれだけその手を制御しずらい状態になるのである（［太さの相違］の写真参照）。

　これにより初心者や力のない人でも、これまでよりは手を自由に動かしやすくなるし、また力の強い相手に握られた場合などにおいても、「手解き」、つまり握られた手の離脱がより楽に行えるのである。単にダラーッとした手の状態と、手をパッと開いた状態ではどちらが手が抜けやすいか試してみるとよい（［手解き］の写真参照）。

　また注意すべきことであるが、持たれた瞬間にパッと手を開き、それからスッと抜いたほうが手を抜きやすい。たとえば、「手解き」の場合に、持った手をそこで固定せずにこちらが手を引くのに合わせて、どこまでも掴んでくる人がいて、初心者は困惑していることが

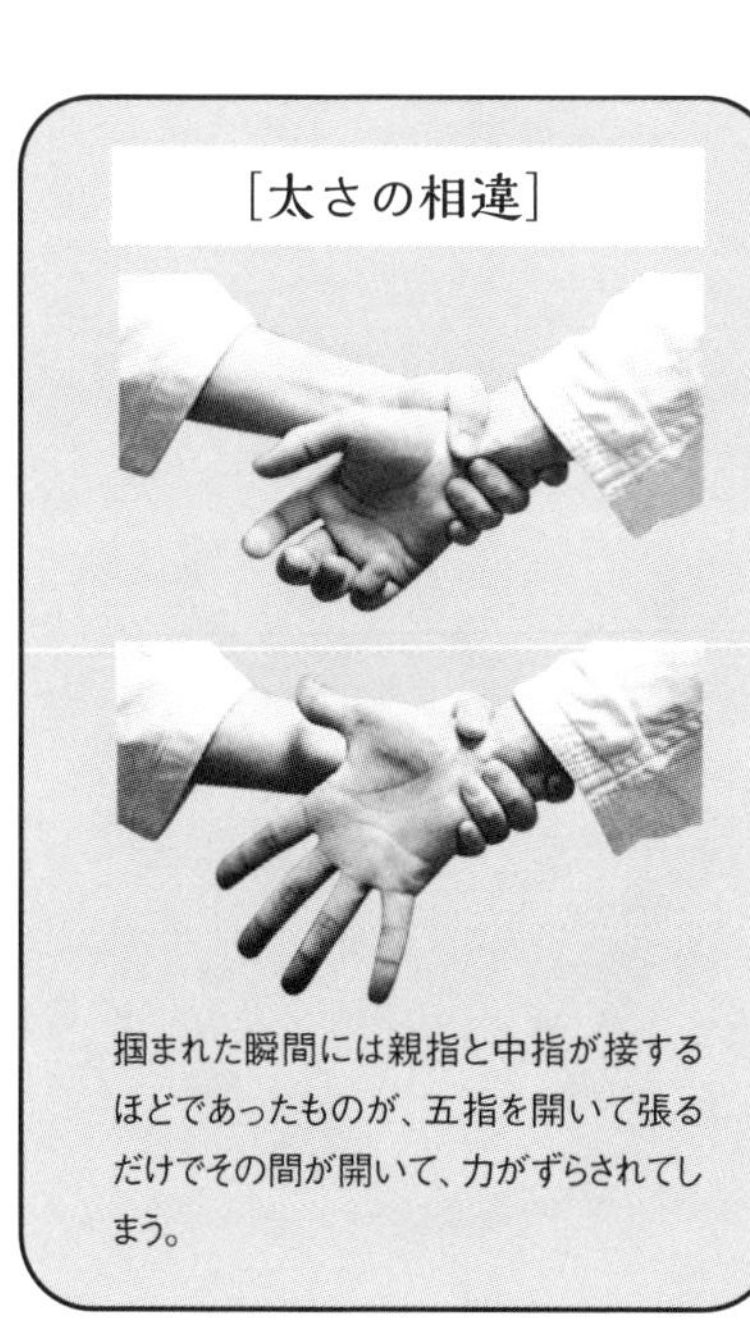

掴まれた瞬間には親指と中指が接するほどであったものが、五指を開いて張るだけでその間が開いて、力がずらされてしまう。

多い。上級者であれば、先に合気をかけておいて、それから軽やかに手解きするが、そこまでオーバーに考えずとも、持たれた瞬間にパッと「開掌之伝」を用い、そして時間をおかず、スッと抜くようにすれば、軽やかに手を抜くことができるだろう。

また合気会の系統を引く気の研究会などでも主張しているように、開くことによりその手は「折れない腕」(「折れない腕」の写真参照)ともなる。これなども「折れない腕」とは名付けてはいなかったろうが、もともと大東流で教示していたようである。先にも紹

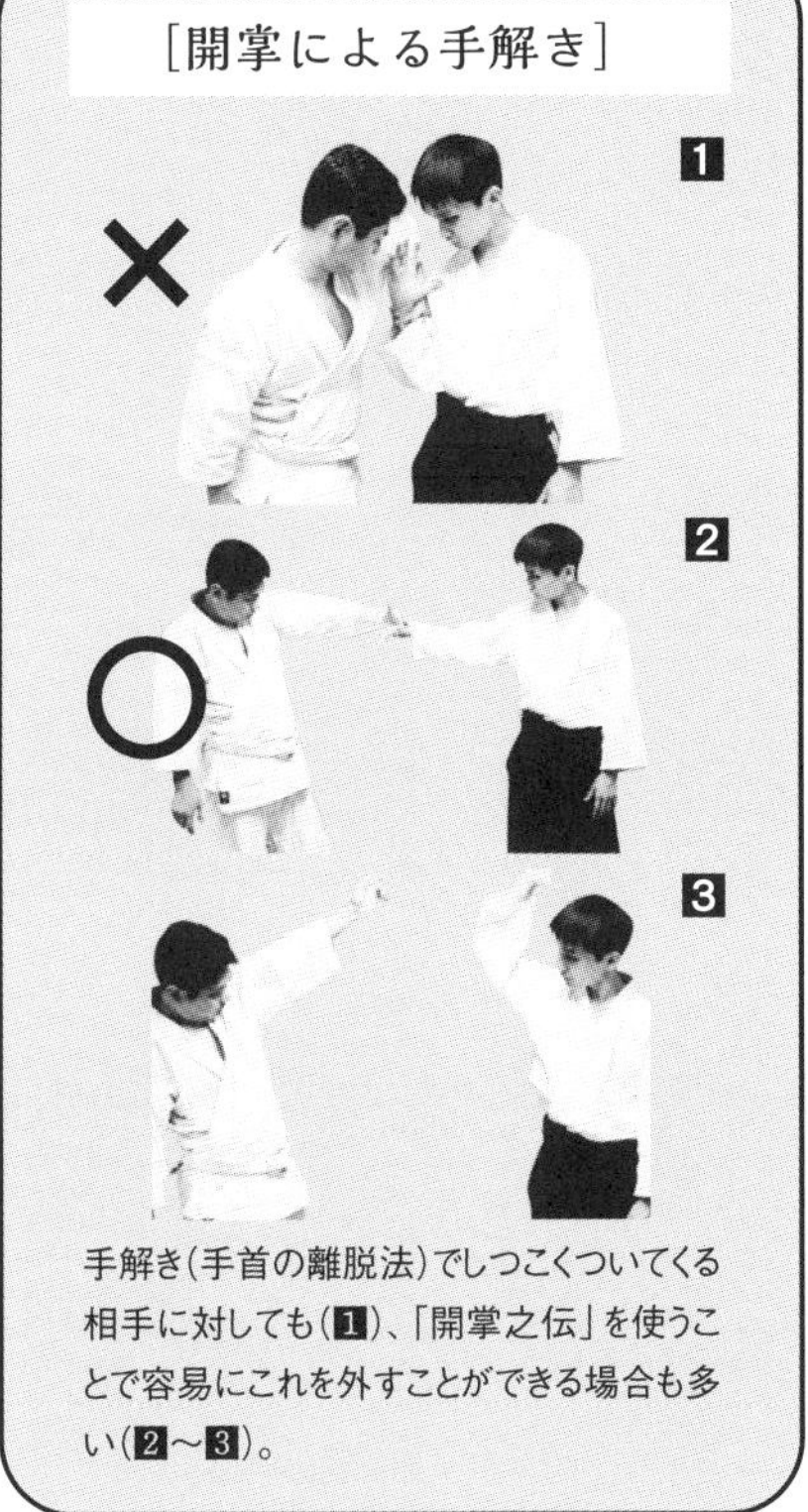

［開掌による手解き］

手解き(手首の離脱法)でしつこくついてくる相手に対しても(1)、「開掌之伝」を使うことで容易にこれを外すことができる場合も多い(2〜3)。

［開掌による折れない腕］

拳を握って力を入れた腕は容易に曲がってしまうが、開掌して自然に張った腕は三人掛かりでも容易に折れない。

介した、大東流の系譜につながる奥山龍峰師範は「肘などの関節を逆に暴行をうけるような場合でも、パッと開いた手を伸ばせば、三人掛りでもその肘を折ることは不可能となる。力の入っているときに握られると非常に痛く感ずるが、開いた手を伸ばすことにより、少しの痛痒も感じなくなるから不思議」（『奥山龍峰旅日記』）と記している。

また奥山師範によれば、人は手首を掴まれたに過ぎないのに体全体を硬直させやすい。しかし、逆に、相手に握られた手首のあたりだけはいささか緊張させるが、肩や肘や腕には少しも力を入れず極めて柔軟にすることが大切だという。

そのためにどうするかといえば、「全身の力を肚に集めたとすれば、そこには仮に十の力が集積していると考えられる。その十の力の中から二だけ借りてくる気持ちになる。どこに借りてくるか。それは敵に押さえられている場所に借りてくるのである。その借りてきた二の力でいったい何をするのか、ここに八光流の基本をなす極意がある。それは指をバラバラにして掌もともに、パッと開くことである」と説いている。つまりは、肩や肘や腕の力は抜いて、肚に全身の力をおき、その力の一部を借りてきて掌をパッと開くというわけなのだ。

開掌が示す宇宙の玄理

植芝盛平翁は、道場などで「三千世界一度に開く梅の花」と高らかに声をあげ、手をパッと開いた。このことにより、翁は悠久なる太古からの神の経綸と、また自ら指導する武道の奥義の一端を弟子に開示していた。「三千世界一度に開く梅の花」という言葉は、古神道系統の教団・大本教の開祖・出口なおの神示の一つで、なおに懸かってきた神、艮金神（国常立神）の世界の立替え立て直しという、顕幽を貫く大経綸の時節の到来を意味するものとなっている。悠久な神の計画・構想により、紆余曲折はありながらも、ついに時節が到来して、真実の神が表に現れて、この末法の世の中を立替え立て直して、神の世、弥勒の世、つまりは愛善の平和な世の中を実現するというのがその経綸の大筋だ。

　五指を開いて、五弁の花びらをもつ梅の花の開花を象徴し、全大宇宙の経綸に思いを寄せ、愛善の平和な世の中を作ることこそが合気道の目的であることを示し、しかも実はそれが同時に大東流における合気をかける一つの形ともなっていたのである。

　盛平翁は、手を開くことにより大本の経綸を示したが、玄修会では、五指は木・火・土・金・水の森羅万象を生成する五元を象徴するものとし、開掌に一切の存在を形成する五元の発動を見る。五指はバラバラのようでいて掌において一つであり、その五指の連動した働きによって様々な合気の技が生まれるのは、宇宙の根源である玄妙な気から生じた五元が、一つとなって宇宙にある一切を生み出していることに対応している。小宇宙である人間の中に、また大東流の技の中に、大宇宙の玄理は示されているのだ。

　合気の技法を少しでも修得した人であるならば、相手が軽く握ってきても、しっかり握ってきても自らの動きは自在である。しかし、初心のうちはそうもいかず、しっかりと手や身体を掴まれると、技をかけようとしても、相手の手を振りほどこうとしても、どうにもできず困惑している人も少なくない。そんな人も、とりあえずは手をパッと開いてみたらどうだろうか。

第十六章 猫乃手之伝――手を軽やかに結ぶ

円転する猫の妙手

大東流では、手を軽やかに結ぶ技法を「猫乃手之伝」という。これは、基本的には、返し技や、相手に手をしっかりと握られた場合に用いるところの口伝の一つである。

通常の場合、軽やかに手を結ぶと、すべての指が丸まっているために、どの方向にも丸い動きがしやすい。これにより、一部は握られたまま、他の部分は密着を少なくして、自在に手を動かすことができる。その手の形、動きが猫の手に似ているところから、「猫乃手之伝」と名付けられたものと思われる。では、まず、その口伝の応用の一端を「一ヶ条」の返し技においてみてみよう。

○「一ヶ条」の返し

1受、捕の右手を「一ヶ条」にて抑え極めようと左足を踏みだす。

2～**3**捕、受の左足に合わせて、右足を出す。次いで、受の力に逆らわず左足を後方に廻しつつ、右の手を結び、脇の下を通すようにして、手首を返す。

4～**5**次いで、捕、受と正対し、右手にて受の右手首を取り、左手で右肘を掴んで「一ヶ条」に制する。

ここでは**3**の「右の手を結び、脇の下を通すようにして、手首を返す」ところに、「猫乃手之伝」が

「一ヶ条」の返し

「一ヶ条」に制せられようとする右手を拳と為し、脇の下を擦るようにして半回転させつつ、体を入れ換える。

用いられている。勿論、手を開いたままであっても、右足を受の左足に合わせて出し、更に左足を後方に廻すようにして、受の力を受けないように足捌きをして手首をうまく廻せば、よほど正確になされた「一ヶ条」でないかぎり、それを返すことはたいして難しいことではない。とはいえ、初心者であれば、やはり、この「猫乃手之伝」を用いたほうが返しやすいのは、試していただければ分かることだろう。

○片手捕腕拉ぎ

❶受、捕の右手を左手にてしっかりと抑える。

❷捕、右手を軽く結び、手首を曲げて、くるりと廻して右拳を受の左手にかける。

❸〜❹次いで、左手にて、受の左手甲を抑え、右肘にて、受の肘を抑え極める。

ここでは❷において「猫乃手之伝」を用いているが、相手の力、あるいは持ち方如何によっては、右手を軽く結び、手首を曲げただけでは、くるりと廻して右拳を受の左手にかけることができないこともある。その場合には、いったん逆のほうに手首を廻して、それから本来廻したい方向に廻すと廻しやすい（1〜2）。開掌のときとは違い手解きとはならず、相手に手を持たせたままで、しかもくるくると自在に廻せるところが「猫乃手之伝」のよさなのである。

もっとも、そうやっても、外側から右拳を受の手首にかけられないこともままある。その場合には、猫の手を引きつけて、前方から後方へ脇の下を通らせてから、受の手首に拳を掛けるようにすればよ

片手捕腕拉ぎ

結んだ手をまさに「猫の手」のごとく折り曲げつつ、拳頭で相手の手首を捕らえるように捻り上げる。その際に上がった右肘で相手の肘をも制して脇固め風に極める。

相手の把握が強い場合には、いったん右手首を逆方向へ捻った後に捻り上げると掛かりやすい。

あるいは、猫乃手を脇の下から廻すように通らせると、相手の力とぶつからずに手首を掛けやすい。

い（❶〜❸）。蛇足ではあるが、このときの猫の手の脇の下の通らせ方は、「一ヶ条」の返しにおける脇の下の通らせ方とは逆になる。

○後捕半弓

❶受、捕の後より、両手をしっかりと握る。

❷捕、右の手を小指より軽く結び、手の甲を、地、また外側に向けるようにして上方にあげる。

❸次いで、左足を右後方に引いて、受の右手の下を潜り、左手にて受の左手を握り、右手を受の左肘（あるいは頭）にかける。

後捕半弓

右の猫乃手は、まるで「伸び」をするように体側に沿って上方へ螺旋を描いた軌跡で上げられる。そのまま体を転換して、受の体勢を崩し落とし、地についた手を踏んで左腕を極めたところで残心。

4捕、受が左手を地につけたのを左足にて踏み、右膝で受の腰を抑え、左手は受の左手首を掴んで、受の肩に直角に、我が後方に押し極める。

2において、「猫乃手之伝」を用いている。「一ヶ条」の返しのときには説明しなかったが、指は小指から巻くようにして結んでいき、手は螺旋的に動かすことが肝要である。螺旋的な動きの重要性については、第七章「高天原之伝」において少し説明しておいた。しかし、何度も繰り返すようではあるが、実際の場合には、単独に用いるというよりも、複合的に用いることが多いことを注意していただきたい。

多敵を一網打尽に導く

さて、「猫乃手之伝」は、これを用いると相手がかなり強い力で握っていても楽に動きやすいので、「多人数捕」においてよく用いられる。それを見てみよう。

○三人捕（後、左右）

1受、三人。一人は捕の右腕を、一人は捕の左手を、一人は捕の襟と帯を掴む。

2捕、左右の手を結び、左の手は前方、右の手は額のあたりにもってくる。

3次いで、左方の受を前方に崩し、右手を頭の後を廻すようにして、右手の受を背部へ廻して、後

三人捕

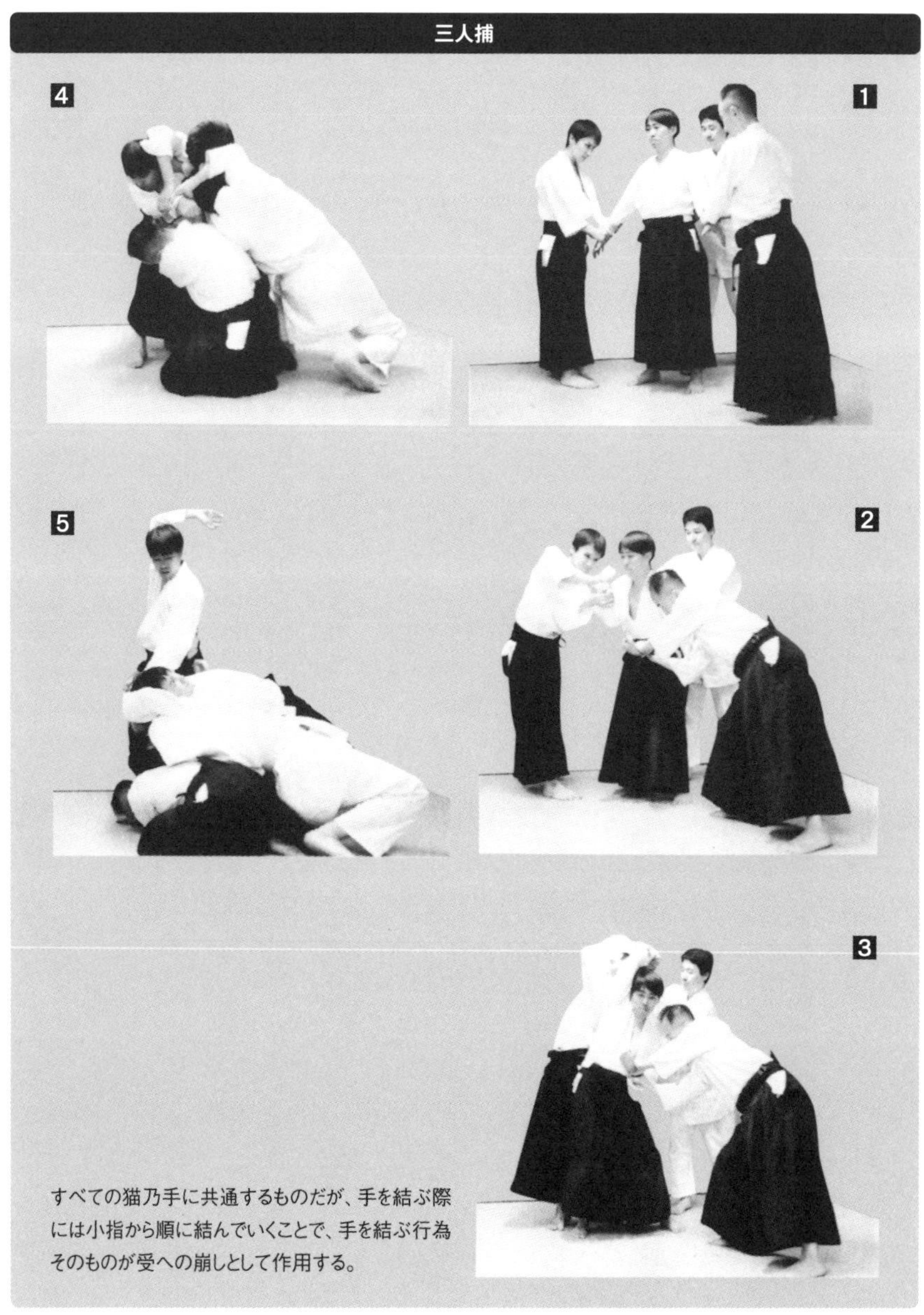

すべての猫乃手に共通するものだが、手を結ぶ際には小指から順に結んでいくことで、手を結ぶ行為そのものが受への崩しとして作用する。

方の襟を掴んだ受の手に載せるようにして、

4～5前方に重ねて崩し倒す。

この2において「猫乃手之伝」を用いる場合において、「後捕」のときに説明したと同じように、指は小指から巻くようにして結び、螺旋的に額のところまでもってくることはいうまでもない。勿論、わざわざ手を結ぶという「猫乃手之伝」を用いなくとも、小指に意識して巻くようにしていけば、同じように技を掛けることは可能だ。しかし、これまた初心者においては、「猫乃手之伝」を用いたほうが楽に行えることと思う。

この「三人捕」は後、左、右と受がいるが、前、左、右に受がいる場合においても、ほぼ同様なやりかたで相手を制することができる。

密着する猫乃手

ここまでは、どちらかといえば、しっかりと握られて動かせないところの手首は動かさず、手首より先を動かして相手を制するところの「猫乃手之伝」を見てきたが、「猫乃手之伝」には、その逆の使い方もあるので、それを見てみよう。これは手の甲を掴んでくる「二ヶ条」などに対する返し技をなす場合などに用いる。

○「二ヶ条」の返し

1受、胸を掴んだ捕の右手を「二ヶ条」に極めようとする。

2〜3捕、右手を握り手首を突き出すようにして、その手首を時計廻りに廻して受を崩す。

4さらに右手首を自分の左膝に引き寄せ、そのまま受の肘を極める。

これまでは手首が握られていたので、その手首をあえて動かさず、手首より先をくるくると廻していたのであるが、この場合においては手の甲を持たれてそこの自由が効かないので、逆に手首そのものを廻すことにより、相手を崩している。これはいささか合気的な技法となっており、固めずにその

「二ヶ条」の返し

受が「二ヶ条」を施そうとする力を上手く利用して、「片手捕一ヶ条」と同様に、相手の手首に右の猫乃手が粘るようにからみつくことを意識するとよい。

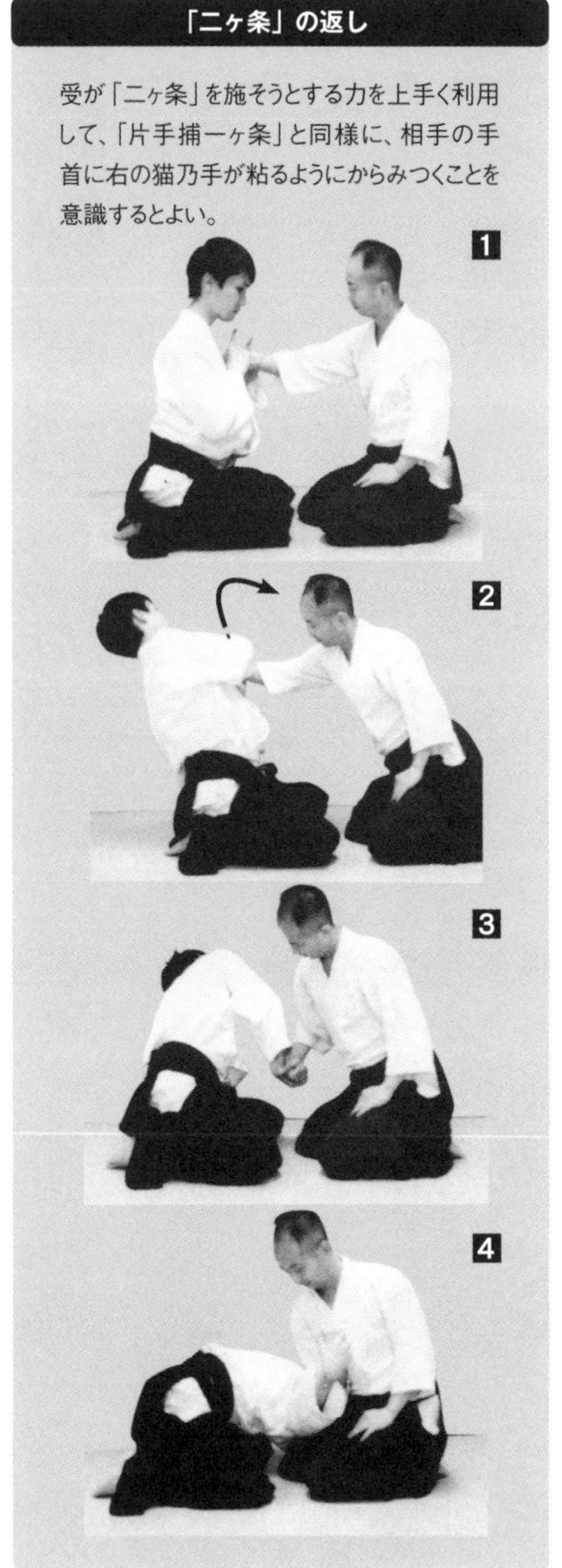

まま投げ飛ばすことも可能である。また**3**のようにして相手の手を自らの手につけて引き寄せるところも合気的な技法となっており、この場合は猫の手の形によって、相手の手を自分の手にうまく引っつけるようにしているのである。

どのようにして引っつけるようにしているかは、次の実験をしてみると分かる。開いた手を閉じつつ、その手の甲を別の手で握ってみるのだ。すると、握った手の皮膚がぐっと引っぱられる感覚があり、手が密着して離れ難くなるのが分かるだろう。これは手を結ぶことにより、実際に自分の甲の皮膚が動き、結果としてその皮膚に接した相手の皮膚も動かし、なにかしっかりと握った感覚を相手に作らしめてしまうのだ。

この密着をもたらす「猫乃手之伝」は、次のような技に用いることができる。

○片手捕引投げ

1捕、右手を開いて前方に出す。

2〜3受、その右手を掴んだ瞬間に、捕、手を結び、スーッと右側後方に引き、

4受を倒す。

この場合において、試しに手の先をダラッとして引いてみてほしい。相手がかなりしっかりと最後まで掴んで上げようという気持ちがない限り、手が解けてしまうことだろう。それが手を握ることによって、相手の手がかなり自分の手にしっかりと引っついてしまうのである。この技においては、これまでの「猫乃手之伝」の説明であったように、手首をクルクルと廻すことはない。ただ、引いた最後に手の甲が地を向いたほうが、相手が倒れやすいことは覚えておくとよいだろう。

また引く場合には、力を入れて引いては相手をあまり簡単に引くことはできない。肩、肘の力を抜いてスーッと引くのがコツだ（と説明すると、手の先までダラッとしてしまうのが初心者の常だが、それでは相手が持っていてあげようという気持ちがないかぎり、なかなかこの技をかけるのは難しくなる）。そして、余分な力を抜くためには、このように猫の手に手を結んだほうが楽に力が抜ける。手を結んだら手に力が入りそうに思われるだろうが、実は、手を結んだほうが、かえって肩や肘から力を抜くことができるのだ。

人は手を握ってしまったら、手首や肘、肩などにも力が入ると思いがちである。だがそうではない。

片手捕引投げ

この「引投げ」の要点は、肩などの脱力が大きなカギとなるが、手を結ぶことは、同時に腕の脱力を促すことでもあるのを実感できる技法である。また、これまで同様、結んだ拳が受の手首に粘りつく感覚を養うこと。

1

2

3

4

綾手捕入身投げ

右廻転しつつ受を大きく崩した捕が、逆廻転する一瞬、取られた手を拳に結ぶ。これを当て身と解説する場合もあるが、猫乃手によるスムースな方向転換として、相手の力とぶつからない術理とみることができる。

逆に開いた手に力が入っているときには、そのままの形で力を抜くことは普通の人にはなかなか難しいのだ。実は開いた手を軽く結ぶことによってこそ、軽く手を結ぶ力以外の無駄な力を手首、肘、肩などから抜くことができるのだ。これは手を前方に伸ばして、それを脱力して下に降ろすとき、手を開いたまま、また、軽く結びながらなどして、何回か試してみると分かることであると思う。

さて、次はこの「猫乃手之伝」を「入身投げ」でどう使うかを見てみよう。

○綾手捕入身投げ

1受、右半身の捕の右手を右半身にて右手で掴む。

2捕、右足、左足と、受の背後に踏み入れ、左手を受の首元に当て、左足を軸に右足を一八〇度後方に廻転させ、受を崩す。

3〜4次いで、右手を拳にして、受が起き上がろうとするのに対して、それに逆らうことなく、逆方向に力の向きを変えて、相手の首を右手で抱え込むようにして受を後方に倒す。

ここでは、「猫乃手之伝」は、3の力の向きを変える瞬間に用いられる。ここで「右手を拳にして」と書いたのは、「入身投げ」の場合に手を握る目的を「当て身」のためとして説明される場合も少なくないからだ。だが、大東流の鶴山晃瑞師範の言によれば、〝これは当て身の意味も絶無ではないが、基本的には相手の力とぶつからないために瞬間的に脱力するためにこそ、大東流においては手を握るのだ〟という。

つまりは、自分の腕に力が入っていると、相手の起きあがってこようとする力とぶつかる。それで右手で拳をつくり、肘とか肩の力を抜く。単に「当て身」のためではないのだ。事実、通常、「当て身」が入る遥か以前に首に巻くため、手は開くのである。

松で治める

ここまで説明した「猫乃手之伝」の持つ意味を簡略に示すと、次のようになる。つまり手を軽く結ぶことにより、

・手首以外は密着を少なくして、自在に手首を動かすことができる。
・相手の手に自らの手を密着させることができる。
・肩や肘などから無駄な力を抜くことができる。

と右の三つの事がやりやすくなる。合気技法に慣れてくると、手を結ぼうと結ぶまいと、密着、脱力は自由自在になる。よって、それほど手を結ぶことに拘泥する必要はない。だが、相手の手に自分の手を密着させ、しかも自分の腕や肩の力を抜くといった合気の基本的な技法を学ぶ上で、前章の「開掌之伝」、また本章の「猫乃手之伝」を知り、その練習をすることは必要なのである。

ちなみに、合気道の創始者・植芝盛平翁は、自らが奉じた大本教の教えと大東流の教伝を見事に一致させて示し、「三千世界一度に開く梅の花」で手をパッと開き、「梅で開いて松で治める」と詠じて開いた手をスッと結んだ。手をパッと開くこととスッと結ぶことは、これまで述べたように大東流の口伝にあって大切なものであるが、翁はさらにこのことによって、世の中の立替え立て直し、理想の平和国である天上界に地上界が真釣（まつ）り合わされて、地上天国がそこに出現することを象徴し、また念じていた。

少し説明すると、翁において、開いた手は香気豊かな五弁の梅を、結んだ手は松ぼっくりであり、松を意味した。五弁の梅の花は、世界の立替え立て直しという、顕幽を貫く大経綸の時節の到来を意味し、松は「まつりごと」の象徴である。翁の学ばれた言霊学によれば、松の名称は、松の葉の左右が真釣(まつ)り合っていることからつけられ、相対するものの調和こそが「まつり」の原意であるところから、松は「まつりごと」の象徴とされたのだ。

盛平翁は「三千世界一度に開く梅の花」と手をパッと開いて「開掌之伝」をなし、「松で治める」といって手を結んで「猫乃手之伝」をなし、拈華微笑(ねんげみしょう)ではないが、悟れる者には悟れる形で、大本の宇宙の始原より始まるとされる「神の経綸」とともに、大東流で伝えるところの口伝を示しておられたのである。

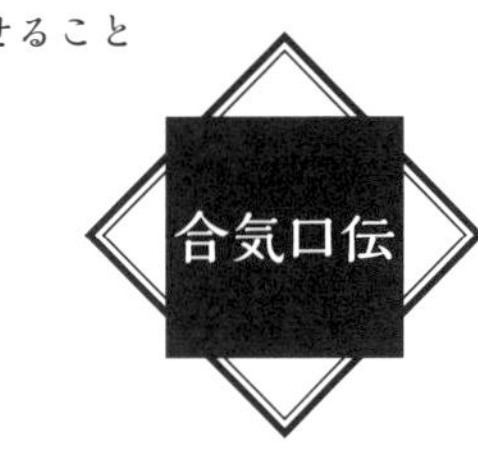

第十七章

浮之伝—手首の力を抜き軽く浮かせること

続・海幸彦之伝

この「浮之伝」は第八章「海幸彦之伝」の一部である。

第八章では、「小手返し」などの技を施すに当たって、釣針を魚の顎に引っかけるように、自分の指（主として小指）を相手の手首などに引っかけ操作するという「釣針之伝」、「一ヶ条」などにおいて、相手の手についた釣糸に引かれるように、相手の手の動きにつれて自らの手も上げていくという「釣糸之伝」、「三ヶ条」などにおいて、相手の手首や腕が急激な角度をもって曲がらないように、緩やかに竿がしなるように扱う「釣竿之伝」など、「海幸彦之伝」のなかでも、一定の技に簡単に用いやすい口伝について説明した。今回は「海幸彦之伝」に属する「浮之伝」を説明することにする。

この伝は、一見すると手首が簡単にフワッーと浮いていくように見えるので不可思議に思えるが、コツを知れば実際はさほど難しいものではない。基本的には指先を残すようにして不必要な力は抜いて手首を上方に浮かせて行くだけである。浮かすところから「浮之伝」の名称が生じた。まず一番基本的な「浮之伝」の用いかたを見てみよう。

○後方倒しの一

1対座し、受、捕の両手を掴み、捕の両膝に押さえ付ける。

2捕、手首の先を膝に残す感じにて、手首を上方に浮かす。

3次いで、捕、指先は膝に付けたまま手首を前方に突き出し、受を後方に倒す。

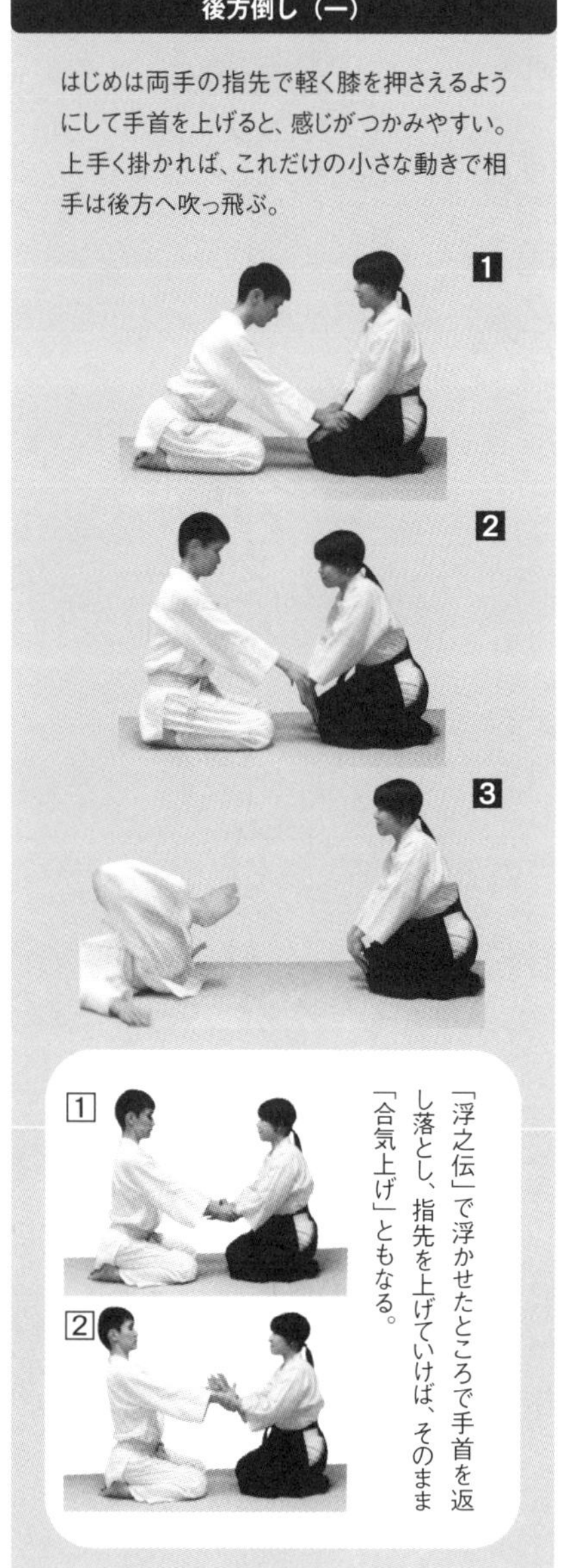

後方倒し（一）

はじめは両手の指先で軽く膝を押さえるようにして手首を上げると、感じがつかみやすい。上手く掛かれば、これだけの小さな動きで相手は後方へ吹っ飛ぶ。

「浮之伝」で浮かせたところで手首を返し落とし、指先を上げていけば、そのまま「合気上げ」ともなる。

後方倒し（二）

指先で膝を撫でるように手首を引き上げるのがコツ。八光流柔術でも同様の技法が、その形状から「おばけ（の手）」などと称され、高段者へ教外別伝的に伝えられている。

1

2

3

4

5

2において「浮之伝」が用いられている。受が単に手の力だけで膝に押しつけた場合においては、このように簡単に指先を膝に付けたままでも、受を後方に倒すことができる。

ここで3までゆかず、2に続いてその手首を上方に上げていけば、これは一種の「合気上げ」となる。単に体重をかけて上から下に押さえてくるだけの相手であれば、この指先を残して、手首を上方に上げていくという方法だけで、かなり簡単に手は上げることができるのである。実は「浮之伝」といってないが、同じようなやりかたで「合気上げ」をしている人も少なからずいるようである。

もっとも、受が腰を上げて上方から全体重をかけて押さえた場合にはどうであろうか。それを見てみよう。

○後方倒しの二

❶捕、受、対座し、受、捕の手首を上方から全体重をかけて押さえる。

❷〜❸捕、手の力を抜き、手首を胸元に引きつける。

❹〜❺次いで手首を前方に押し出し、受を後方に倒す。

ここでは❷において「浮之伝」を用いている。最終的には指先も上方に上がっていくが、胸を前方に進め、その胸に手首を引き寄せる感じである。指先は「後方倒しの一」と同様に、最初は膝に残っていて、それが最後に浮き上がる感じで行うほうが行いやすい。

浮いて、探るがごとく

さて、ここで覚えておいてほしいことは、力で手首を上げようとしてはならないということだ。お分かりであろうが、「浮之伝」とは、釣道具の浮(うき)でその口伝を象徴している。つまりは、手首の使い方は浮のごとくでなければならないのである。

浮は、「うけ」、「うかし」などとも呼ばれる。その形状から、「玉浮き」、「棒浮き」、「唐辛子浮き」、「徳利浮き」などの名称がある。材質は、軽くて浮力の大なるものがよく、かつては木や竹が材料として使われたが、今ではより加工しやすく軽い合成樹脂が一般に用いられている。

浮はその材質からも分かるように、水よりも軽く水中に入れれば自然と浮くものである。「浮之伝」

を用いる場合においても、力を入れて手首を上げていくのではなく、水のなかに入れた浮が自然に水面に浮かびあがるように、またそうした気持ちで手首をスッと上げる必要がある。

また、竿釣りの浮は、魚が餌に食らいつく微妙な動き、いわゆる魚信が鋭敏に伝わるように形状が工夫されている。同じく「浮之伝」を用いる場合には、捕の手首は、受の力を的確に察知して、「後方倒しの一」とか「後方倒しの二」のように同じ手首を上げるのでも微妙に使い分けなくてはいけない。

さて、その使い分けのいくつかをこれから見ていくことにしよう。

○片手捕外方投げ

❶対座し、捕、右手を手の甲を外側に向けて前方に突き出す。

❷受、捕の右手を左手にて掴む。

❸〜❹捕、受が右手を掴んだ瞬間に、腕の力を抜いて右方に右手首を動かし、

❺受を倒す。

ここでは❸において「浮之伝」が用いられている。釣糸に引かれて浮が水面を動くように、あるいは水流に流されて浮が動くかのように、スーッと指先が最後に動くようにして動かすのである。つまり基本では手首を浮が浮くように上方に上げていくが、実際に用いる場合においては、他方向であっても構わないのである。次に逆方向への投げを見てみよう。

片手捕内方投げ

「外方投げ」とは逆側への合わせとなる。コツとしては、手首に力を入れるのではなく、浮が釣糸を通して水中に引かれるように、肘や肩から先導されて引き崩すこと。

片手捕外方投げ

受の微妙な方向を読んで、浮かせる方向を適時判断する。「外方投げ」は空手でいう「孤拳」を相手の掌へ打ち当てる趣があり、既出の「合鏡之伝」や、同じ「海幸彦之伝」である「釣針之伝」も活かされている。

○片手捕内方投げ

❶対座し、捕、手の甲を外側に向けて右手を前方に突き出す。
❷受、捕の右手を左手にて掴む。
❸～❹捕、受が右手を掴んだ瞬間、腕の力を抜いて、左方に右手首を動かし、
❺受を倒す。

❸において、釣糸に引かれて浮が水面を動くように、あるいは水流に流されて浮が動くかのように右手首をスーッと動かすのは同じである。ただ「片手捕外方投げ」においては、掌が腕に近づく形にて手首が曲がったが、この場合には、手の甲が腕に近づく形にて手首が曲がるところが違う。

また、この二つの手首の動きは陰陽の関係にあり、浮が餌に魚が食らいつく微妙な動きを感知する役目を持つように、手首において受の力の方向を敏感に察知して、相手の動きや力の方向によって自在に使い分ける必要がある。

相手の力の方向次第で、右左どちらの方向にでも投げ分けられなければいけないわけで、次のように用いる場合、その動きが波の動きに似ているので、私は「波の合気」と名付けている。

○両手捕横投げ

❶対座し、捕、手の甲を外側にして両手を前方に突き出す。
❷受、捕の両手を側方から掴む。

両手捕横投げ

「外方投げ」や「内方投げ」も同様であるが、相手の把握が強い場合、この「横投げ」のようにいったん逆側へ振った後に、大きく崩すことで、相手の力を上手く利用することができる。

1

2

3

4

3 捕、両手の手首を軽く左方に動かすのに対して、受、抵抗する。

4 捕、すかさず両手の手首を右方に動かして、受を倒す。

この技においては、捕は両手首を最初は左方に、次いで右方に動かしている。そのときの形が波が押し寄せまた引いていく形に似ているので「波の合気」と名付けているが、勿論、「浮之伝」の応用に過ぎない。

さて応用のついでに、「一ヶ条」、「二ヶ条」などをかける場合に、この「浮之伝」をどのように用いるかを見てみよう。

○「浮之伝」応用・綾手捕一ヶ条

❶受、捕、対峙して、受、捕の右手を右手にて押さえる。
❷～❸捕、右手首を浮かして、左手を受の右肘に添え、軽く受の右手を引き寄せる。
❹次いで、受の右肘を左手にて押さえ、その右手首を右腰に付けて極める。

❷において「浮之伝」を用いて受を崩しているので、あとは楽に技をかけることができる。力づくで手を引く必要はなく、フワァッと軽く引くだけでよいのである。

○「浮之伝」応用・片手捕二ヶ条

❶受、捕、対峙して、受、捕の右手を左手にて掴む。
❷捕、右手首を浮かして、受の手首を胸元に引き寄せる。
❸次いで、左手にて受の手の甲を掴み、
❹右手にて手首を掴んで手首を極める。

これまた❷において「浮之伝」を用いて、力を抜いてスーッと引き寄せてから「二ヶ条」を極めればよいのである。

応用・片手捕二ヶ条

「二ヶ条」においても、「二ヶ条」極めに入る動作そのものが「浮之伝」となるよう意識しておこなうと、より落差が増して、威力も増強する。

応用・綾手捕一ヶ条

「綾手捕一ヶ条」を掛ける際、はじめに握られた手首を通して「浮之伝」で相手を浮かせておくことで、より容易に技を掛け、威力も増すことができる。

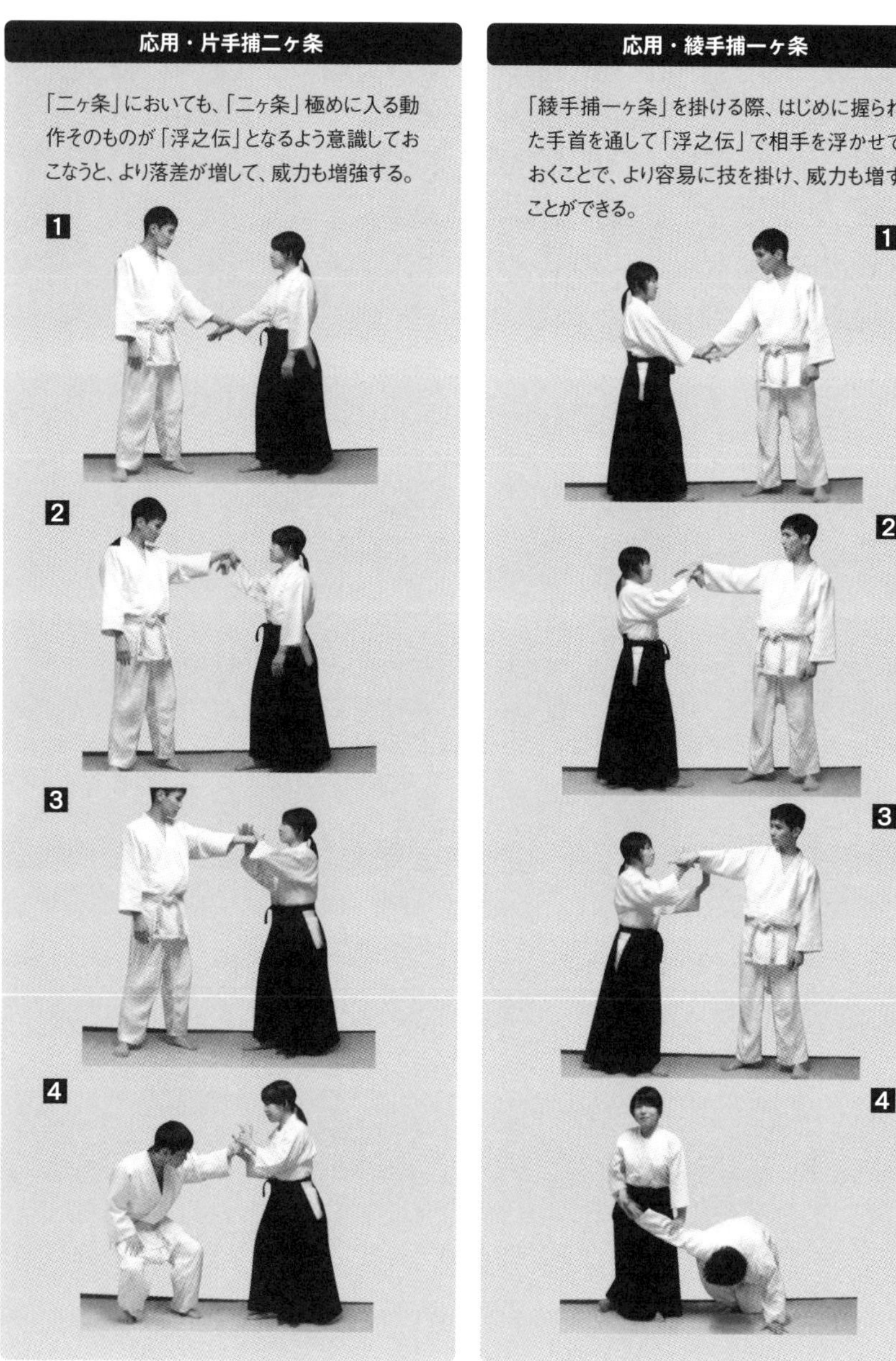

○「浮之伝」応用・綾手捕一重

❶受、捕、対峙して、受、捕の右手を右手にて掴む。

❷〜❸捕、右手を浮かして上方に受の頭を越し、左手にて受の左手を掴む。

❹捕、右手にて受の右手首を掴み、後首に付け極める（受の左掌は捕の左膝の上）。

このように「浮之伝」を用いて手を大きく上げて、技を掛けることもできる。また、「浮之伝」は両手で片手をしっかりもたれた場合にも活用することができる。

○「浮之伝」応用・諸手捕二ヶ条

❶受、捕、対峙し、受、捕の右手を両手にて掴む。

❷捕、右手首を浮かして、受を崩す。

❸捕、受の右手の甲を左手にて押さえ、

❹そのまま右手を受の右手首に巻き付けて極める。

両手でしっかりと右手を押さえられたままで「二ヶ条」をかけようとしても、右手の自由がきかず、右の掌を受の右手首に巻き付けることもできないが、❷において「浮之伝」を用い、右手首を浮かして受を崩すことによって、「二ヶ条」を容易にかけられる準備とするのである。勿論、ここから変化して、「一ヶ条」、あるいは「三ヶ条」などにすることも可能である。

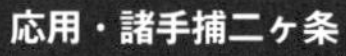

応用・諸手捕二ヶ条

技法的には「片手捕二ヶ条」とほぼ変わらないが、両手対片手であっても、何ら変わりなく浮かせることに、「浮之伝」の妙味がある。力で力に対抗するのではない、ということ。

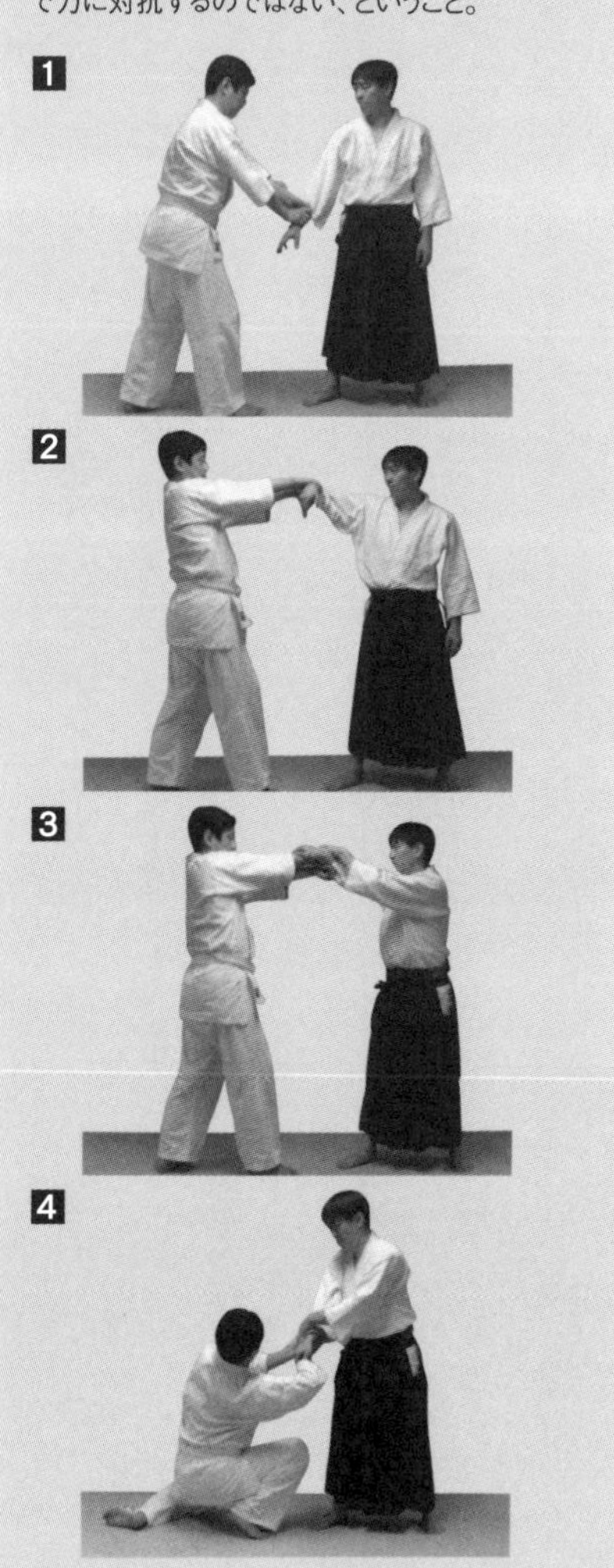

応用・綾手捕一重

「一重」とは最後の固め技の名称。相手の頭上を越えるまで、相手が不動となるのが、すなわち「浮之伝」の効用を表している。なお、入身する際、当て身を喰らわないように、左手を押さえることを忘れずに!

力は抜いても、気は抜かず

「浮之伝」を用いるにあたって注意しておかなければならないことがある。力は抜いても、気を抜いてはいけないということである。その実例を一つ示そう。

○「浮之伝」返し技・手首極め

❶対座して、捕、両膝の上にある受の両手首を掴む。

❷受、両手の力を抜き、手首を上方に上げる。

❸捕、受の手首の曲がるのに合わせ、受の手首を親指、中指にて掴み、

❹掌にて受の甲を押し極める。

これは「後方倒し」と同じ状況においての手首極めを示したものであるが、他の場合においても、「浮之伝」を用いる人が、気を抜いてボヤッと手首を上げていったならば、同じく簡単に手首極めが極まってしまう。まさに「生兵法は大怪我の基」になりかねないので、注意が必要だ。

こうした返し技を知らない相手、また相手の中心を制するといった意識のない素人相手であれば、この技法だけでも、かなり相手を驚かすこともできるだろう。しかし、そういう相手だけではないので、他のさまざまな口伝を知る必要もあるわけで、何度も繰り返すようであるが、この口伝だけで万能などとは考えないでほしい。

釣りにおいては、魚の泳いでいる水深近くに釣針を保持するために、「浮」の浮力と「錘（おもり）」の沈降力とをうまい具合に用いている。次章においては、重みのある錘を使う伝である「錘之伝」を紹介する。

返し技・手首極め

「浮之伝」を掛ける際、力は抜くが、気までも抜いてしまうと、逆に手首を極めやすくしてしまっていることに注意が必要。相手とのつながり具合、力の抜き具合の駆け引きが技の成否を左右する。

1

2

3

4

第十八章　錘之伝―重みをかけること

重みを伝える

これまで「海幸彦(うみさちひこ)之伝」における「釣針(つりばり)之伝」「釣糸(つりいと)之伝」「釣竿(つりざお)之伝」「浮(うき)之伝」などについて書き記してきたが、この章では「錘(おもり)之伝」について記す。この伝は、釣りにおいて用いられる錘から推測される人もいるだろうが、重みをかけていくところの伝である。

錘も前回説明した「浮」と同様に、釣りをするにあたって、目的とする魚や、釣りをする場所とか、流水の速さといった条件によって、さまざまな大きさや形のものが用いられる。違いは、「浮」はその材料としては、水よりも軽い材料、かつては木や竹が材料として使われ、今ではより加工しやすく軽い合成樹脂が一般に用いられているのに対して、錘のその材料は、水よりも重い鉛が主として用いられているということだ。

川釣りには、薄い板状の板オモリ、割れ目の入った割り錘が主として使われ、海釣りには太鼓型、ナス型、舟型などの環つき錘、沖釣りには、錘に腕をつけた天秤錘、鉤と竿の中間につける中錘などが用いられる。

また「探り釣り」か「浮き釣り」か「投げ釣り」かといった釣り方によっても、その使う錘は変化する。重さは号数表示で、一匁（もんめ）（3・75グラム）が1号、号の数字が大きいほど重くなる。深海釣りでは120号から200号といった、かなりの重さの物が用いられているという。

錘はその形も大切であるが、その重さがまさに重要である。玄修会における「錘之伝」においても、通常は手を錘として、如何にして重さや重みを相手に与えるかということが大切である。それを会得するための練習法が次のやりかただ。

○「錘之伝」練習法の一

❶受、捕、対座して、受、捕の両手を動かないようにしっかりと掴む。

❷捕、肩や腕の力は抜き、手首に錘がぶら下がり、その力で下に引かれていくかのように想像して受の手に重みを加える。

このようにすると受は、捕の手が重く感じられ、捕のほうはたいして力を用いていないのに、受は捕の手を支えていることが非常に難しくなってくる。こうした状態であれば、捕はどのような技でも相手に掛けやすい状態となる。

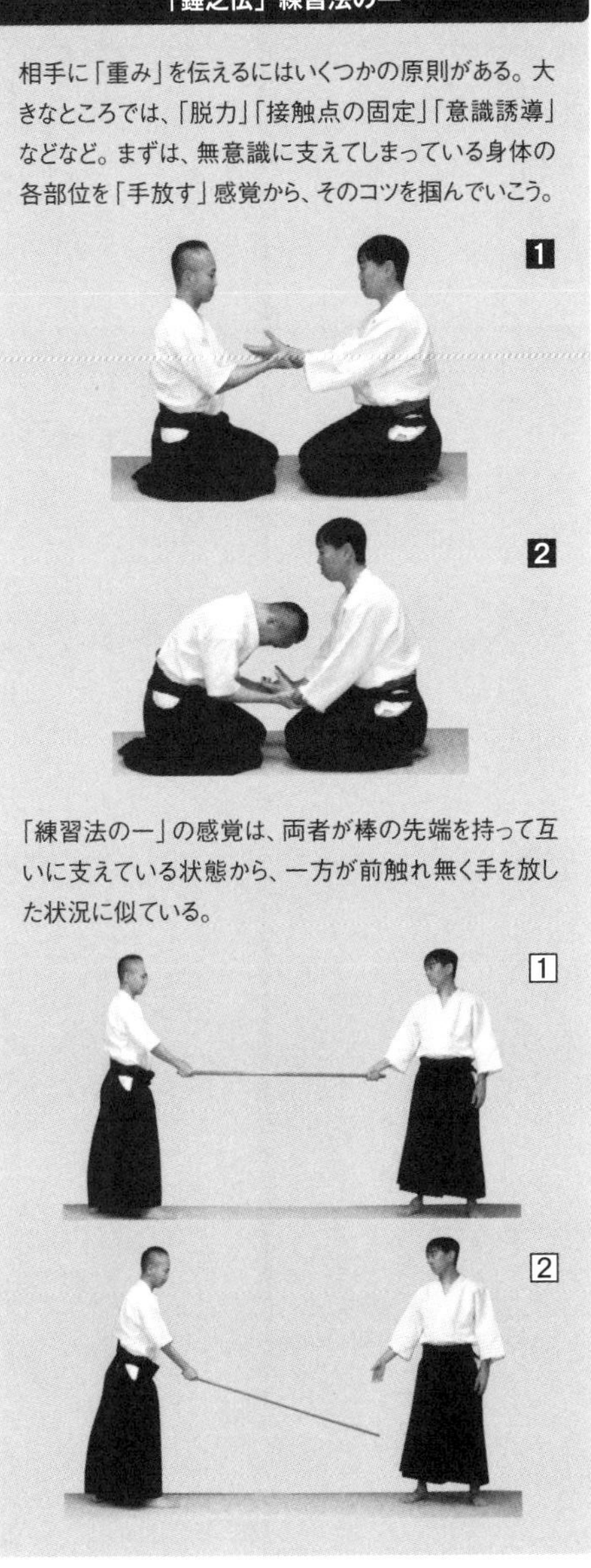

この重みが加わった状態を体験したことのない人は分かりづらいと思うので、棒を使って一度体験してもらいたい。それは二人で行う。始め一本の棒の両端をそれぞれの右の手で持つ。そして、その重みを確認したら、片方がその手を離してみる。するともう一方の人は、いままでさほど手に棒の重みを感じなかったものが、棒がぶら下がることによって、一挙にその重みが手に加わり、かなりの重さとなる。それと同じようにして、捕が自らの手から力を抜いて受に腕の重みを感じさせるというのが「錘之伝」なのである。

基本は〝力を抜く〟こと

これを応用した技をいくつか見てみよう。

○片手捕首極め

❶受、捕、右半身にて対峙し、受は右手にて捕の右手首を掴む。

❷捕、右手の力を抜き、重くする。

❸～❹受が少し崩れたのに合わせ、捕、左足、右足と進め、右手にて受の左首を押さえ、自分の額を受の右頭部に付けて、受の首を極める。

言うまでもなく、❷において「錘之伝」を用いている。重みを加えると、受は前方のほうに少し崩れるので、それを無意識のうちに避けようと後方のほうに立ち直ろうとする。それに合わせて横に並び、技を施すのである。

○流し落とし

❶～❷受、捕、対峙し、受、短刀にて捕の腹を突く。捕、右足を引き、力を抜き、重い手とした左手を受の右手首に添える。

流し落とし

この技法では、相手の突こうとする勢いに乗じることで、相手の重心を引き出しやすい体勢が作りやすい。そこへ重みを掛けるコツは、腕を掴まれた場合などと同様である。

片手捕首極め

ここで「錘之伝」を掛ける場合に注意したいのは、重みを載せる（伝える）腕は、手前に引くのでも、前に押すのでもない、ということ。重力は床（地面）に対して鉛直に掛かっていることを常に意識することが、相手を腰から崩す端緒にまずは結びつく。

3 次いで、そのまま左手を下げつつ、

4 受の手を前方に導き投げる。

力を入れた手で受の手を下方に導くことは難しく、「錘之伝」により逆に力を抜いた手で重みをかけることにより、受は前方に倒れていく。

○綾手触れ合気投げ

1 受、捕、対座し、受、右手刀を前に突き出す。捕、右手刀を突き出し、受の掌と自分の掌を軽く

綾手触れ合気投げ

ここでは「開掌之伝」と共に、「合鏡之伝」、つまり相手を固める方法論も活かされている。その居着きに向かって「重さを掛けて」いることが一つの留意点。

合わせ、

❷少し擦るようにして突き出しながら、掌をパッと開く。

❸～❹次いで、少し円を描くようにして、重くした右手を左膝の上にもってきて、受を倒す。

これは気がついた人もいるかもしれないが、先に「開掌之伝」において説明した技である。よって、投げにおいては、❷で「開掌之伝」を用いている。それだけでも大概の相手は技にかかるのであるが、❸において、上級者は「錘之伝」を用いて、自らの手を重くして技を施すのである。そのほうが力もいらず楽に技を掛けることができるというわけなのだ。おわかりであろうが、口伝も一つだけでなく組み合わせて用いることにより、一層の威力を発揮するのである。

もっとも、「開掌之伝」でこの技を説明したときに、必ずしも「錘之伝」を用いずしてできたように、逆に人によっては、❷において「開掌之伝」を用いず、ただ軽く触れて重みを掛けていくだけでも倒すことが可能なので試していただきたい。

○片手捕脇落とし

❶捕、座し、受、捕の左横に立ち、右手で捕の左手を取る。

❷捕、左膝を軸として、時計と逆廻りに廻り、受と対する形となる。

❸～❹次いで、左の手に重みを掛けながら下方に下ろし、左斜めに倒す。

右の投げでは、相手がこちらの手を取ると同時に転換し、その手に重みを掛けて倒すのである。自分の手に錘がぶら下がっていて、その重みで受を崩していく感覚でなすとよい。倒れない場合には、右手で受の右足を払うなど色々と変化はあるが、相手がかなりの上級者であったり、初めから上方に手を引っ張ろうといった気持ちがない場合には、これだけでも十分に倒れるものだ。

片手捕脇落とし

相手がこちらの重心に向かって力を掛けようとする、その端緒（接触点）を固定したまま重心を移動することで、いわゆる「スカ」を喰った不安定な状況へ陥れる。

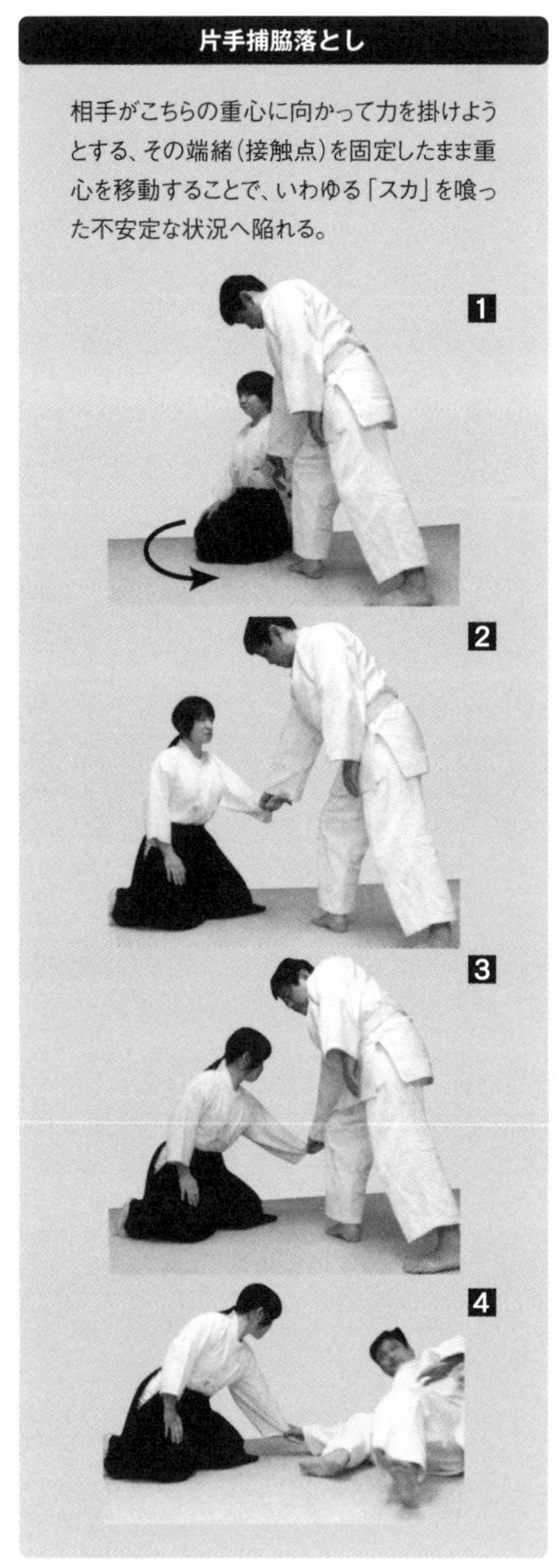

〝折れない腕〟の活用

さて、そろそろ「錘之伝」の次の段階に行くことにしよう。

○「錘之伝」練習法の二

❶受、捕、対座し、受、捕の両手を掌を上方に向け、脇を固めてしっかりと持つ。

❷～❸捕、上半身を前方に傾け、その勢いを両手に伝え、一気に重みを両手にかけて、受を後方に飛ばす。

❶の如く、受にしっかりと脇を固めて持たれると、捕が単に力を抜いて腕の重みをかけても、受はそう簡単には崩れない。そこで捕はその手はそのままにしておいて、さらに身体（この場合は上半身）の重みを手を通して掛けるのである。この場合、身体の重みを伝えるために、両手は「折れない腕」

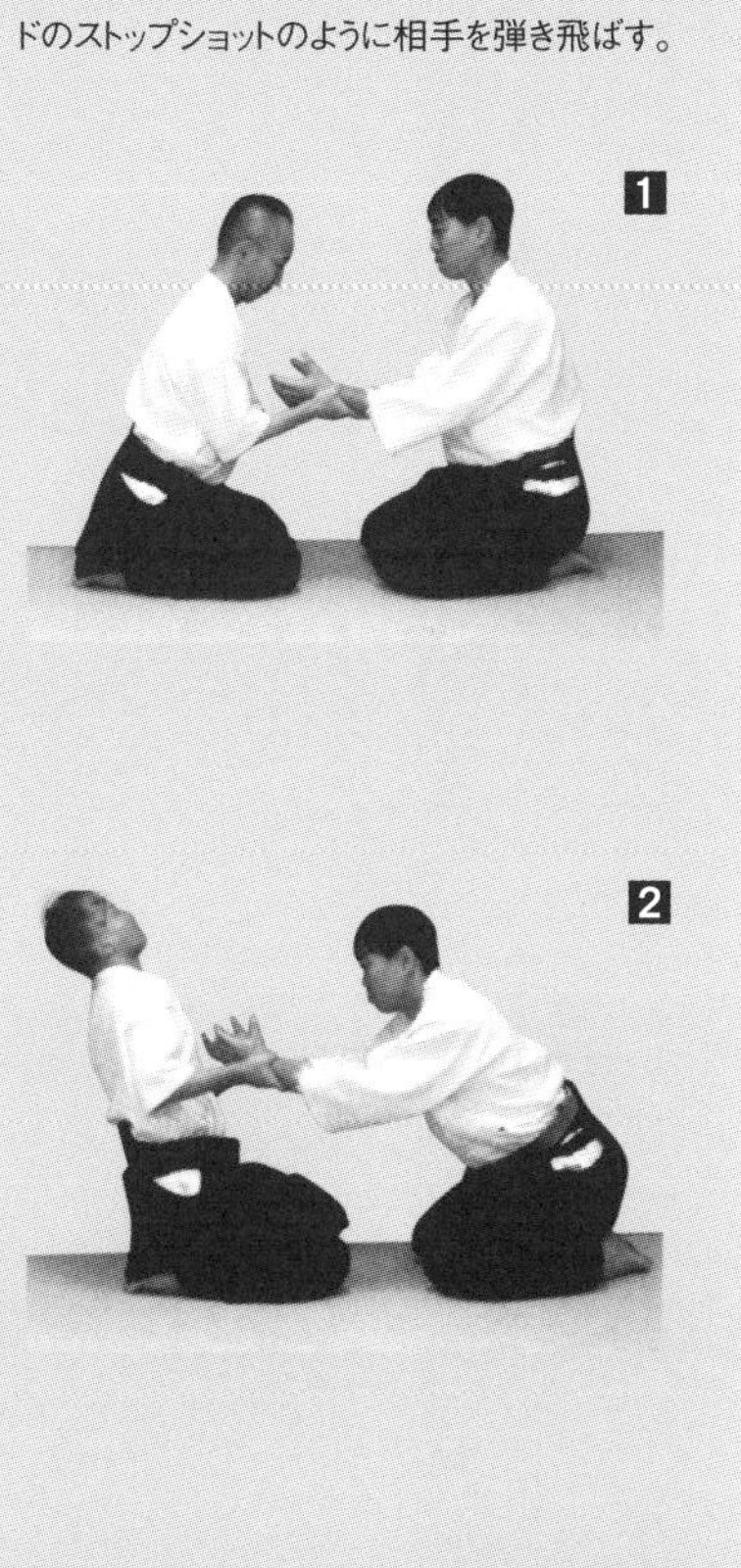

「錘之伝」練習法の二

脇を締めることで、容易に重心を引き出されないようにしている相手へ、第2波としての「上体の重さ」を浴びせることで、あたかもビリヤードのストップショットのように相手を弾き飛ばす。

（曲がっていても気の通った手であれば、「折れない腕」ということにしておこう）になっていなければならない。

○片手崩し

❶捕、受、右半身にて、右手を正面に構えて対峙す。

❷〜❹捕、右足を前方に進め、右手小指側を受の右手首に触れ、重みを受の臍のほうに向かって掛けていき、後方に倒す。

この重みの掛けかたであるが、右手は余分な力は抜けて気が通った手でなければならない。そうでないと、力が入っている受の力とぶつかり、なかなか上手くいかない。また説明のために、あえて「錘之伝」だけを用いているが、捕はその右手刀が受の手首と触れる瞬間に「開掌之伝」を用いたり、「合気上げ」を用いるとより一層効果的である。

○片手捕錘崩し

❶受、右手にて、捕の左手を握る。

❷捕、左足を左斜め前方に進め、右手首を受の右肘の上に載せる。

❸次いで、右足を前方に進めつつ、右手首で受の肘に重みを掛け、そのまま倒す。

片手捕錘崩し

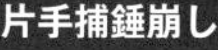

柔らかく右手を掛けていくことで、軟体的な重量の掛かった相手の肘は、予期せぬ重さを支えようと腰と連動して固まるが、時すでに遅く、簡単に潰し倒されてしまう。

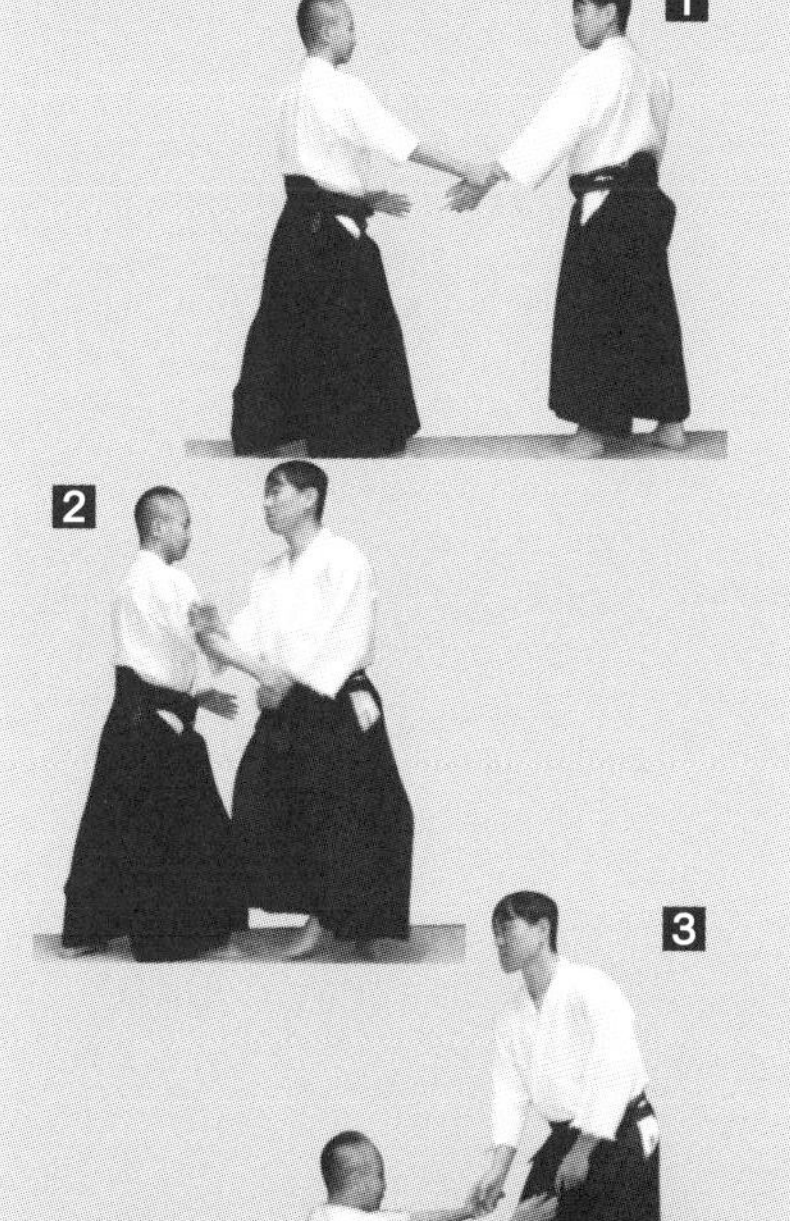

逆に自分の身体（特に左手）を力ませていると、相手の体勢（重心）は崩れず、どんなに力を入れても、かえって体が浮き上がってしまう。

片手崩し

腕の伸縮力はもちろん、単に体当たり的な衝撃で飛ばそうというものではない。急激な重みを掛けることで、相手の身体を一つに緊張させて、力を通りやすくしている。そのために「折れない腕」が必要となる。

これは力で相手を崩そうとしても上手くいかない。左手に力を入れて、受の倒れやすい方向に受の右手を誘導して倒す技法もあるが、これはそうではなく、受のほぼ右横のところで、受の右肘に重みを掛けてそのまま潰して倒すのである。

〝中心への攻め〟に対して

もう一つ、「錘之伝」の練習法を示しておかなければならない。というのは、ここまでの受の捕に対するやりかたは、実は捕の中心を崩そうというやりかたではなかったからだ。

〝「錘之伝」練習法の一〟では、捕は受にしっかり持ってもらい、そこに自分の腕、肩などの力を抜いて重みを掛けた。相手が素人であったり初級の人であれば、そのまま簡単に捕の重みに負けて姿勢を崩してしまう。

だが、実際のところ、受が熟練者であれば、同じく力を抜いて五分五分になってしまう。それどころではない。人によっては、捕の力を抜いた手に「四ヶ条」を掛けつつ、そのまま捕の丹田のほうに押してくる人もいる。すると逆に、捕のほうが倒れてしまう結果ともなる。

○「錘之伝」練習法の三

❶受、捕の両手を掴み、丹田のほうに押して倒そうとする。

❷捕、両手を「折れない腕」として、受の押す力と拮抗する力を出す。

「錘之伝」練習法の三

「練習法の三」は、相手の攻撃をいち早く制して、「練習法の二」の状態を自ら作ることに等しい。ここに至って「接触点の固定」の大事が、さらに重要性を帯びてくる。

3～4次いで、捕、肩の力を抜き、上半身を前方に傾け重みをかけ、それを瞬時に両手に移して、受の両手に重みを掛けて後方に倒す。

ここでは、いったんは受の力と拮抗するだけの力を出しておいて、瞬間的に肩の力を抜いて、身体を前方に傾け、その身体の重みを受に掛けるのがポイントだ。手に力を入れると肩のほうの筋肉まで固まってしまうことが多いのだが、その肩の筋肉の力を瞬間抜くということができれば成功である。

ここで、「折れない腕」からの「錘之伝」の応用を示しておこう。

○「折れない腕」からの崩し

❶捕、気が出ていると思い、右の手を伸ばす。受、捕の腕を右肩にかけ、ぶら下がるようにして体重をかけて曲げようとする。

❷捕、受の力が十分に入った瞬間に少し右足を前方に進め、右の手の力を抜き、

❸そこに掛かっていた力を受の肩に載せて、受をつぶす。

これは、受は捕の中心を崩そうとはしていないから、比較的楽な技である。また捕は自分の体重を相手に掛けるのであるが、それだけではない、相手がこちらの腕に掛けている力をも重みとして相手に返してやるのである。

つまり「錘之伝」において使うところの重みは、一つには腕の重みであり、加えて上半身の重み、さらには全身の重み、次いで相手の重み（力）をも使うのである。

○綾手二ヶ条

❶受、捕の右手を右手にて掴む。

❷捕、受の右手甲に左手を添え、右手掌を捕の右手首に巻き付け「二ヶ条」を掛ける。受、右手に力を入れて抵抗する。

❸〜❹捕、右手に気を入れて「折れない腕」の状態とし、次いで、右足を半歩進めつつ身体の力を抜き、その重みを右手に掛けつつ、巻いて「二ヶ条」を極める。

綾手二ヶ条

「折れない腕」からの崩し

相手が自らへ掛けようとしている力を、接触点を通じて反転させる心持ちで「重み」を掛けていく。

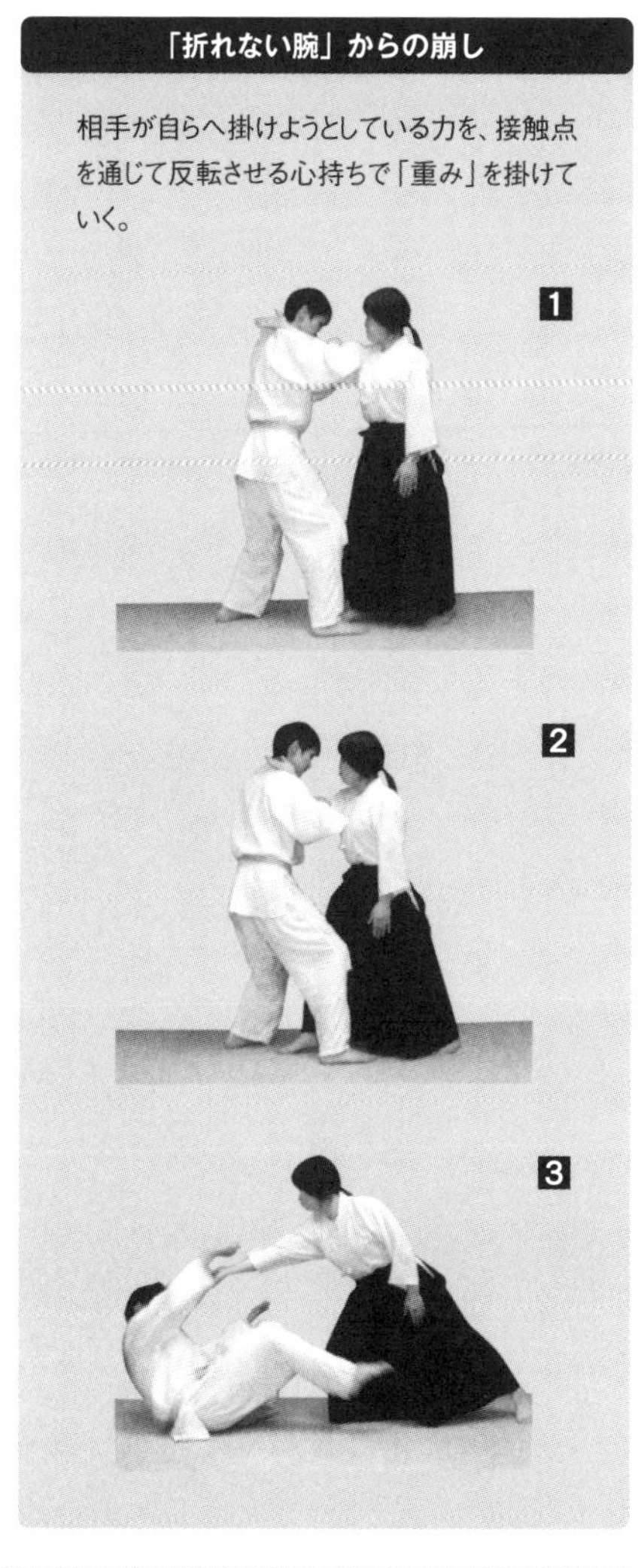

2は互いに五分五分の状態で、どちらの「二ヶ条」が極まってもおかしくない。その状態を保ちつつ重心移動することで、有利な立場を確保して「重み」を加えていく。

3において受が抵抗したときに、こちらが掌の力まで抜いてしまっては、相手の「二ヶ条」がこちらに掛かってしまう。そこでそこには気を入れておき、肘、肩の力を抜いて重みを掛け、その重みで受を崩しつつ「二ヶ条」を掛けるのである。

釣りにおける錘の役目は、錘が「沈み」とも呼ばれるように、その重さなどを変えることによってその仕掛けを遠くまで運んだり、また早く沈めたり、ゆっくりと沈めたりしながら、仕掛けを魚のいる場所（深さ）まで導く事にある。

そのため、錘だけでは、魚を捕らえることはできない。だが、大東流において「錘之伝」を用いる場合には、必ずしもそうではない。「錘之伝」を補助として、他の技につなげることも多いが、「錘之伝」を用いるだけでも、これまで見てきたように、受を投げたり倒したりすることは可能なのだ。

また、釣りをする場合においては、できるだけ軽い錘で釣ったほうが、魚の食いはいい。だが、大東流系統の技を行う場合においては、できるだけ重い手（「錘之伝」を用いた手）を用いたほうが技を掛けやすい。その点を踏まえて技の上達を願う人は、どのような技においても、できるだけ「錘之伝」の活用を考えるようにしていただきたい。

もっとも、さらに上達すると、相手は何か意識できない無の重みともいうべきものにより、自然と崩れてきて技が掛けやすくなるのだが、まずは相手が感じとれる重みを修練することが大切だ。

第十九章
餌之伝—餌を以て敵を誘うの法

「釣り」と「餌」と「誘い」

「餌之伝」とは、対する相手に餌を見せつけて、こちらの術中に陥らせる口伝だ。魚釣りの餌は対象魚によって変わる。たとえば海釣りにおいては、環虫類のゴカイがハゼ、キス釣りに、貝のむき身が、クロダイ、カワハギ釣りに、魚肉がカサゴ、ムツ釣りなどに使われる。また生きているイワシなどはマグロ、カツオなどの大物釣りに用いられる。

川釣りにおいては、アカムシ、ミミズがフナなどに、サシ（サバ虫）がワカサギに、カワゲラなどの川虫が渓流釣りに、練り餌がヘラブナ釣りに用いられている。

このように、海か川か、またどのような魚を釣るかで、餌として使われるものは変化する。同じく「餌之伝」においても、どのような状況でどのような相手に技を掛けるかで餌として用いる方法も異なってくる。

通常、よく餌として用いられるのが「手」である。相手もこちらが手を後方に隠していたとすれば、わざわざそれを取りに来ることはない。それでわざと餌として相手の前に突き出してあげるのだ。その技を何本か見てみよう。

○捕正面打ち一ヶ条

1捕、受、対座し、捕、右手刀で受の正面を打つ。
2受、右手で捕の手首、左手で肘を受ける。捕、左手で受の胴に当て、
3～4次いで、その左手を受の右肘に当てて「一ヶ条」に制す。

1において、捕は右手刀で受の正面を打っていく。これは右手刀という餌を受の前に示したのである。その餌につられて、受は両手でその右手を押さえる。その瞬間に胴に当てを入れてその力を抜かせ、逆に自分の手に接している受の右手を捕は「一ヶ条」に制するのである。捕の正面打ちは、受をその打ちで倒そうとするものではなく、それを餌として受の手を誘うものなのである。そして食らいついてきたその手を逆に「一ヶ条」に制するのだ。

○捕突き腕拉ぎ

1捕、受、対峙し、捕、右拳で受の鳩尾を突く。受、右足を引いて避け、左手で捕の小手を掴み、「小手返し」を掛けようとする。

捕突き腕拉ぎ

相手の「小手返し」の軌跡に合わせて、手の甲を密着させながら、右の手の甲と左の掌で相手の左手を挟み込む心持ちで一体化させる。それを「猫乃手伝」のごとく球体に回転させることで、肘へ肘を乗せて制する。

捕正面打ち一ヶ条

右手刀打ちは相手を誘う「餌」。しかし、フェイントやコンビネーションではない。手刀打ちは「攻撃」としての威力を持った上で、相手の「防御」を誘い、その動きに「乗じる」ことが求められる。まさに「合気」の現れ方の一つと言えるだろう。

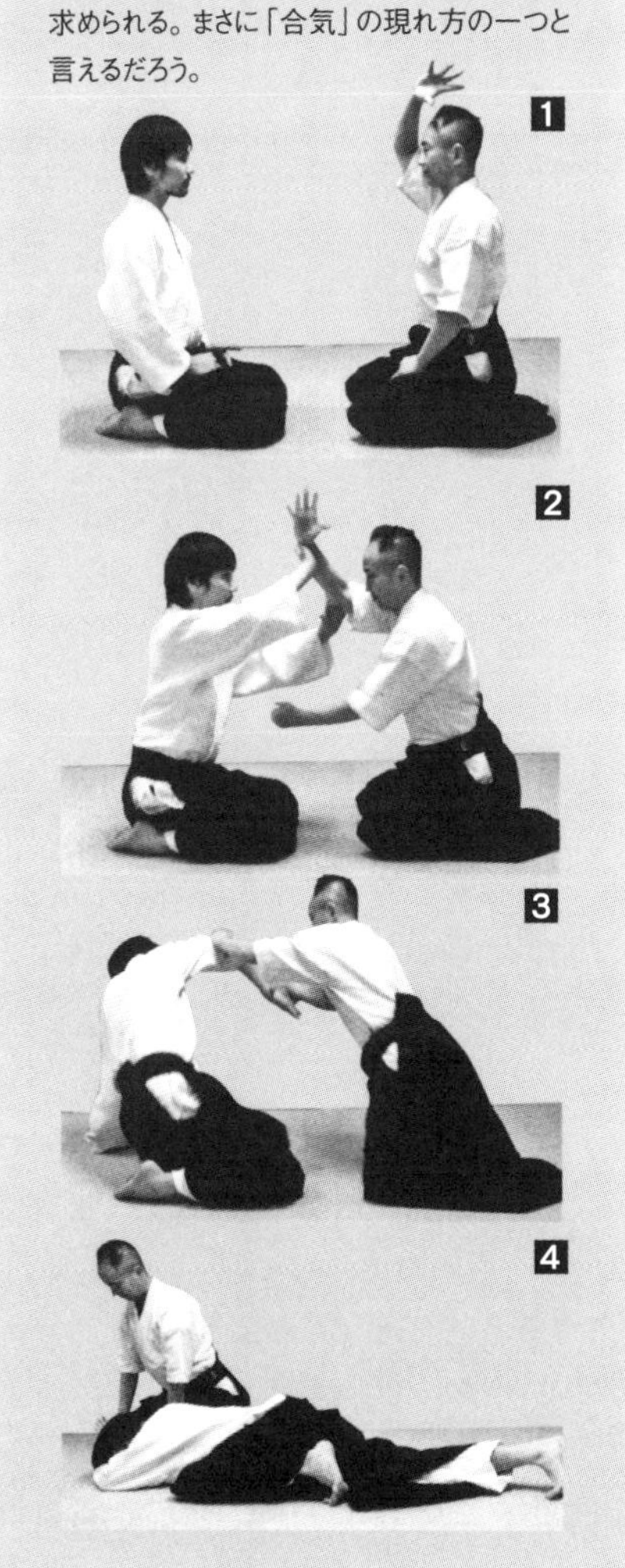

2捕、「小手返し」を避け、左手で受の左小手を掴み、
3～**4**右肘を上げて、右肘で受の肘を拉ぐ。

これは**1**において右拳を突いていくのが餌になっている。その手を取らせておいて、受が「小手返し」を掛けようとするのを逃れて、逆にその手に技を施すというわけなのである。これも捕の突きはその突きで受を倒そうとするものではなく、それを餌として受を誘うものなのである。この二つの例では、受に捕はその手をつかませたが、実際は餌は見せるだけでも効果がある。

武田惣角には次のような逸話がある。惣角が弟子と共に一杯やりながら食事をしていたときのことだ。酔っぱらいが、惣角の手にしたお茶の入った茶瓶を「こっちへよこせ」と奪い取ろうとした。ところが、惣角は茶瓶を奪い取ろうとする酔っぱらいを一滴もお茶をこぼさずに投げたという。

これも茶瓶を餌として相手を導けば、必ずしも難しいことではない。たとえば、こちらの右手に持っている茶瓶を相手が右手で取ろうとしてくるのを、相手がその手を取れるような取れないような状態で、最初は下方に、次いで上方に円を描くようにして茶瓶を持った右手を動かして相手を導けば、相手は倒れるのである。

橘家神道の伝書である『橘家神軍伝』には、「食を以て敵を誘ふは素尊以酒持之」とあり、『古事記』には須佐之男神が八岐大蛇を退治するにあたって、酒を用意して、それで酔わせてから退治したことが記されているが、これも私流にいえば、「餌之伝」の応用である。もっとも、必ずしも飲ませるまでいかなくともよいわけで、惣角においては相手に酒ではなく茶ではあるが、それを飲ましめず、

綾手捕廻し投げ

いわゆる「入身投げ」を小さく行う。腕だけの動きではなく、腰を中心とした全体の動きで行うことが技の成否を左右する。左は惣角の状況を再現したもの（ここでは茶瓶の代わりに酒瓶を使用）。実際には相手が腕を掴んでしまってもほとんど問題はないだろうが、取れそうで取らせないことで、結果的に一滴も茶をこぼさない妙技となったものと思われる。

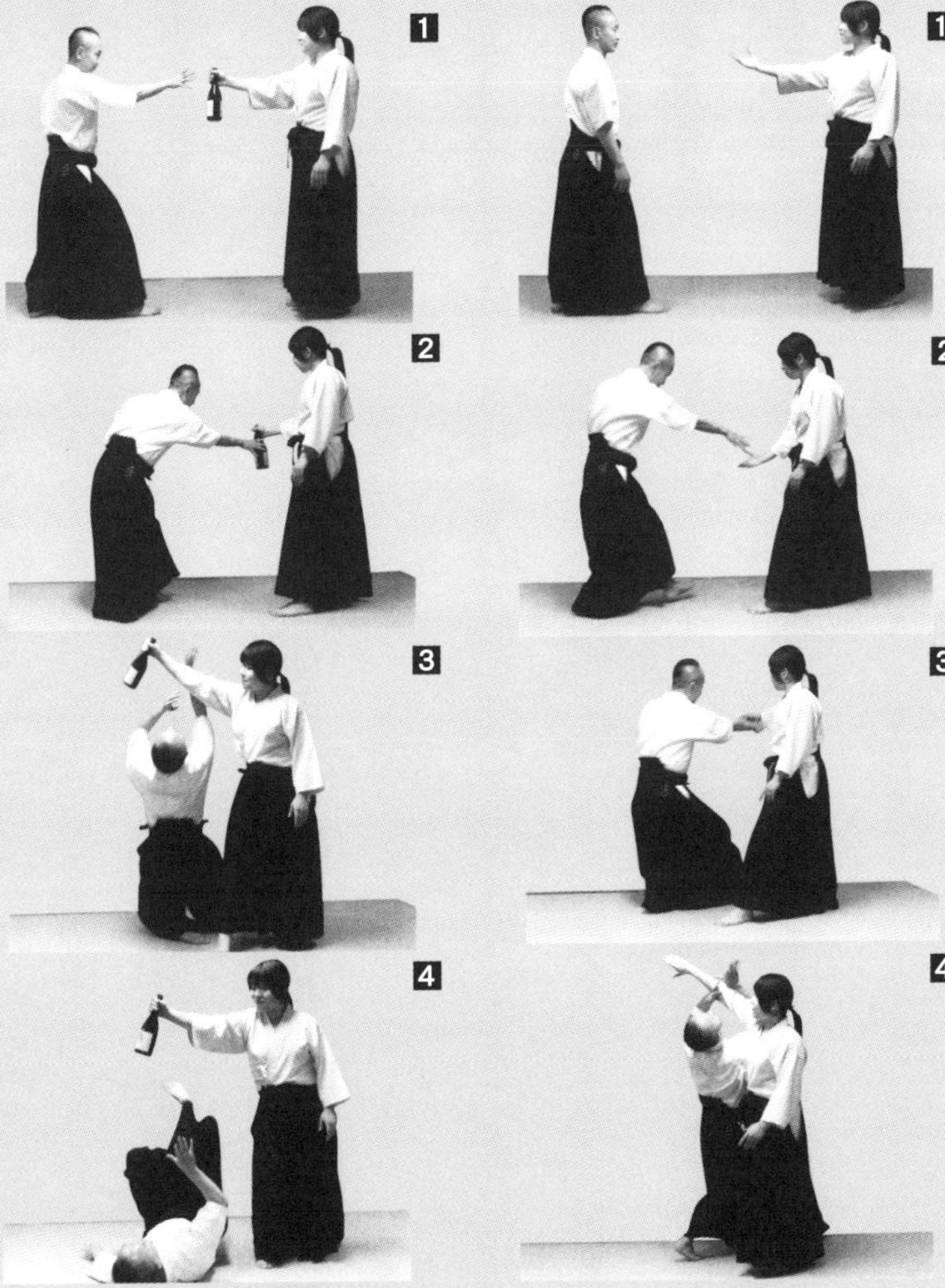

1　1

2　2

3　3

4　4

それで誘っただけで倒してしまったわけである。
これを普通の技として示せば次のようになる。

○綾手捕廻し投げ

1捕、右手を前方に突き出す。

2受、捕の右手を右手にて掴もうとする。

3～4受が掴むか掴まないかの距離を保ちつつ右手の力を抜いて、下方より上方に廻して受を仰向けに倒す。

これは餌を見せながらも、その餌に食いつかせることをせず、そのままの状態で相手を導いて投げるのである。

武器術への応用

「餌之伝」は、杖や剣においても用いられる。いくつか見てみよう。

○杖による投げ1

1捕、右半身で杖を前に突き出す。

2受、右半身にて、両手で杖の先端を握る。

3～4捕、左、右と足を進めつつ、受が杖を持った右手のところを支点として、左手で取っている杖先端を受の後方に廻して、仰向けに倒す。

杖で攻撃せず、あえて取れるように相手の前に突き出すのだ。杖を用いるならば、その杖で相手を叩いたほうがわざわざ投げ技をかけるよりもよさそうであるが、それも状況によることで、投げる方向を他の敵のいる方向にすることで、多敵にも対することができるし、また杖を強く当てれば、手首が折れたり、頭などであれば死に至ることもあり、あえて傷つけたくない場合などにはこうした投げ

杖による投げ1

テコの原理を使うことで、かなり強力な相手でも無理なく倒すことができる。合気道の演武でもお馴染みであろう。

技を用いることもありうるのだ。もっとも、攻撃して、それを避けたり受けたりするのを技に掛けてもよい。この場合には、その攻撃自体が餌となる。

○杖による投げ2

1捕、受、対峙し、捕、受の胴を杖にて突く。

2受、右足を引いて、杖を避け、その杖を両手にて掴む。

3〜**4**捕、杖に巻きを入れるようにしてさらに突き出して受を後方に倒す。

杖による投げ2

受は本来、捕らえた杖を逆利用して捕を倒そうと仕掛けてくる。その動きに乗じ、捕はさらに捻じ込むように突き進んで受を突き倒すことができる。

1

2

3

4

杖による固め

杖を捕らえた受の力が更に強力である場合など、杖にこだわることなく、当てと「四ヶ条」を直接受へ掛ける。その痛みは受にとって意外なものであるだけに、身も心も崩れを起こす。そのまま杖で肘を極めて固めてしまう。

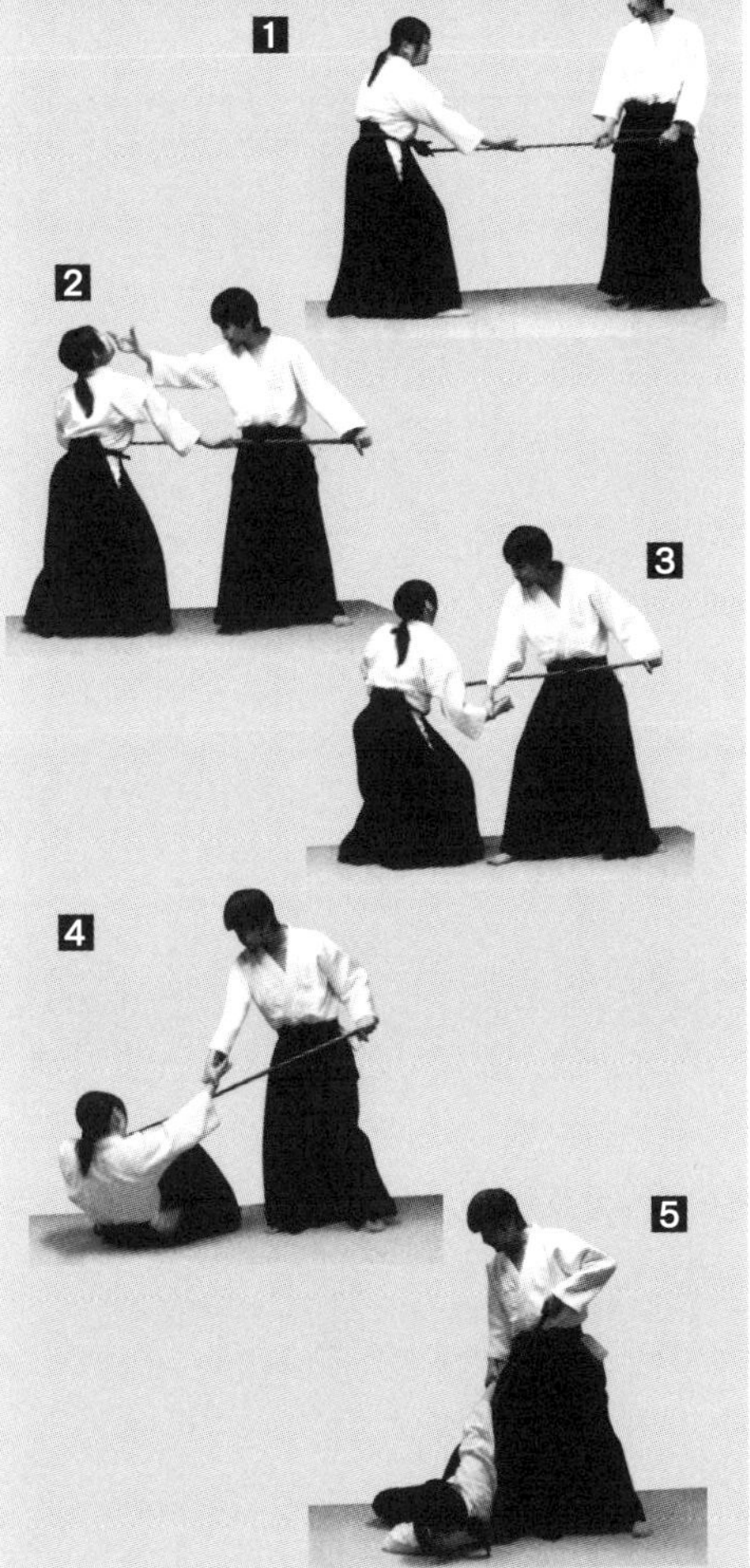

1 2 3 4 5

1において突いていくが、これはあくまで餌であり、その突きで相手を突き倒すほどに思い切りは突かない。2において受がそれを掴んだときに、受が杖の力を後方に流すよりも少し早く、捻じるようにして突いて行って受を倒すのである。

○杖による固め

1捕、受、対峙し、捕、右半身にて杖を突き出す。受、スーッと進んで、左手にて先端、右手にて中央部を握る。

2捕、右手は離して、その右手にて受の顔に当て。

3～4次いで、右手にて受の右手首を握り、「四ヶ条」にて手首を極め、受を仰向けに倒す。

5次いで、受の右肘を杖に当てて極め固める。

これも1が餌を与えたところである。2にて受は杖を握ってきたが、捕がそのままの状態であれば、受は「杖による投げ1」の投げで捕を投げることができる。しかし、次いで捕はほとんど杖を持たず当てを入れて受を崩し、「四ヶ条」を掛けて倒して極めるのである。

次は合気二刀剣における「餌之伝」の利用をみてみよう。

○合気二刀剣

1～3受、右手に小太刀を持ち、捕に対して袈裟斬り。捕、身を捌きつつ「四方投げ」にて捕を倒し、受の小太刀を右手に取る。

4次いで、その小太刀を左手に握り、受に切っ先を向け、右手にて自分の小太刀を抜いて右斜め上に構える。

5受、右手にて受の左手の小太刀を払い、捕の背後に飛び込もうとする。

6捕、右手の小太刀にて、受を斬る。

1は受が突然、捕に斬りかかってきたという設定だ。この場合においても、わざと斬りかかる隙を捕が作っているのならば、それが餌になる。切りかかってきたのを避けて、受を「四方投げ」で倒し、小太刀を取り上げ、捕は「突然切りかかってきたのは誤解ではないのか」と尋ねつつ、3においてわざと左手の小太刀を受が払えるような位置に突き出す。これが餌になっている。もし単なる勘違いな

合気二刀剣

相手の小太刀を取り上げて二刀剣となす。受の袈裟斬りを右に捌きつつ腕を捕らえ、身を翻して（このとき受の膝を受の小太刀で斬り上げる）「四方投げ」に投げるのが写真1〜3の展開。取り上げた小太刀を目の前にかざすことで、受の意志を確かめる所作は、大東流で相手を固めた際、大きく手刀を振りかざす所作に通じる「不殺の極意」であり、「道」に則ることでもある。

1

4

2

5

3

6

らば、そこで謝るであろうが、そうでなければ、その小太刀を払い、さらに攻撃を加えようとしてくる。

4のときに、捕はあくまで軽く小太刀を握っている。そうでなければ、受に小太刀の先を払われたときに自分の体勢が崩れて、右の小太刀も使うことができなくなるからである。そして受が左手の小太刀を払ってきたときに、逆らわずにそれを払わせ、自分は体勢を崩すことなく、右手の小太刀で受を斬るのである。

〝太公望〟問答と「餌之伝」の心法

ここまで「海幸彦之伝」として、釣に関わる言葉でありながら、大東流の技法の口伝ともなるところの幾つかの伝を説明してきたが、釣りといえば、古王朝周代の太公望（たいこうぼう）が有名だ。太公望は釣りが好きで渭水（いすい）で釣りをしていたが、そこに周の文王がやってきて「これぞわが太公（祖父）が待ち望んでいた人物である」と言われ召し抱えられた。この故事にちなみ、釣り好きを「太公望」と呼ぶ。その太公望の書とされるものに、『六韜（りくとう）』という「文韜」・「武韜」・「竜韜」・「虎韜」・「豹韜」・「犬韜」の六巻六〇編からなる兵法書がある。その「文韜」にはこのような話がのっている。

文王が狩りに行こうとしたとき、史編が占って言った。

「渭水の北で狩りをすれば、大きな収穫があります。それは竜でもなく、蛟（みずち）でもなく、虎でもなく、熊でもありません。有能な人物を得るという兆しがございます。天が王に師を遣わし、王の補佐をさせ、

しかも、その人物による補佐は、三代にまで及びます」

文王は言った。

「前にも、そのような兆しが出たことはあるか」

史編は答えた。

「私の先祖の史疇（しちゅう）が、その仕えていた舜（しゅん）（古代の名君の一人）のために占って、皐陶（こうよう）という名臣を得ましたが、この兆しも、その兆しと同じでございます」

文王はそこで、三日間にわたり身を清めて狩りの車に乗り、そして馬を走らせて、渭水の北で狩りをした。そして遂に、茣蓙に座り、釣りをする太公望に出会った。そこで文王は尋ねた。

「あなたは、釣りを楽しんでいるのですか」

太公望は答えた。

「君子は、その志を実現することを楽しみ、小人は、仕事に成功することを楽しむが、私が釣りをするのも、それにはなはだ似たところがある」

文王は尋ねた。

「どんなところが似ているというのですか」

太公望は答えた。

「釣りには、三つのはかりごとが含まれている。魚を釣るのに餌を使うが、それは人材を雇うために給料を使うのと同じである。魚は餌につられて命をなくすが、それは人材が高い給料のために命がけで働くのと同じである。魚は魚の種類によって使い方が異なるが、それは人材の才能によって役職が異なるのと同じである。そもそも釣りは魚をとるためのものだが、そこには深い真実が含まれ、もっと応用がきくものなのだ」

そして更に、王の質問に答えて、太公望は次のように答えたのである。

「釣り糸が細くて餌がよく見えていれば、小魚が食いつき、釣り糸の太さが中くらいで餌が芳(かんば)しければ、中くらいの魚が食いつき、釣り糸が太くて餌が大きければ、大きな魚が食いついてくる。

そもそも魚が餌に食いつくと、糸に引っ張られて逃げられないが、これと同じように、人も祿米を食めば、君主に服従するようになる。だから、餌を使って魚を釣れば、魚を殺して食べられるし、地位や給料を使って人を釣れば、人を精一杯まで使える。家族を使って国を釣れば、国を我が物にできるし、国を使って天下を釣れば、天下すべてを手中にできる」

と右のように答えたのである。とすれば「餌之伝」の伝は、天下を取ることさえも可能な大きな伝であり、大東流を学ぶ人々もそうした気持ちでこの伝を用いてほしいものだ。

ただ心すべきは、このあとで太公望は「天下は一人のものではなく、みんなのものだ。天下の利をみんなで分け合うようにすれば、天下を手に入れられるが、天下の利を独り占めにすれば、天下を失う」と語って、人が道（ＴＡＯ）に則ることの大切さを説いていることだ。

大東流において、その身体が道に則った動きができなければ、「餌之伝」だけ知ってもだめなように、人生においても「餌之伝」だけではだめで、道に則った行動をしなければ、最後には天下を失うことも知らなければならないだろう。

第二十章 帯位之伝—帯の位置にて技を施す

崩しの妙味は帯を目印に

帯は、胴のまわりに巻いて衣服の前開きを防ぐためのものである。武道をする人に関していうならば、道着の上に結ぶ白帯、あるいは黒帯などである。「帯位之伝」とは、〝その帯の位置に手をおいて技を施せ〟という伝である。自らの帯の辺りで技をなせば、自らの力を十分に発揮できるし、また相手のその辺りで技をなす場合においては相手を崩しやすい長所がある。

ちなみに、「帯」は、衣服発達史の上からみると、衣服を着用する以前から用いられており、必ずしも衣服の前開きを防ぐためのものではなかった。性的呪術の一つとして、帯で腰を締めて結び、性器を保護し、男女を区別し、あるいは結婚しているか否かを表し、また腰の装飾のためにも用いられた。呪術といえば、現在でも、妊婦の岩田帯のように、安産を祈願して用いられるものもある。

古墳時代の埴輪（はにわ）が締めている帯は、上衣の胴に一重に巻き、前または脇で結んでいる。男性の埴輪では、この帯に剣などを下げ、庶民は農具をさしたりしている。このように、呪術以外では、腰にものを帯びることを目的とし、これに武器のみならず獲物などをもぶらさげ、両手の自由を確保したようだ。

なぜ胴の周りに帯を巻き、そこに武器や獲物をぶら下げたか。その位置が手で支えやすいとか、扱いやすいとかの理由もあるであろうが、おそらく胴の周りは身体の中心に近く、そして、人間の力というものは身体の中心に近いほど、労少なくしてその力が出しやすいからであろう。よって、大東流の技においても、できるだけ意識してその辺りで行うように指示されているものが少なくないのである。

では、これからいくつかの技における「帯位之伝」の応用を見てみることにしよう。

○正面打ち一ヶ条

❶受、捕、対峙し、受、右手刀にて正面打ち。捕、右足を踏みだし、右手刀にて受の右手首、左手刀にて肘を受ける。
❷次いで受の臂を受の顔に当てるようにして、受を崩す。
❸さらに、受の右手首を右手にて右腰のところに引き、左手は伸ばして受の右肘を極める。
❹～❺次いで、相手をうつ伏せとして、肘を極め固める。

この技においては、3の「受の右手首を右手にて右腰のところに引き」というところが「帯位之伝」に関わるところである。右腰の帯の位置に受の右手首を固定して、左手は伸ばして受の肘を極めるのである。よく左手の肘は伸ばしていても（伸ばさずに極めようとするのは論外）、右の手が腰より下にいっていたり、あるいは上にいっているために肘が少しも極まってなかったりすることがあるので要

正面打ち一ヶ条

相手の腕（この場合、右腕）をコントロールするこちらの両手は、微妙なギャップを伴って同時に動くので、どこかに基準を設けないと、動きの中で極めが弛んでしまう。相手の手首を取った右手を帯（腰）の位置に固定することで、逆関節極めにおける基準点を得る効果もある。

1

2

3

4

5

注意である。

○綾手捕三ヶ条より「柱立て」

1受、捕の右手を右手にて掴む。

2捕、右掌を天に向けるように返し、左手にて受の右手の魚腹（小指付け根の肉厚部）を掴む。

3さらに右手を手解きし、受の右掌に添えて上げ極める。

4次いで、右足を受の前方に進めつつ、右手にて受の顎に当て。

5次いで、右手を受の右肘に添え、左手で掴んだ受の右手を腰のほうに引きつつ、うつ伏せに倒す。

6次いで、受の右手を伸ばしたまま、左足を受の肩と首の間に、受の右手に絡ませるようにして踏み込み、「無手捕」となす。

5の「左手で掴んだ受の右手を腰のほうに引き」というところが「帯位之伝」に関わるところである。左手は帯のほうに引き、肘に添えた右手は伸ばすことによって、受はその肘を極められて倒れるのである。勿論、右手を添えなくとも、単に左手を鞭を振るうかのように使って受を倒すといった技術もある。あくまで、各種の口伝は、ある状況ではその口伝を用いるとやりやすいということであり、そのような口伝は使用しなくとも私にはできるという人においては、必ずしも必要はないのである。

綾手捕三ヶ条より「柱立て」

前半の立ち極めの部分が綾手捕(右手で右手、左手で左手を捕ること)に対する「三ヶ条」、最後の足による固め技が「柱立て」である。まだ不安定な状態での逆関節技から、完全な固め技に至る大きな崩しに「帯位之伝」が使用されている。

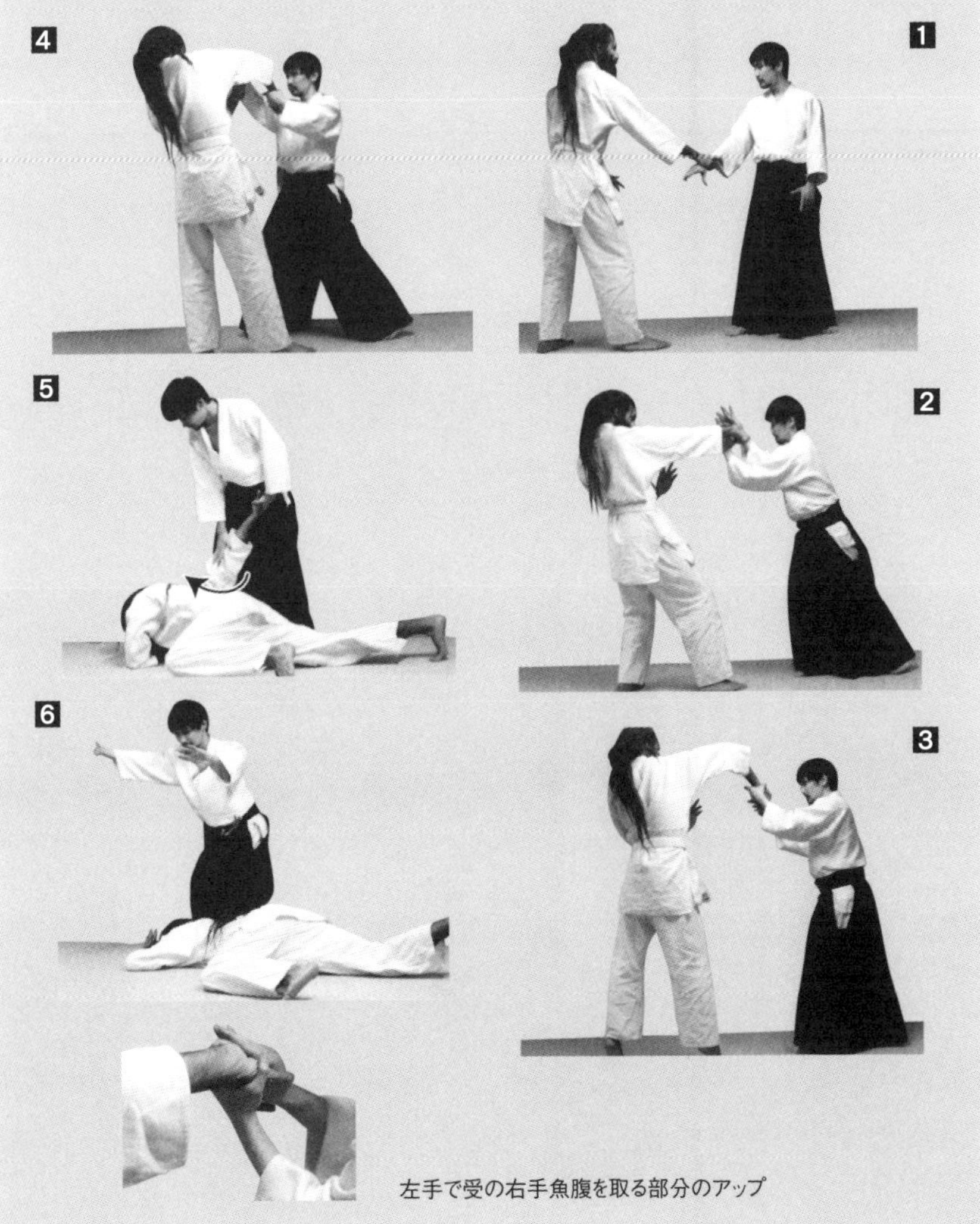

左手で受の右手魚腹を取る部分のアップ

○「四方投げ」から「引き絞り」

1受、右半身にて捕の左手を握る。

2捕、右手の小指を受の右手首に掛けて引き寄せるようにし、左手を腰に付け、掌を受に向けるようにして受の右手首を極める。

3～**4**次いで、左足を右斜め前に踏み込み、一八〇度廻転して、受を仰向けに倒す。

5次いで、そのまま手を放さず、受に跨(また)がるようにして、右足にて受の左手を踏み極め、右手を引き絞って極める。

「四方投げ」から「引き絞り」

古流柔術では、相手の「帯捕り」（相撲でいう「前褌」）に対する技法として、同様の逆技が比較的多く見られる。相撲でいう「閂（かんぬき）」であり、腰からの力をダイレクトに相手の腕（肘）逆に用いる。

この「四方投げ」においては、2において「帯位之伝」を用いている。「左手を腰に付け」というのがそれである。より詳しく説明すると、「左手を腰に付け」た後、さらに腰を前方に突き出すようにする。「掌を受に向けるようにして受の右手首を極める」場合に、必ずしも、その手の位置を腰にまで持ってくる必要はない。だが、相手の力が強い場合には、帯の位置でないとこの技は掛けづらいのである。

もっとも、「四方投げ」を施すのに、必ずしもこのように受の手首を極めてから掛ける必要もない。他にいくらでも技法はある。それこそ合気道系統の会の多くでは、「そのような技は危ないからやめなさい」と注意されることであろう。とはいえ、こうすることによって受の肘は伸びきり、返し技を掛ける余裕はなくなるのである。使う使わないは抜きにして、このような技法も知っておく必要はあろうかと思う。

瞬間的な力の発生源

ここで少し趣向を変えて、「突き」における「帯位之伝」の応用を見てみることにしよう。

○突き

1受、両手を両脇、捕、両手を帯の辺りにおいて対座する。

2受、構えて、捕を打とうとする。

3捕、帯の辺りに位置していた手で、そのまま受の腹を突く。

突き

この場合、相手の二挙動に対して一挙動のこちらが速いのは当然といえば当然。ただ、帯（腰）から出した拳は体重を乗せやすく、動作のタメを作らなくとも、十分な威力が見込める点は挙げられるだろう。ここでは両者正座として下半身の勢いを使えない条件下だが、右の捕の動きが安定して突きの威力を保っていることが見て取れる。

1

2

3

ここで注意すべきことは、神社の神主などにおいては、笏（しゃく）などを持ったその両手は、普段は帯の辺りに置かれていることである。初めてその姿勢に接したとき、神道というものは自然に随順するというようなことをいいながら、肘を張る感じの、なんとも不自然な格好をしているのだろうかと疑問に思ったものであった。しかし、その姿勢は、両手がどの方向にも一番使いやすい状態であることに気づいたのは後のことであった。

この場合では、受は捕を攻撃するためには、突くにしろ打つにしろ、いったん手を上方に浮かせなくてはならない。だが、捕はその手をそのまま前方に突き出していけば、何の予備動作も必要なく相手を攻撃できるのである。

もっとも今どき、神主でもなければ、立っているときに腰の辺りに手を常に置いておくというのはいささか異様に感じられる。とはいえ、友人の一人でかつて喧嘩で鳴らした人物は、殴るモーションを見せると相手に避けられるので、喧嘩になりそうなときには、何気なく手を腰の辺りに引きつけておいて、そこからパンチを急激に出したが、大概の相手はそれを避けられなかったと語ってくれた。この突きにおける「帯位之伝」は、その位置において技を施すと力が出しやすく効果的であるという趣旨からは外れてしまうが、便宜上ここに一緒に説明しておく。

次は合気技法においての「帯位之伝」を見てみよう。

○綾手捕合気下げ

1受、右半身の捕の右手を右手にて掴む。

2捕、左足を受の右側に進めつつ、軽く右手首を下げつつ受の右腰のあたりに手を持っていく。

3次いで、右足を進めつつ、小指先を動かさぬようにして、

4手首、肘と前方に突き出し、受を倒す。

ここで重要なことは、帯の位置は、こちらも力が出しやすいが、相手も出しやすいということである。であるから少し工夫が必要で、捕は姿勢を正し、小指の先がだいたい帯の辺り、しかも受が力の出しづらい少し受の後方に位置する必要がある。こうすることによって、こちらは十全の力を出し、受は出し切れずに倒れるのである。

両手捕合気下げ

捕が身を寄せようと接近してくることを、受が両手を突っ張ることで防ごうとする場合の対処。相手へは近づけなくとも、自らは接触点に近づけるので、そこから腰（下半身）の大きな力で直接受を弾き飛ばす。このとき接触点をできるだけ動かさないようにするのがコツ。受は力を入れている分、固形物のように自らは力を発揮できずに倒されてしまう。

綾手捕合気下げ

「合気下げ」では両者の接触点が互いに同じ帯のあたりにあるものの、捕は受が力の出しにくい位置に踏み込むことで、一方的に技を施すことができている。

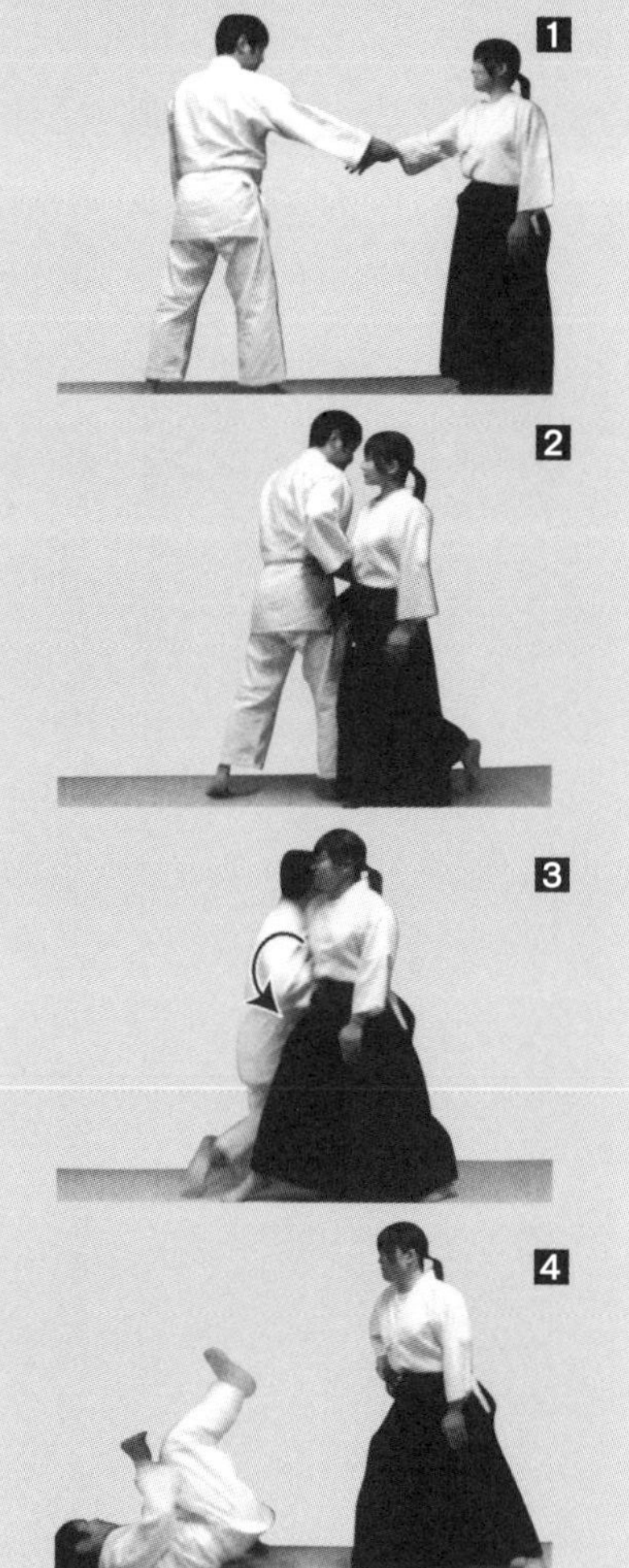

○両手捕合気下げ

1捕、手首を下げて、両手を前方に伸ばす。受、それを動けないよう両手にてしっかりと掴む。
2～3捕、右足を半歩進め、左足は継足しつつ、自らの帯の前辺りの位置にて、
4小指先を動かさぬようにして、手首、肘と前方に突き出し、受を倒す。

これは受が両手に力を入れて突っ張ってしっかりと持っている場合の技である。受が両肘、両肩の力を抜いて持っている場合には、先に説明した「綾手捕合気下げ」と同じような要領で、右足を進めつつ、両手を受の腰のあたりに手を持っていき、小指先を動かさぬようにして、手首、肘と前方に突き出し、受を倒せばよい。

問題なのは、このように両手に力を入れて突っ張ってしっかりと持たれた場合だ。初心者は、無理やり両手を受の腰の方に持って行こうとするが、それができず結果として技を掛けることができない。そうした場合には、ここで説明したように、その動けない位置にまで自分の腰を持っていき、十全な力で掛ければよいのである。受は手が伸びきっているために本来の力は発揮できず、倒れるしかないのである。

武器と素手の相関

次に杖を用いる場合に、「帯位之伝」をどのように使うかを見てみよう。

○杖による投げ1

1受、右半身にて、自然体の捕の胴を杖にて突く。

2捕、右足を引きつつ、左手にて杖の先を掴む。

3次いで、左手は左腰のほうに引き、左足を左斜め前方に出しつつ、右手にて杖の中程を掴む。

4次いで、円を描くようにして杖を廻し、受を倒す。

実はこの技は「小手返し」の応用技である。であるから、その動きは基本的に素手対素手での「小手返し」のときの動きと同じだ。ちなみに3において「帯位之伝」を用いているが、その動きで相手を崩している。

○杖による投げ2

1受、右半身にて、自然体の捕の胴を杖にて突く。

2捕、左足を左前に進め、左手にて杖の中程、右手にて先端を掴む。

3次いで、右手は腰の辺りに位置し、少し腰を右にひねって受を崩し、

4杖にて円を描くようにして受を倒す。

この杖による投げは「側方入身投げ」の応用技である。よってその動きはほぼ「側方入身投げ」と同じだ。断る必要もないだろうが、3において「右手は腰の辺りに位置」するというのが「帯位之伝」

杖による投げ１

むしろ杖を十分に突かせることで、体を捌きつつ杖の軌道をそらし、受が慌てて杖を繰り込むところを捕らえる。ゆえに次の転身は半ば受の力に乗じて、左掌の中で巧みに杖を持ち替えつつ、右手を添えて、後ろ倒しに掛けるのである。

この杖による投げは、徒手における「小手返し」と理合的にはまったく同じであり、次の「杖による投げ2」も「外方入身投げ」に相当する。

に関わるところである。

最後に『古事記』では、「帯」のことを「たらし」と呼んでいることに因んで、それを連想させる技を紹介して締めくくることにしよう。

○掴み手（四ヶ条）

1捕、受、対峙す。捕、右手にて受の顔面に当て。

2受、顔を背けて避けたときに、捕、右手にて受の左手首を掴む。

3〜**4**次いで、その手を自分の腰の辺りまで引き寄せ、「四ヶ条」にて極める。

杖による投げ2

「1」に比べると、捌いた瞬間に投げの体勢に入れる分、動作は機敏につながるが、腕だけの力に頼ると体勢十分な受は崩れない。このとき「帯位之伝」による腰の力をもって両手の操作によるテコの原理で、受の重心を一気に後方へ乗り上げていく。

この技は、相手の手首が弱ければどこで押さえようと簡単に極まるが、そうでなければ、いったん円を描くようにして丹田のほうに引き寄せ、帯の位置で極めて崩し固めるのである。この「四ヶ条」の最後は、手と手を結んでその手を垂らした姿だが、『古事記』では、結び垂らすところから、帯のことを「タラシ」といっている。古神道においては、「結び」による呪術が数多くあり、そのようなところにも言及したいところであるが、本題から外れてしまうので、「結び」という語が出たところで、そろそろ「帯位之伝」の説明を結ぶことにしよう。

掴み手（四ヶ条）

顔面への当てによって浮き上がった受の左手を捕らえ、いったん下方へ引き落として肩のあたりから上体を前方へ振り出し、下方から引き上げる形となった受の左掌を帯（腰）へつける。そのまま腰で下方へ抑えて、「四ヶ条」（手首のツボ攻め）で制する。その姿が、帯の端が腰から垂れるさまを連想させる。

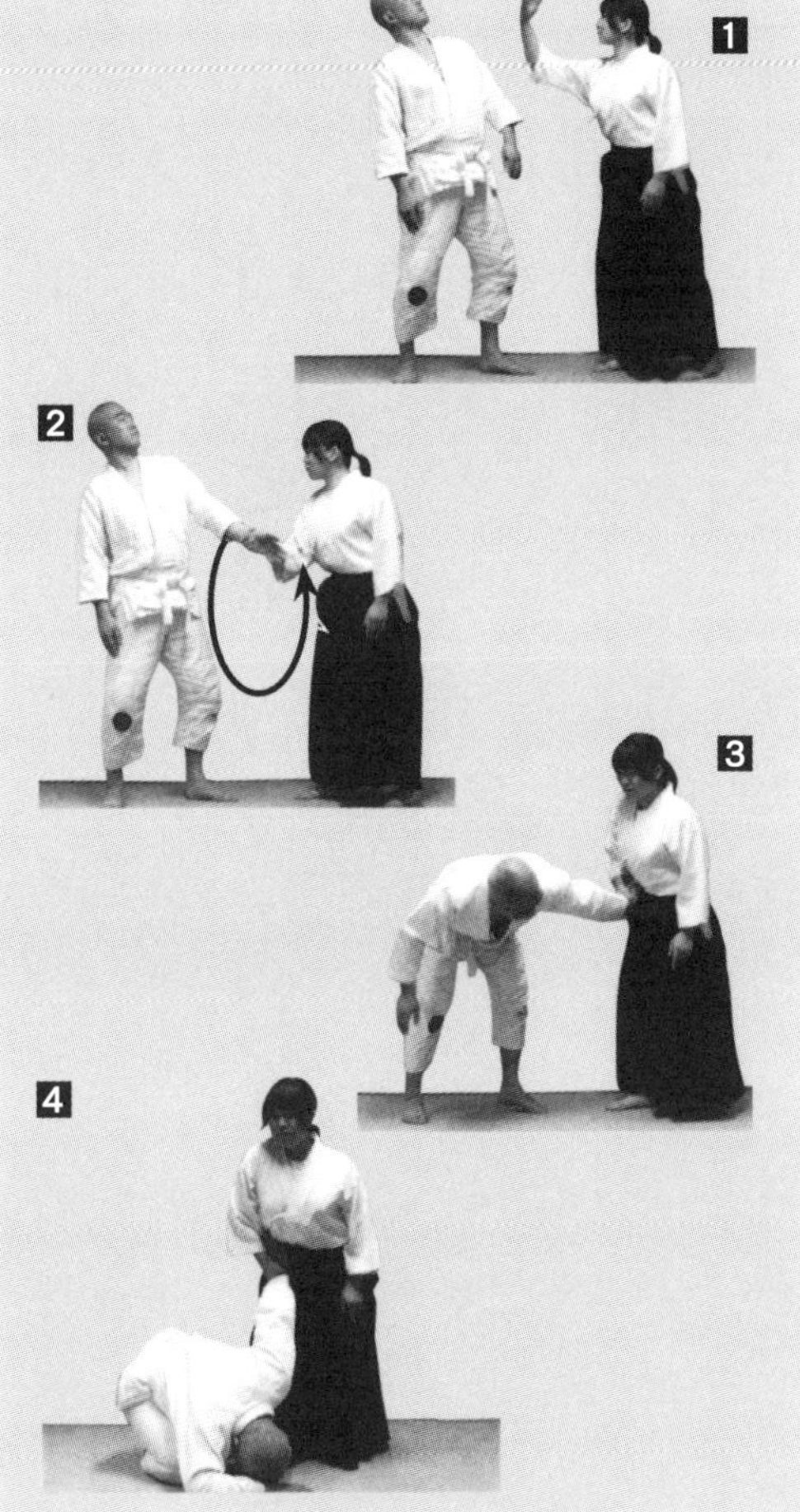

合気口伝

第二十一章　口伝適用――技に使われる口伝の数々

これまでさまざまな口伝が、それぞれどのような技に用いることができるかを説明してきた。まだ口伝は数多くあるが、そろそろこの辺で一区切りとし、まとめの意味で、本章では、もっとも基本とされる「一ヶ条」において、これまで説明してきた口伝がどのように組み合わされ総合的に用いられているかを見てみることにしよう。

結び（産霊）出す技の拡がり

東洋の神秘学・易（えき）においては、陰陽が交錯することによって万象が生じるとされ、また日本の古神道においては、結ぶことによって一切が産霊（むすび）だされると考える。同じく、大東流の技もいくつもを組み合わせ結ぶことによって、何千もの数の技ともなる。また、口伝も単独に用いるのではなく、それを組み合わせて結ぶことによって、より一層の威力を発揮することともなるのである。

ちなみに、それぞれの口伝の意味するところについては、すでに詳しくこれまで説明してきたので、本章においては、口伝の説明は、その一部あるいは簡略化したものにとどめる。そのより深い意味、多様な用い方については、これまでの章を参考にしていただきたい。

○正面打ち一ヶ条（実技は各口伝参照）

（釣糸之伝）

❶受、捕、対峙し、受、右手刀にて正面打ち。

❷捕、右足を斜め右前に踏み出し、右手刀で受の右手首、左手刀で肘を受ける。

（風角之伝）

❸次いで、受の右肘を受の右耳にぶつけるようにして受を崩す。

（帯位之伝）

❹さらに、受の右手首を右手で右腰のところに引き、左手は伸ばして受の右肘を極める。

（く乃字之伝）

❺次いで、左足を左手斜め前に進め、次いで、右足を斜め右前に進める。

（曲尺之伝）

❻次いで、両膝をつき、受をうつ伏せとし、受の右手を制する。

この技においては、まず、❶において、「釣糸之伝（つりいと）」が用いられている。「釣糸之伝」は、相手の手に釣糸がついていて、それに引かれる様に、相手の手の動きにつれて自らの手も上げていくという伝である。

この「正面打ち一ヶ条」においては、受が、右手刀で捕の頭を打とうと手刀を自分の頭上に上げようとするとき、捕は受の右手についている見えない糸に引かれるかのように、その両手を上げていき、受がこちらを打つ前にその右手を両手で抑える。

初心者などは、相手が思い切り打ってくるのを待って、ガシッとしっかりと受けて、相手の体力が勝る場合には手痛い目にあうことが多い。ここでは、相手が打とうとするやスッと入って抑えることが大切なのである。もっとも、上達してくると、かなりのスピードで思い切り打ってきたものを、自

口伝「釣糸之伝」

正面打ちにくる受が、腕を振り上げる動作に合わせ、まるで受の手先と自分の両手が見えない糸でつながっているかのごとく、吸い寄せられる心持ちで、挙げた腕を押さえに行く。

口伝「釣針之伝」

「釣糸之伝」と共に「海幸彦之伝」として総称される技法の一つ。右手の掌を滑らせることで、受の手首を掴むのではなく、引っ掛けるように扱う。この口伝を用いることで、「風角之伝」もより容易に施すことができるようになる。

1

2
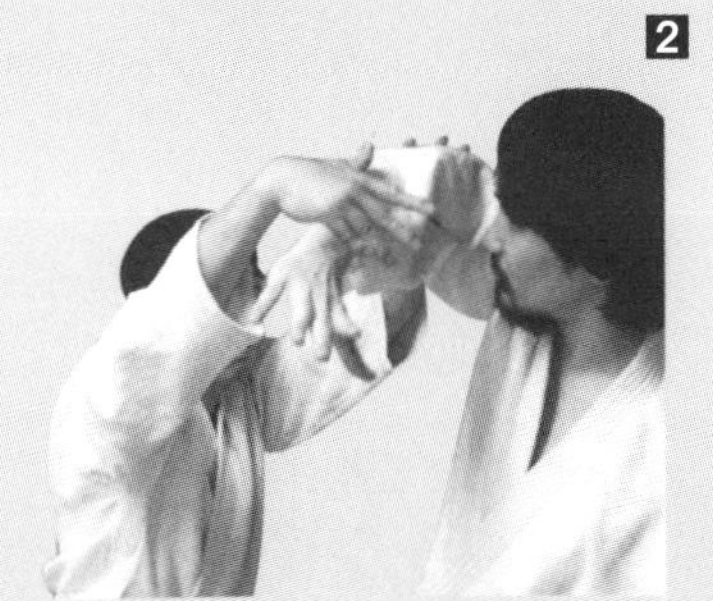

3

口伝「風角之伝」

捕らえた受の肘を、相手の耳や鼻頭へ打ち当てるようにして崩す。

1
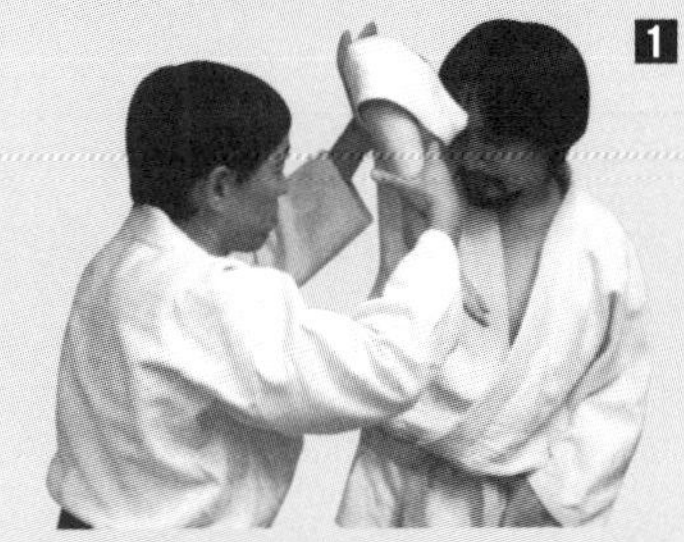

2

3

分の身体の近くで、「合気上げ」などを用いてうまく受け止めることもできるが、それはまた各人工夫してほしい。

次に、3の捕の動きにおいて「風角之伝」が用いられる。「風角之伝」とは、受の肘をその耳にぶち当てるようにして、受を崩す口伝である。もっとも、肘を受の耳にぶつけるのは、受の身体が横を向いているときであり、その顔がこちらに向いているときには、鼻にぶつけるようにして崩すことになっている。

つまり、捕は受の肘を受の耳、あるいは鼻にぶつけて受を崩すのである。既に前文において記したが、この時、受の手首をがっしりと握ってぶち当ててもあまり効果はない。「釣針之伝」などを併用してこそ「風角之伝」もその威力を発揮するのである。

「釣針之伝」とは、魚を釣るに当たって、釣り針を魚の顎に引っかけるように、技を施すに当たって、自分の指（主として小指）を相手の手首などに引っかけ、操作するという伝である。持つというのではなく、軽く引っかける感じで相手の手を扱うのである。

また、「不動乃動之伝」というものも用いる必要がある。この伝は玄修会における「造化三神之伝」（次章参照）の一部をなすもので、ある一点は不動にして動かさず、他の部分を動かすという伝で、「合気上げ」、「合気下げ」など、合気的技法においてかなり用いられる伝である。

これを「風角之伝」において用いる場合は、右手の小指で軽く受の右手首を空中のある一点に固定しておき（不動）、受の左肘を左手で軽く顔面に向かって押す（動）のである。初心者は、受の左肘を顔面に当てようとするときに、ややもすれば右手も一緒に動かしてしまう。すると受はほとんど崩れ

口伝「不動乃動之伝」

技を施す際に、ある一点は動かさずに動作するもので、玄修会の基礎にして極意とも言える「造化三神之伝」の一部をなすものでもある。「風角之伝」においては、受の手首を捕らえた右手を動かすことなく、肘だけを相手へぶつけることで（❶～❸）、初めて技が成立するのであり、①～②のように両手を押し出しては効果が少なくなってしまう。

❶

❷

❸

①

②

口伝「帯位之伝」「斎向之伝」

受の腕を極め落とす際に、捕らえた手首を帯の位置に保ち、左手で極めた肘は臍の前に置くことで、中心からの大きな力を伝えやすくしている。

ないのである。

この「一ヶ条」では、受を崩すために「風角之伝」を用いているが、同じ「一ヶ条」でも、柔術的には受の肘のツボである曲池（きょくち）、小海（しょうかい）を親指と人差し指で極めつつ肘を返して制したり、あるいは力をほとんど用いずに「三角之伝」という口伝により、相手が崩れやすい方向に受の手首を誘導して崩す場合などもある。

4の「受の右手首を右手で右腰のところに引き」というところは、「帯位之伝（たいい）」に関わるところである。「帯位之伝」とは、〝帯の位置にて技を施せ〟という口伝である。胴の周りは身体の中心に近く、そして、人間の力というものは身体の中心に近いほどその力を楽に出しやすいところから、この伝がある。

この場合においては、右腰の帯の位置に受の右手首を固定して、左手は伸ばして受の肘を極めるのである。よく左手の肘は伸ばしている（伸ばさ

口伝「く乃字之伝」

「一ヶ条」に極めた受をさらに崩すのに用いるのが、左足、右足とジグザグに歩を進める「く乃字之伝」。大きく揺さぶられた相手は、すでに死に体の状態となる。

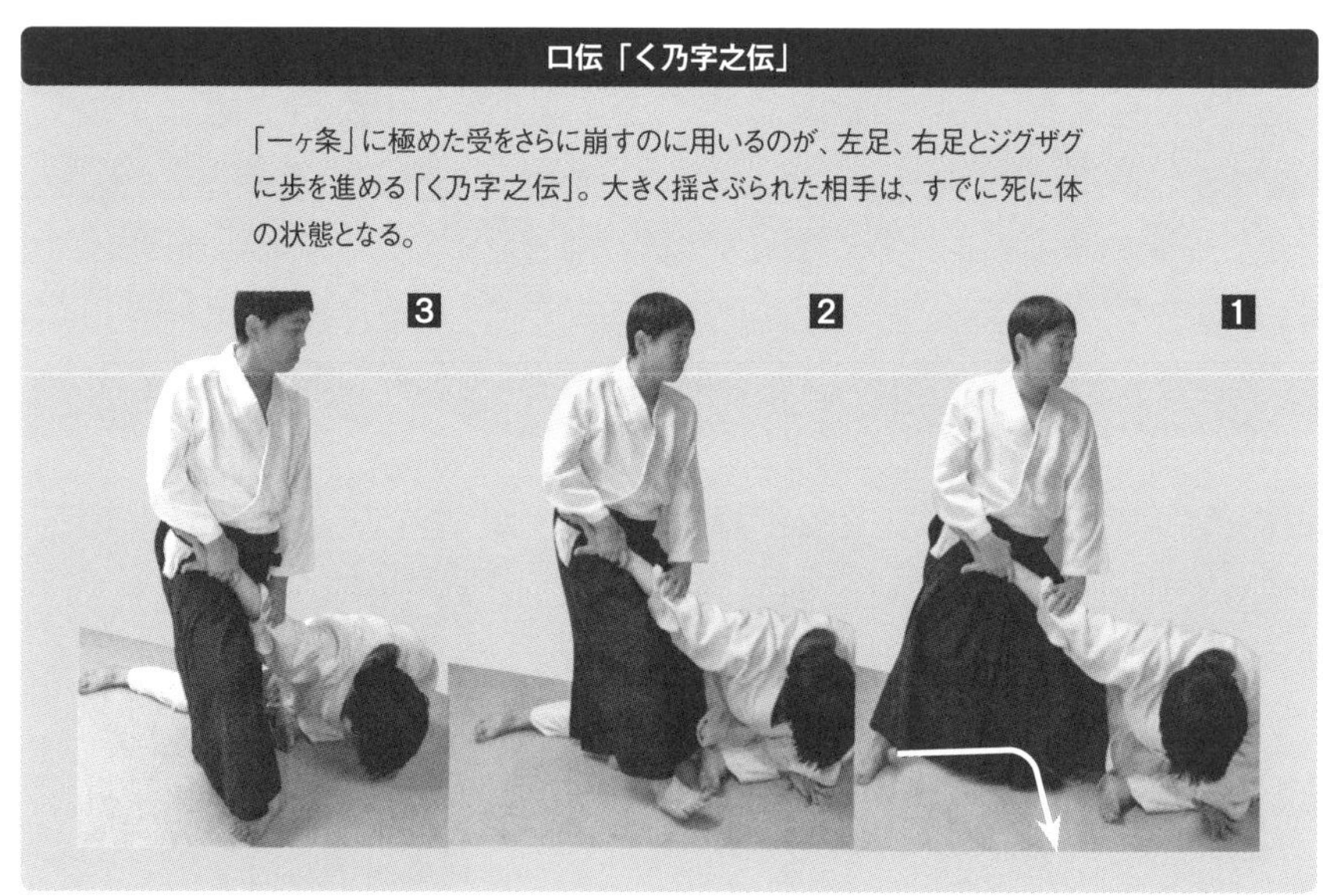

ずに極めようとするのは論外）が、右の手が腰より下だったり、あるいは上だったりしているために肘が少しも極まらない人がいるので、そのような人は「帯位之伝」を思い出す必要がある。

また、自分の力を加えたいと思う方向に自らの臍を向ける「斎向之伝」もここでは用いられている。4では、完全に腰を切り、右手は右腰、左手は臍の前にて左肘を抑えて極めているが、この時に受の肘を極める左手が自分の臍の前方になく、他の場所にあるようでは、十全な力が注がれずあまり有効ではない。

5において「左足を左手斜め前に進め、次いで右足を斜め右前に進め」るは、「く乃字之伝」に基づいている。「く乃字之伝」が教示する所は、まさに「く」の字のように足を動かし、相手を崩していく事にある。もっともその順序は上から書くのではなく、下から上に書くように足を動かすのである。つまり左足を左斜め前に動かし、次いで

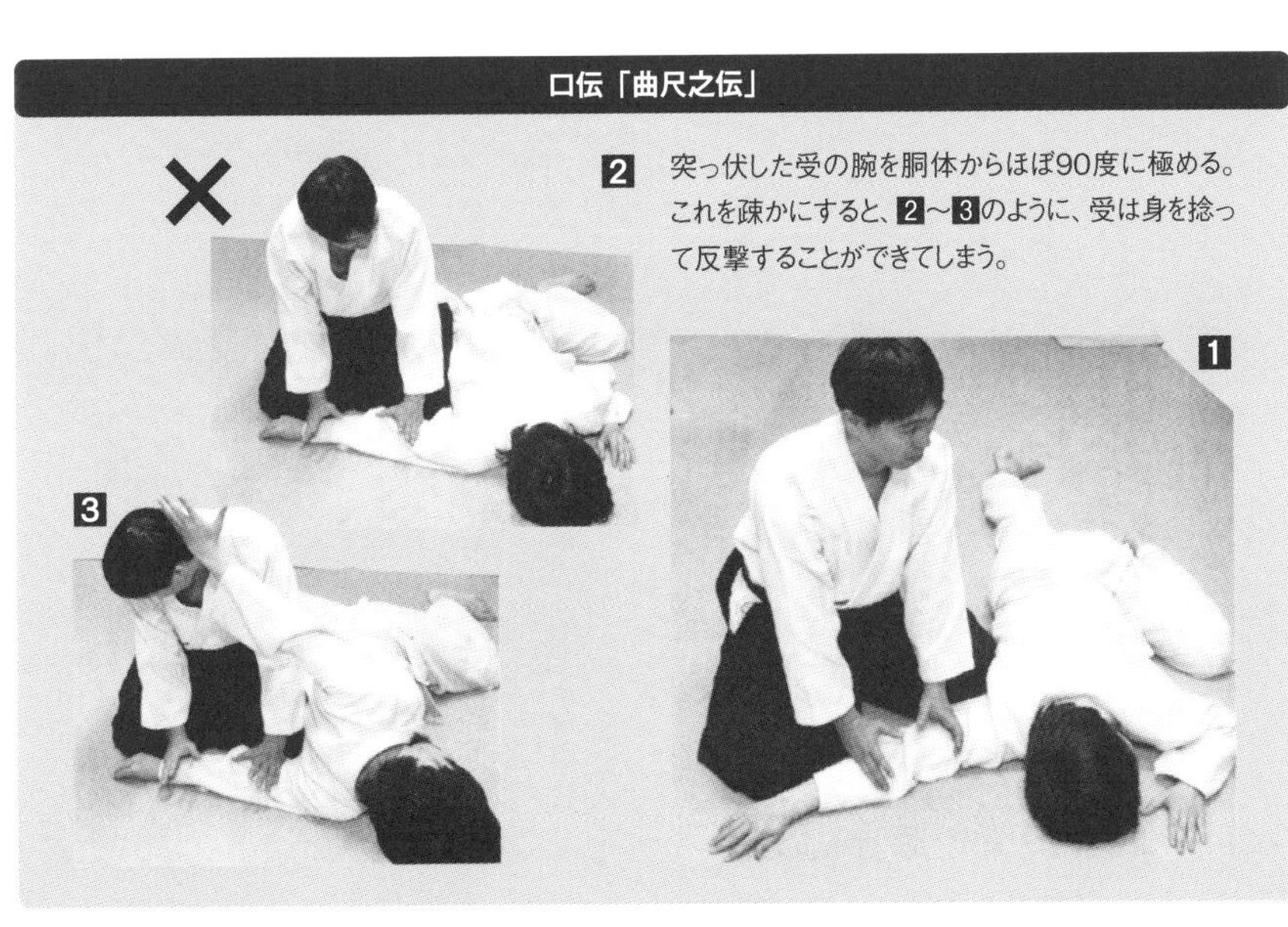

右足を右斜め前に進めるというのが、「く乃字之伝」の足の動かし方である。また、この時に相手をより有効に崩すために、やはり「斎向之伝」が用いられる。このように口伝は併用して用いられているのである。

また、2の「右足を斜め右前に踏み出し」をもこの「一ヶ条」における足捌きに加えるならば、こうした足の動きは、植芝翁などが使われていたアジロという語を用いて、「網代之伝」といったほうが良いのかもしれない。

次に、6で用いられているのが「曲尺之伝」である。「曲尺之伝」とは、捕が受を制する場合に、受の体側と腕の角度が曲尺のように直角になるようにすることをいう。もっとも相手の身体が柔軟か固いかで、その角度は少し加減され変化することになる。

ちなみに初心者が「一ヶ条」で抑えようとするとき、受の腕と脇の角度が七十～八十度くらいになってしまうことが多い。すると受は簡単に体を返して逃げれるし、捕に左手で当てを入れることも可能である。よって、腕と胴体との角度を曲尺にならって九十度にする必要があるのだ。

またこのようにして抑える場合に、左膝で受の脇下を抑え、右膝で手首のあたりを制していないと、

口伝「擦過之伝」

最後の極めに際して、手刀を下から斬り上げるように滑らすことで、受の皮膚を擦り上げ、弛みを無くす。このように「一ヶ条」一技においても、多くの口伝が絡み合うことで、技をより完璧なものとすることができる。

1

2

始めは九十度の角度で抑えていても、受が身体を近づけ、その角度を狭くして逃げられてしまうので、初心者はそうしたことにも配慮が必要だ。

ちなみに、この制するときに、右手は手首を握り、左手を肘にかけて制するのが普通ではあるが、右手刀で手首を、左手刀で二の腕を押さえて制する場合もある。そうした場合においては、「擦過之伝」を用いる。「擦過之伝」とは、こちらの力を相手に伝えるために、手刀などを相手の身体の皮膚に密着するようにして、その皮膚を擦り動かすもので、皮一枚表面の皮膚を擦り動かすことによって、その方向に相手の力と気持ちを動き導く口伝である。

もっとも、この手刀で手首と二の腕を押さえて制する場合においては、廻し切るように皮膚を限界まで擦り動かすことにより、相手が皮膚の弛みを利用して逃げることを防ぐのである。試してみれば、単に上方から手刀で制した場合とは比較にならないほど、受を制しやすいことが分かるだろう。

また、肘と手首を握っていた手を手刀に変える時には、「移香之伝」を用いる。「移香之伝」とは、〝香りがそばにあるものに自然と移るが如く、スッといつの間にか切れることなくせよ〟という口伝で、初心者は手を持ち替えるとき、手の位置を変えるときなどに、相手を制しておくことを忘れたり、弛んでしまうので、この伝がある。

さらなる「一ヶ条」での口伝展開

先ずはもっとも基本的ともいえる「正面打ち一ヶ条」において、口伝がどのように用いられているかをみたが、同じ「一ヶ条」であっても取り口が変われば、当然、用いる口伝も違ってくるわけで、既にこれまでに説明したことではあるが、煩を厭わずここに紹介する。

先ずは「浮之伝」をどう用いることができるかを見てみよう。「浮之伝」とは、基本的には指先を残すようにして不必要な力は抜いて、手首を上方に浮かせて行くという口伝である。軽やかに浮かすところから「浮之伝」の名称が生じた。

○綾手捕一ヶ条

1受、捕、対峙して、受、捕の右手を右手で押さえる。

綾手捕一ヶ条

ここでは、口伝「浮之伝」でまず受を崩した後(1～2)、口伝「陰陽之伝」でスムースに相手を崩し落として「一ヶ条」を極めている。

2捕、右手首を浮かして、左手を受の右肘に添え、軽く受の右手を引き寄せる。

3～4次いで、左手で受の右肘を下方に押さえ、右掌を返しつつ、受の右手首を右腰につけて極める。

2において「浮之伝」を用いて受を崩している。力づくで手を引く必要はなく、フワッと軽く引くだけでよいのである。3においては、「帯位之伝」「斎向之伝」などが用いられている。また引き寄せて、腰に受の手首を固定するにあたっては、「陰陽之伝」をも用いている。勿論、このあと先に記した「正面打ち一ヶ条」と同様に、「く乃字之口伝」を用いて受をうつ伏せに倒し、極めてもいいのである。

ちなみに「陰陽之伝」は、大宇宙において陰陽が交錯して一切を生じるのと同じように、その掌を陰とし、その甲の部分を陽として、陰陽を交互に顕し、様々な技をなし、その技の効果を上げるところの口伝である。この場合においては、手の甲を上にしていた手を手の平を上にする状態して、さらに受の力を出せないようにして引いて腰につけている。

また、この「綾手捕一ヶ条」は、対する相手に餌を見せつけて、こちらの術中に陥らせる口伝である「餌之伝」、また光をみせて影をとらし、実をみせて虚をとらせるところの伝である「影虚（えいきょ）之伝」などを用いてもよい。

1～2は、「陰陽之伝」のアップ。なお、1であらかじめ右手を出して相手を誘えば、「餌之伝」、あるいは捕られる瞬間に手首を内側へ返して、後の手首返しの作りを行えば「影虚之伝」となる。

次は「猫乃手之伝」を「一ヶ条」でどう用いるかをみてみよう。大東流では、手を軽やかに結ぶ技法を「猫乃手之伝」といい、基本的には、返し技や、相手に手をしっかりと握られた場合に用いるところの口伝の一つである。

○片手捕腕拉ぎ

❶受、捕の右手を左手でしっかりと抑える。

❷捕、右手を軽く結び、手首を曲げて、くるりと廻して右拳を受の左手にかける。

❸～❹次いで、左手で受の左手甲を抑え、右肘にて受の肘を抑え極める。

ここでは、❷において「猫乃手之伝」を用いているが、相手の力、あるいは持ちかた如何によっては、右手を軽く結び、手首を曲げただけでは、くるりと廻して右拳を受の左手にかけることができないこともある。その場合には、いったん逆のほうに手首を廻して、それから本来廻したい方向に廻すと廻しやすい。開掌のときとは違い、手解きとはならず、相手に手をもたせたままで、しかもくるくると自在に廻せるところが「猫乃手之伝」のよさなのである。もっともこの「片手捕一ヶ条」は、「浮之伝」を用いても勿論できるし、自分の力や相手の力を誘導したい方向に指を向けていく「指南之伝」を用いても可能である。つまり、捕は右手の掌を外に向け、指先を受の首のほうに向けるようにして、受を崩してから掛けてもよいのである。

また「猫乃手之伝」自体も、単に「片手捕」のみに用いることができるというだけではなく、「綾手捕」、「両手捕」、「諸手捕」においても用いることができるので、どの口伝も応用ということを忘れてはならない。

片手捕腕拉ぎ

口伝「猫乃手之伝」によって、五指を結んだ拳を回転させることで（1～3）、伸ばした受の肘を肘で逆に極める（4）。結んだ球形の拳が回転をスムースにするだけでなく、受の掌との密着をも増すのがこの口伝の秘訣。

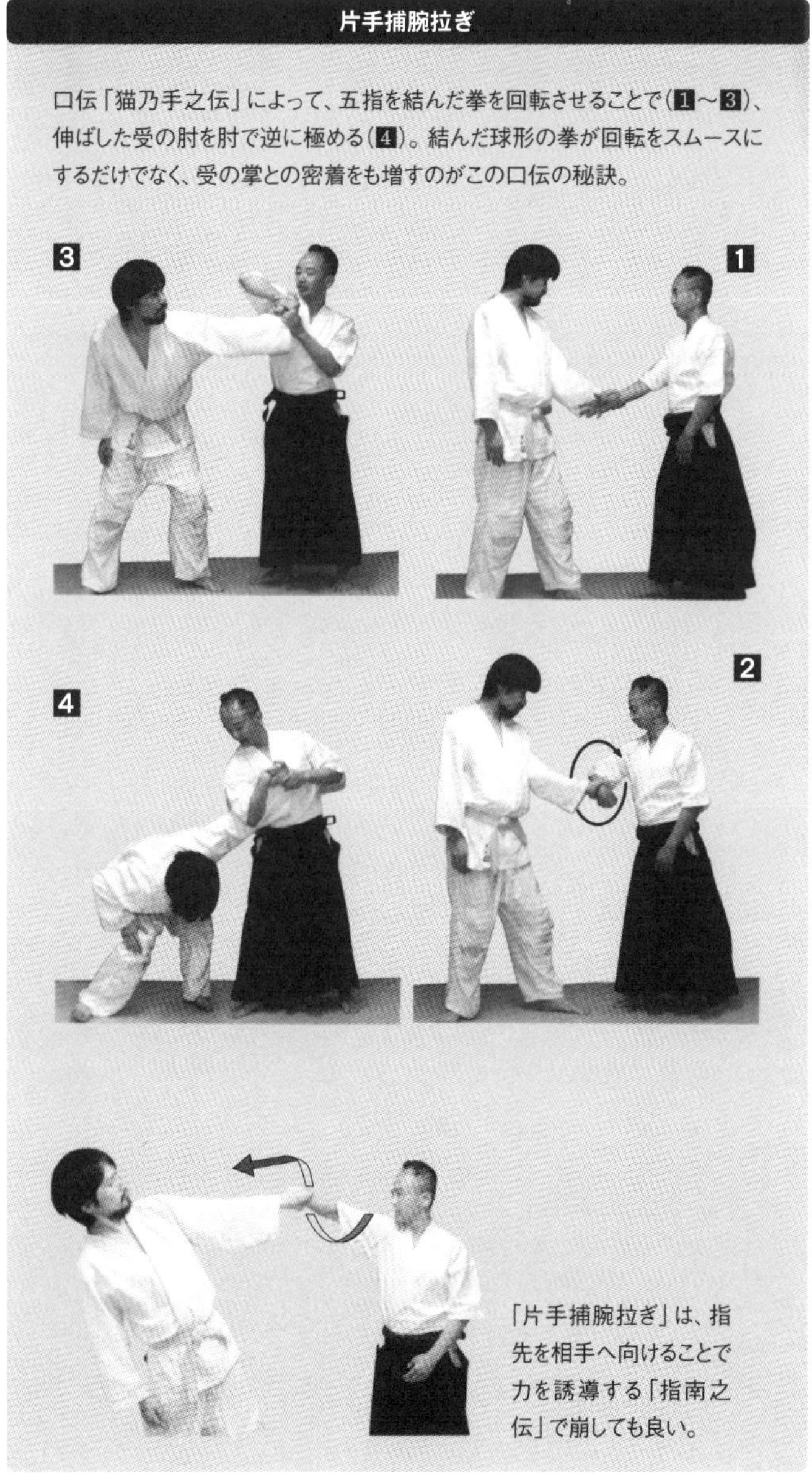

「片手捕腕拉ぎ」は、指先を相手へ向けることで力を誘導する「指南之伝」で崩しても良い。

ちなみに、円あるいは球転的な動きをなせとの口伝である「高天原之伝」、袖などを掴んで相手を倒したり、制したりする技術を伝える「野中幕之伝」、相手に手をもたれた瞬間に、勢いよく掌をパッと開き、その開掌によって、握って抑えようとする受の手の力を微妙にずらし、緊張させ、相手を制する「開掌之伝」、身体を錘として重みを相手に与えて崩す「錘之伝」なども、当然「一ヶ条」を掛けるときに用いることができるので、それぞれ工夫をしていただきたいものである。

合気口伝

最終章　造化三神之伝——密着・脱力・正しい姿勢

一切の技の根底となる口伝

本章を以てとりあえず、私が主宰する玄修会において伝授しているところの合気口伝の解義を終えることにしたいと思うが、最後に、これまで語ってきた口伝のどれを用いるにしろ、その根底としなければならないところの最も基本的な口伝を紹介したい。それを「造化三神之伝」という。

「造化三神之伝」は、「第一伝」、「第二伝」、「第三伝」と三つに分れるが、ここで紹介するのは、その「第一伝」で、初心者においても熟練者においても必ず身につけなくてはならないところの重要な口伝である。

古神道における一種のバイブルである『古事記』の冒頭には、

天地の初発の時、高天原に成りませる神の名は、天之御中主神、次に高御産巣日神、次に神産巣日神。此の三柱の神は、並独神に成り座して、隠身に座す。

と記されている。

右の文を分かりやすくいいかえれば、この世界の最初には天地も月日もなく、ただ無限の虚空が広がっているばかり、その限りない大虚空の中に先ず天之御中主神という神が、次に高御産巣日神、次に神産巣日神という実に尊い神が出現した。この神はすべて独立して存在する神で、その姿は幽玄微妙であり、肉眼を以てしては見えない隠れた存在だというのである。

この元初の神々は、古神道においては非常に重要な存在で、宇宙を主宰するとされ、「造化三神」とも呼ばれる。さて、古神道においては、この天之御中主神、高御産巣日神、神産巣日神という造化神の御名には、玄々妙々なる意が包含されているとされている。今、ここに、その玄意の一端を簡略に紹介する。

即ち天之御中主神の「みなか」は「真中」であり、それはすなわち「真」であり、「誠」であり、「正直」であり、「清明」である。高御産巣日神、神産巣日神の「産巣日」というのは「産霊」であり、「産」という字は全てのものを産むとか、生じるという意味で、なにも無いところから有るものを蒸し出すという意味である。古歌に

わが君は千代に八千代にさざれ石の巌となりて苔のむすまで

とあるが、この「むす」と同じ意味である。身近なところでは、「息子」、「娘」などという言葉があるが、これも自分が蒸し生じた子どもの意味なのである。「霊」は奇々妙々にして言葉に現すことができないほど尊いことを意味する語である。「むすび」とは陰陽の産霊であり、森羅万象の産霊であって、つまりは「生成化育産霊の道」である。男女が結ばれて、そこに新しい生命が誕生するように、この宇宙は産霊の力によって生成化育されているということを、この造化神の御名は意味しているのである。

古伝によれば、造化三神は一体にして働くものであり、その意味からいえば、「誠を尽して生成化育の道」を歩むことこそが日本古来の道なのである。そして武術こそは、日本においては神仏をあえていわずとも「誠を尽して生成化育の道」を歩むための心身のありかたを教えるものであったのである。

本章においては、締めくくりの口伝として、古神道における重要な神である造化三神に包含された玄義を合気武術の観点から見、その第一伝を紹介する。

三神に象徴される技のエッセンス

天之御中主神は「みなか」に眼目があり、宇宙の中心に座す神であり、同時に人の中心に座す神である。

高御産巣日神は、高く、健く、外に発する働きである。

神産巣日神は、噛み、噛み締める、内集する働きである。

つまり、天之御中主神は中心を維持することであり、「第一伝」においては、頭の先端中心部分である百会より垂直に陰部と肛門との中間にある会陰にまで針を突き通すが如く、両足で作った支えの中央部にまで天之御柱、地之御柱を突き立てるようにして「正しい姿勢」をなすのである。

あらゆる活動が生まれる中心である腰腹の中心点（ミナカ）に気力を充実させ、天地に根を下ろした大木、あるいは天と地との間に我一人独立する気持ちで、また天地と一体となったつもりで、構えがあって構えなく、構えがなくて構えのある天衣無縫の姿で立ち、あるいは座すのである。このようにして大地の底から発するところの力を、足、腰、背中、肩、手と伝達し、全身を円動させるのである。

高御産巣日神は、無限の彼方へと健く、高く、勢いよく力を発することであり、力を捨てることである。脱力である。全身のどこからも余分な力を捨てるのである。身体に無駄な力が入っていると、そこで力が止まってしまう。全身の力を使うためにも、次の動作を容易にするためにも余分な力を抜かなければならない。力を抜いているからこそ、必要な方向に臨機応変に力を出すことができるのである。力みを無くしてこそ、相手がどのように動こうと自由自在についていくこともできるのである。力を抜いて柔らかく動くことによってこそ、相手もその動きについてくるのである。身体を萎縮することなく伸び伸びと気を発し、正しい姿勢を保つ以外の力は抜くのである。

神産巣日神は、引き締め、内集するものであり、密着である。大地に密着して、大地から発する自分の躰動の力を相手に伝えるのだ。また、相手を崩し制するためには、自分と相手との接触点の密着が重要となる。「素抜き」、「気当て」のように、触らずして相手を投げ制する技もあるが、基本的には

接触することなしには、どの武術においても相手を制することは難しい。柔術において我が力を相手に伝えるためには言うまでもないことであるが、相手の身体と我が身体が密着していることが望ましい。この相手と自分の密着点を介して相手を誘い、あるいは相手の中心を捉えて自在に相手を崩すのである。

つまりは「造化三神之伝」の「第一伝」が示すところの基本要諦は、無駄な力を抜き、泰然自若とした正しい姿勢で大地に密着して立ち、大地より発する力を全身に連動させ、密着した部分を介して相手の力を抜き、あるいは誘い、あるいは返して、千変万化、相手を制するということにあるのだ。

造化三神の顕現と潜在

この「造化三神之伝」は、どのような技を行う場合においても必ず用いなければならないところの根本口伝であるが、前回は「一ヶ条」でどのように各種の口伝を応用するかを説明したので、ここでは「二ヶ条」で、この伝をどのように用いるかを説明しよう。

○胸捕二ヶ条

❶受、捕、座して、受、捕の胸元を右手にて掴む。

❷捕、右手に受の顔面に当て。

❸次いで右手にて脱力して受の右手首に当てを入れつつ、左膝を斜め後方に移動して受を崩す。

胸捕二ヶ条

「密着」「脱力」「正しい姿勢」の「造化三神之伝」のエッセンスを「胸捕二ヶ条」にみる。まず顕現されているのが3の「手首への当身」、4の「手首押さえ」、5〜6の「手刀極め」だ。

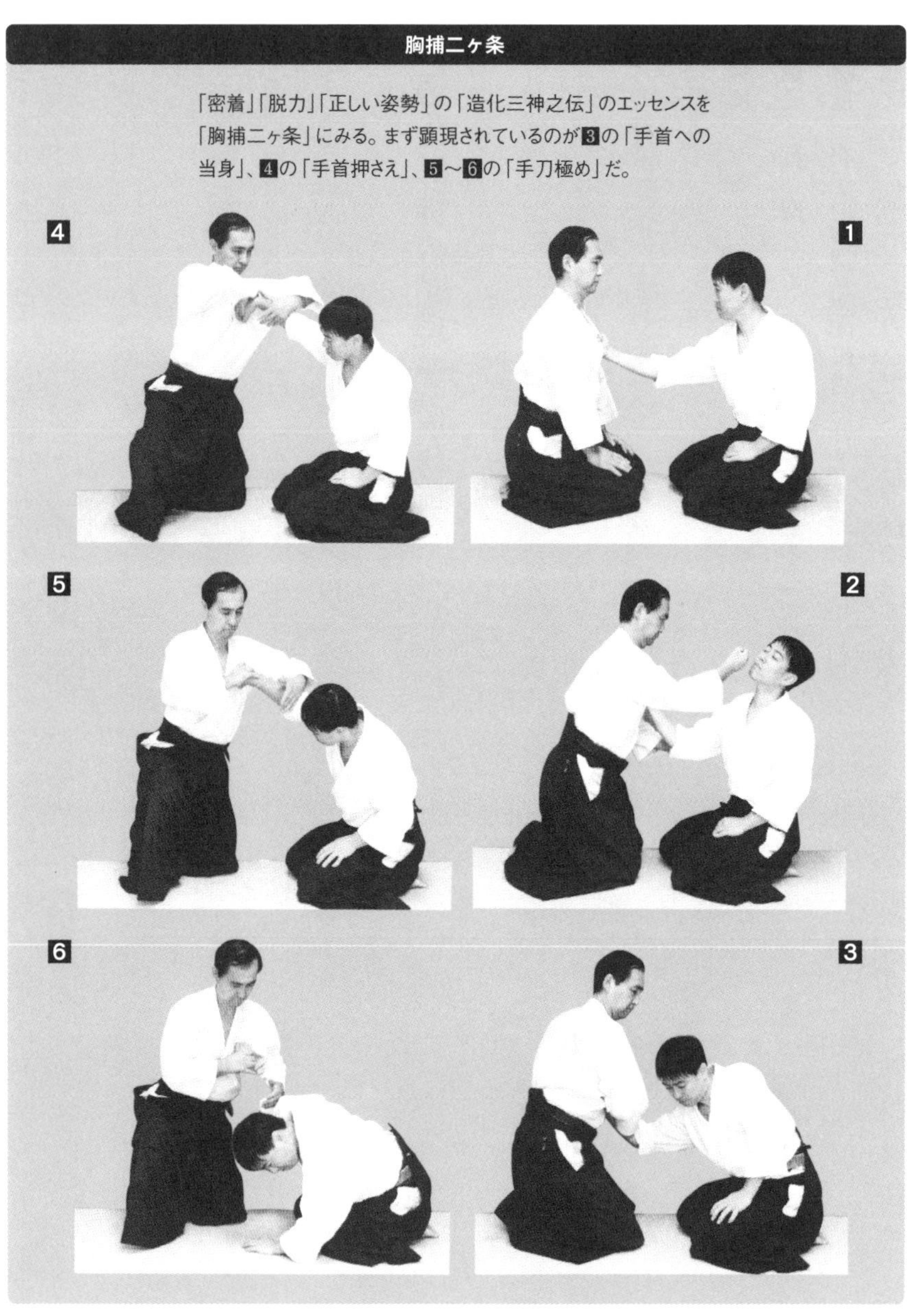

4次いで、右膝を立て、右手にて受の右手甲を掴み、胸に密着させる。
5～6次いで、姿勢を正して、左手手刀を受の右肘に掛け、脱力して重みで肘を引き寄せ、「二ヶ条」を極める。

ここでは、3において「造化三神之伝」の「高御産霊神之伝」、つまり「脱力」を用いて、受の手首に当てを入れている。これは実際に試していただくと分かるが、相手の手首などに当てを入れる場合に、なまじ力を入れて叩くよりも脱力してパシッと叩くほうが、相手には大きな打撃を与えるのである（解説①参照）。

4において「造化三神之伝」の「神産霊神之伝」、つまり「密着」を用いている。相手の手を胸に密着させることによって、手の力だけでなく、身体全体の力を相手に伝えることができるのである。であるから、密着ができていれば、わざわざ左手を使わなくとも相手を制することもできる（解説②参照）

解説①・脱力による打ち

実際にやってみれば実感できるが、1のように力んで手刀を打ち下ろされてもある程度耐えることができるが、2のように脱力した打ちは支えることができない。

2　1

5において、「造化三神之伝」の「天之御中主神之伝」、つまり「正しい姿勢」を用い、また、相手の肘に掛けた左手は脱力して「高御産霊神之伝」を用いている。ここで姿勢が崩れへっぴり腰のような感じになっていると、相手がよほど手首の弱い初心者でもない限り、「二ヶ条」を極めることは難しくなる（解説③参照）。また相手の肘を引き寄せるのになまじ力を入れると、自分の肘が上がってしまって却ってうまくない。肩、肘の力を抜いて、手刀のみに力というか気を入れて、受の肘を引き寄せるのである。

さて、このように説明すると、それ以外の場合には「造化三神之伝」を使わないのかと勘違いする方がおられるかもしれないので、断っておく。実は賢明な読者は気づかれたであろうが、「造化三神之伝」は、この技の他の処でも用いている。というよりも、「造化三神之伝」は常に用いられているというべきなのである。ただ特に意識すべきところを指摘しているだけなのだ。より細かいところをも説明をしていくと、次のように

解説②・密着による力の伝達

1のように両手を使って捻るほうが一見大きく捻れるような気がするが、相手に力を伝えるのはかえって難しい。❶〜❸のようにいったん手首を胸に押しつけることで、相手の腕に余裕がなくなり、体の力がスムースに伝わるので、左手でサポートせずとも強力な逆が掛かる。

❸ ❷ ❶ 1

なる。

先ず両者が1において座しているが、この座るという場合においても、正しい姿勢を保ち、その姿勢を保つ以外の無駄な力は一切抜いて、どっしりと膝が床に密着し、安定していなければならない。といっても、即座にはそのように座すことは人によっては難しいので、安定して座すための口訣がまた別にある。

単に腰を足の裏のほうに落として座した場合においては、足首のほうにだけ重みが掛かり、膝には重みが掛かっておらず、従って指一本でも、その額を押されると簡単に後ろに倒れてしまう（解説④参照）。そのような状態では、胸をもたれて押されたり、引かれたりするとそれだけで身体が崩れてしまい、反撃することが難しくなってしまう。

ここで登場するのが「紙一重之伝」で、腰と足の間に紙一枚ある感じで、正しい姿勢のまま、ほんの気持ち、膝に重みをかけるつもりになるのだ（立っている場合には、足裏が紙一重浮いた感じで、足の親指あた

解説③・正しい姿勢で力は流れ出す

1～2は、相手の肘を落とそうと手刀を意識するあまりへっぴり腰となり、肘が上がってかえって相手は楽となっている。まずは姿勢を正すことで全身の力みがとれ、両肘も下がるので、相手の肘にかかった手刀へ力が集中して、わずかな動作で「二ヶ条」が極まってしまう（❶～❷）。

紙一重之伝

立ち姿において踵に紙一重分の浮きを意識することで、重心が安定した位置に納まるが、正座の場合も同じ。❶はベッタリと腰を落としてしまっているために重心が背後に居着いてしまっているが、❷のように踵とお尻の間に紙一重の間隔を意識することで、重心がちょうど良い位置に移動して、軸が立つ。

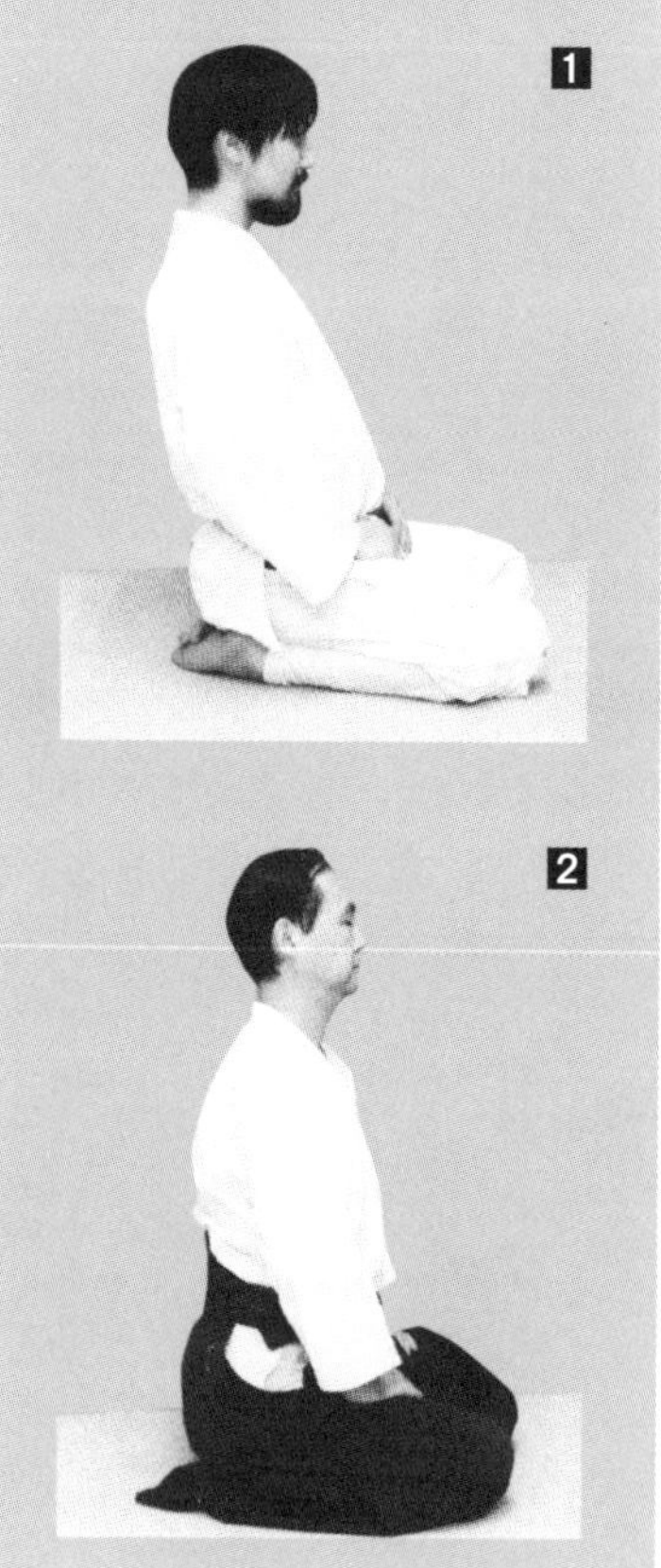

解説④・正しい姿勢の威力

ベッタリと腰が居着いている正座は、額に指を当てられて押されるだけで後方へ倒れてしまう(❶〜❷)。「紙一重之伝」で正しい姿勢を作っていれば、額を押されても容易に崩れることはなくなる(①〜②)。

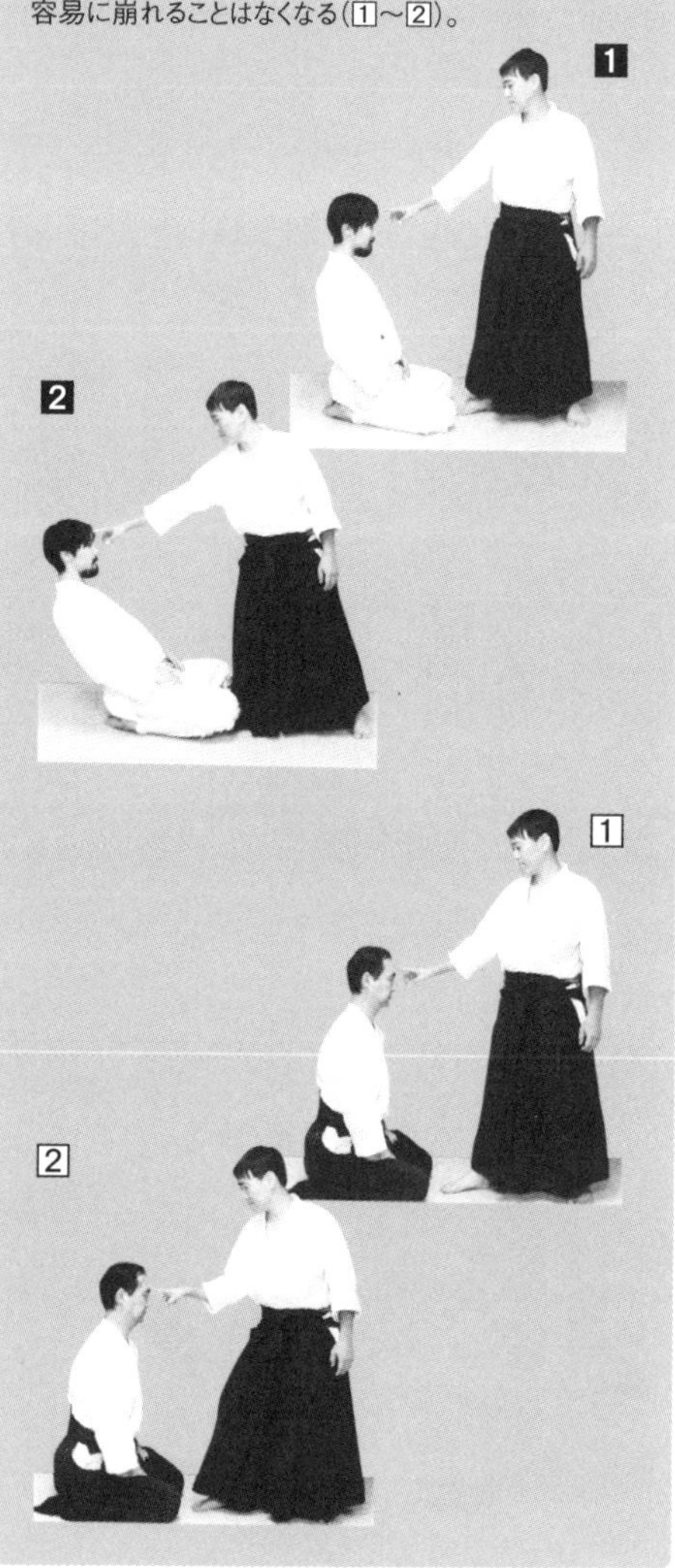

りに僅かに力がかかる)。こうすると足も痺(しび)れず、次の動作も簡単にできる。単にベタッと座ってしまっては、相手からの攻撃があった場合に、膝を進めるにも引くにも時間がかかるが、この口伝を用いて姿勢を正しくしていれば、自在に動けるのである。私自身はこの座りかたを神拝作法において学んだのであるが、能を学んでいる知人の話では、「立っている場合には、天から頭がつられていて、足の裏に和紙が一枚ある感じで立ち、座る場合においても、右膝がつき、左膝は立てているが、その場合においても和紙が一枚ある感じで座し、常にどのような所作も美しく、姿勢が崩れず自在にできるようにするのだ」と能の先生から教えられたという。なにごとにも共通するものはあるのだと思われる。

次いで、**2**における顔面への当て。これも力を入れていたら、時間がかかり、パッと瞬間的には当てづらい。そこで大東流から分れた八光流などでは、当てるというよりも、力を抜いて、手を鞭のようにして目を狙い、それによって一時的に相手の目を見えないような状態にしてしまう。つまり素早い攻撃のためにも脱力が重要なのだ。

そして左膝の移動、これも正しい姿勢ができていてこそ、その移動は楽である。右膝を床に密着させ重みをかけ、左膝は脱力して、スーッと左斜め横に動かすのである。身体に力が入っていては動きづらく、また重心が傾いて足首に重みが載っている状態では、左膝を左方に動かすのは一苦労となる。

4においては「右手にて受の右手甲を掴み、胸に密着させる」として密着のみをいい、そして**5**において「姿勢を正して」としているが、これは姿勢を正していなければ「二ヶ条」がきかないので、それを強調するためにあえて、**5**において「姿勢を正して」とした。

だが、実際のところ、**4**においても、左膝がピタリと床に密着安定し、無駄な力が抜けず、姿勢が正しくないのならば、受がこのときに反撃する気を起こし、右手で胸を強く押したりすると、捕は倒れてしまうことになる（解説⑤参照）。

4においては、これまた説明はしていないが、捕の左膝、右足裏は床に密着安定し、また、無駄な力は抜いて、受の右手を捕は胸にしっかりと密着させていることは言うまでもない。

以上のように、「造化三神之伝」の「天之御中主神之伝」（脱力）、「高御産霊神之伝」（正しい姿勢）、「神産霊神之伝」（密着）は常に用いるべきものであり、練習を繰り返すことによって、自然に自分のものとし、意識しなくとも用いているようにならなければならないのである。

もし、なにかの技がうまくできない場合には、この「造化三神之伝」のどれかが抜けているのではないかと考えてみることだ。普通の技の場合、そ

解説⑤・下肢の密着は正しい姿勢と脱力を生む

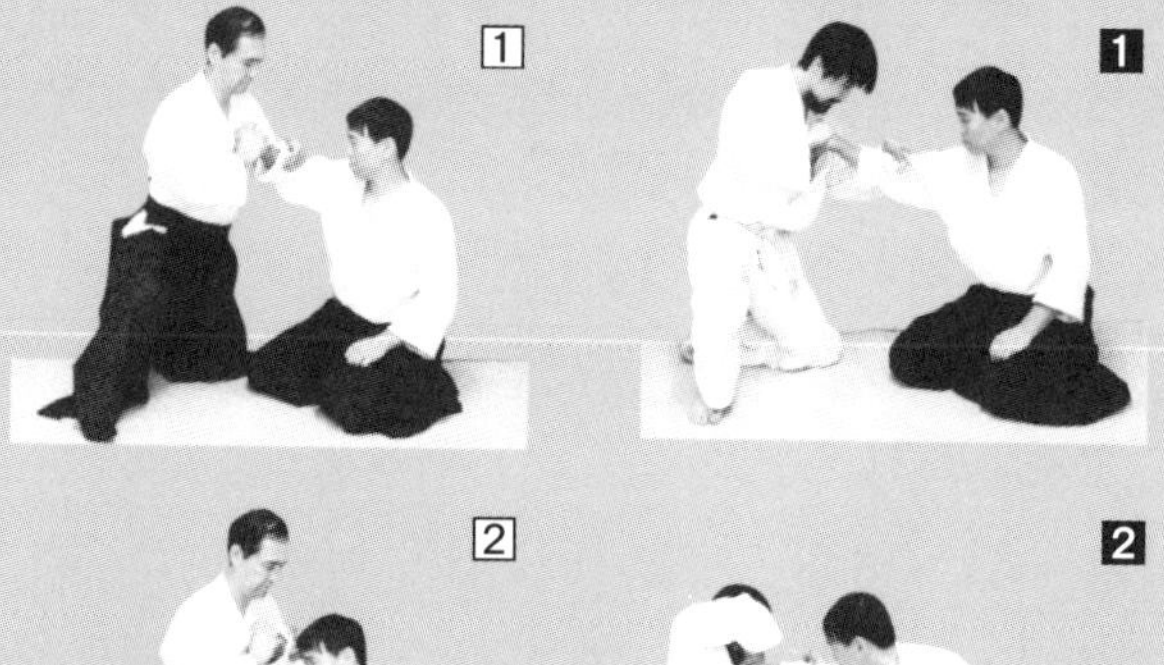

1

2

1

2

1～**2**は膝の密着が弱く、腰が浮いているために、相手の抵抗にあうと容易に崩されてしまう。膝が床に正しく密着することで、全身の脱力が生まれ、正しい姿勢で技が威力を発揮する。もっとも、「造化三神之伝」は三つが互いに生成化育していくもので、何か一つだけが大切なのではない。

れが上手くできないというのは、この「造化三神之伝」のどれかが抜けていることが多いのである。

以上、「造化三神之伝」の一端を解秘したが、「造化三神之伝」は様々の技を生成産霊なす根底となるもので、その用法は今回説明した「二ヶ条」だけではなく、「一ヶ条」、「四方投げ」、「小手返し」など、応用無尽ではあるが、それを生かせるかどうかは各自の力量創意工夫努力による。今回まで解秘した数々の口伝とともに反復精読して行間の意をも悟られ、活用せられることを祈り、筆を擱（お）く。

あとがき

大東流合気柔術玄修会
大宮司朗

本書は、本来、「大東流合気柔術口伝秘授」、もしくは「合気系武術の口伝秘授」のようなタイトルにするのが正確であるが、あまりに長く、書名に相応しくないので、簡略化して『合気口伝秘授』としたことを先ず断っておこう。

本書の内容は、十八年ほど前に、武道雑誌『秘伝』に三年半にわたって連載したものである。古参の弟子などには、「まとめて一気に読みたいのですが、あの本の出版はどうなったのですか」とよくいわれていたのであるが、今般、ようやく八幡書店から単行本として刊行する運びとなった。

当時としては、かなりのところまで合気系統の武術の口伝を公開したものと自負していたが、今読み返してみると、もう少し奥のところまで開示してもよかったかとも思える。また、この十数年において、合気系武道の各流派において、口伝や技法がかなり共有され、その結果、術技に新たな発展があった。そうしたことから、もう少し加筆すべきかとの考えもよぎり、また写真なども今見ると、姿勢の観点からだけでも変えた方がよいものもあるにはあるのだが、今回の刊行にあたっては、諸般の事情からそのままとした。

ちなみに、本書の文章は、基本的には雑誌に掲載した文章をそのまま用いたが、単行本の体裁を保つため、一部修正を行った。

もっとも、内容的には、流石に十八年も前のものであり、「密着・脱力・正しい姿勢」という、わが会で最初に教える基本的な口伝であっても、昔のものと現在のものでは、その内容に格段の深化があり、そうしたことなど、いつかまた解説したいとは思うが、ともあれ、合気道、あるいは合気道の源流である大東流系統の武道を始める人、また何年か修練した人にとっても、必ず役立ち、大きなヒントになる口伝が満載されていることは保証する次第である。

最後に、記事内容、写真の転載を快諾していただいたＢＡＢジャパン社長の東口敏郎氏に感謝申し上げたい。

また、私の主宰する「大東流合気柔術玄修会」の笠井雅弘師範をはじめ、弟子たちの協力があってこそその刊行であることも付け加えておきたい。

著者紹介

●大宮司朗

霊的環境下に生を享け、幼少の頃より霊学、古神道を研鑽し古社、霊地、霊山を歴訪し、霊格向上、神明との霊的感通に努める。太古真法（斎宮神法）、幽真界から齎された各種神法道術に通暁し、現代日本における玄学の第一人者。後進にその道筋を付けるべく著述に励む傍ら霊縁ある人々の指導に当たる。同時に惟神の武道としての大東流を長年にわたり研究、かつまた修練し、その成果として会得したところの秘伝技、また玄妙なる合氣の奥儀を直接伝授している。

現在は古神道を伝授することを主たる目的とした玄学修道会、大東流合氣柔術を教伝することを目的とした大東流合気柔術玄修会、両会の主宰者として活動。主な著書に、『太古真法玄義』『玄秘修法奥伝』『神法道術秘伝』『玄想法秘儀』『言霊玄修秘伝』『増補 霊符の呪法』『神易玄義』『真伝合気口訣奥秘』『合氣の秘傳と武術の極意』（対談：大宮司朗 × 平上信行）等がある。

大東流合気柔術玄修会伝 合気口伝秘授

2022年10月14日　初版発行

著　者　大宮司朗 ⓒ
発　行　八幡書店
　　　　東京都品川区平塚 2-1-16 KKビル5F
　　　　TEL：03-3785-0881　FAX：03-3785-0882
印　刷　平文社
製　本　難波製本

装　幀　斎藤みわこ

ISBN978-4-89350-866-9 C0075 ¥2800E

実用本位　護身用杖術の指南書

新装版 ステッキ術

江連力一郎＝著

定価 5,280 円
（本体 4,800 円+税 10%）

A5 判　並製
ソフトカバー

著者の江連（えづれ）力一郎は、尼港事件でパルチザンに殺害された同朋にかわって正義の剣をとると称し、大正 11 年、大輝丸でロシアの帆船をシージャック、配下とともにロシア人船員 16 人を殺害した大輝丸海賊事件で名を馳せた人物で、剣道五段、柔道五段、空手四段に加え、拳銃の名手でもあった。江連は、若き日に修得した金子愛蔵の「心形刀流護身杖術」をもとに、より簡便で実用的なものをと、多年にわたり研究の末に大成したステッキ術のすべてを、懲役 20 年の獄中(後に恩赦で５年で出所）で遺著として綴ったというだけあって、構え、足運び、打ち方、突き方など、写真や図をまじえての平易な解説は、ずぶの素人でも簡単にマスターできるよう工夫されている。本書をマスターすれば、誰でも杖、ステッキ、ウォーキングストック、傘などを護身用の武器に変身させることができよう。

大東流の源流？ 幻の指南書完全復刻！

天神真楊流 柔術極意教授図解

吉田千春／磯又右衛門＝著

定価 3,080 円（本体 2,800 円+税 10%）　A5 判　並製

一説には大東流の源流ともいわれ、植芝盛平も学んだ天神真楊流。本書は明治期に刊行されたその貴重指南書である。この流派の創始者・磯又右衛門（柳関斎）は、京都で一柳織部に楊心流を学ぶこと７年、さらに真之神道流の本間丈右衛門に入門し、６年足らずで奥義を究めた。諸国巡歴中、近江草津で百人余りの無頼漢と争ったとき、あて身について悟るところがあり、二流を併せて一派を立て 124 手を定めた。その全貌は本書にあますところなく開示されている。

古武道の古典的名著を合本にて復刻

柔術剣棒図解秘訣

井ノ口松之助＝編　榊原鍵吉＝校閲

定価 3,080 円
（本体 2,800 円+税 10%）

A5 判　並製

前編（「柔術剣棒図解秘訣」）…柔術から撃剣、棒術まで、詳細な図解で解説。柔術については、『天神真楊流柔術極意教授図解』に収録されているが、技をより詳細に説明している箇所もあり、相照らして読まれることをお薦めする。

後編（「武道図解秘訣」）…柔術は殺活の術を、撃剣は古流の形を紹介し、臨機応変の術、太刀筋の成否を示す。捕縄は本縄数種を図解し、捕縄の心得を詳記。その他、水泳、弓術、居合の諸術を収録。

古流柔術の殺法と活法を極める

死活自在 接骨療法 柔術生理書

井ノ口松之助＝著

定価 3,080 円
（本体 2,800 円+税 10%）

A5 判　並製

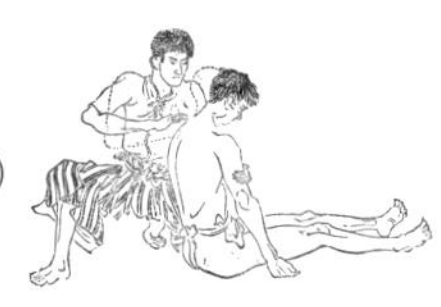

本書は、天神真楊流・吉田千春より手ほどきをうけた井ノ口松之助が、医学専門家の意見を参考にしつつ、生体に及ぼす殺法・活法の生理的効果についてまとめた極めて貴重な書。真楊流以外の柔術各流派師家にも秘事・口伝を伝授された井ノ口は、それらを惜しげもなく公開しており、柔術関係者のみならず、広く古流武術を学ぶ者、柔道整復師、整体関係者等も、必ず書架に揃えておくべき書である。「烏兎ノ殺」、「人中ノ殺」等の當身の術、「吐息の活法」、「淺山一傳流」、「渋川流」、「起倒流」活法の他、蘇生術、救急療法、接骨法、薬用法、乱捕常の心得、締込などを集録。

催眠術・気合術から二天一流まで

武術最高極意

野口一威斎（潜龍軒）＝編

定価 11,000 円
（本体 10,000 円+税 10%）

A5 判　豪華クロス装幀　美装函入

著者は、神道六合流柔術の開祖で、明治三十六年に帝国尚武会を設立。帝国尚武会は講道館流柔道が普及する以前に全国に広まり、その活動は欧米にまで及んだ。通信教育による武道伝授の嚆矢であり、大正５年に刊行された本書原本も、門弟および通信教育受講者にのみ非売品として限定頒布されたものと推測され、現今では古書店でも入手不可能な稀書である。原本は天、地、水、火、風、空の和綴６巻よりなり、著者の体験や、各派口伝、伝書をもとに縦横無尽に武術の真諦を説いたもので、表現はきわめて平易で読みやすい。また武術にかぎらず、霊術、整体などの身体技法に関心のある方は目を通しておくと、必ず役に立つであろう。

神道六合流柔術の全貌を公開！

奥秘 柔術教授書

野口一威斎（潜龍軒）＝監修

龍之巻・虎之巻・特科虎之巻 合冊

定価 13,200 円
（本体 12,000 円+税 10%）

A5 判 豪華クロス装幀 美装函入

野口一威斎の監修で、大正初期に刊行された『柔術教授書 龍之巻・虎之巻合本』『同 特科虎之巻』の合冊。神道六合流柔術の技法を豊富な写真（約 600 点）によってあますことなく伝える。「龍之巻・虎之巻」では、柔術と学理、柔術独習法から説き起こし、神道六合流の実地活用的正技である投技、抑技、締技、当技、活法、整法を解説しているが、写真を多用しつつ平易な表現で説いているため、初心者にも理解しやすい。さらなる奥儀を望まんとする者は、変化の型式を説いて技の応用法を詳かにし、次に奥儀秘伝の技を示し、終わりに柔術の真髄を明らかにした「特科虎之巻」を精読するとよかろう。なお、大東流と類似の技法もかなりあるので、大東流研究者も必読。

「合氣」の原点、幻の稀覯本を覆刻！

武道秘訣 合氣之術

近藤嘉三＝著

特別付録
『心理応用 魔術と催眠術』

定価 3,740 円
（本体 3,400 円+税 10%）　A5 判　並製

著者は、日本武道の奥儀として「合氣之術」と言うものがあり、本書にて秘密の門戸を開きその秘法を解説したとしているが、この「合氣之術」は、現代に通じる「合氣」とは少し異質なものである。「合氣之術」とは「瞬間読心術」と「氣合術」を合わせた様な術技で、一瞬にして敵の殺氣を透かし観て読み切り、それに感応して間髪を入れずに我も氣を発して瞬間的に敵を不動に縛り倒してしまうという、魔法の様な必殺技のことである。著者の武術的バックボーンや刊行の経緯等は不明な点が多いものの、「合氣」という武術用語が後世において武術界に浸透していく契機となった著作であり、その資料的価値は計り知れない。

忍術の実践極意を現代的に解説

忍術極意秘伝書 現代人の忍術

伊藤銀月＝著

定価 3,080 円
（本体 2,800 円+税 10%）　A5 判　並製

霊術家として著名な著者が、忍術の実践極意を公開した稀書。著者は、忍術の極意秘伝を「瞬間作用」にありと喝破し、「相手の目のなかに漂い出す気の動きを見てとると、その発し掛かって発し切らぬ際どい機に投じて、隙かさずそいつの眼に備わる防衛本能を脅かす動作」と規定する。無色、無形、無跡、無声、無息、無臭の六無の修行法にはじまり、四有（風胎を脱する術、飛行自在の術、昇天の術、縮地の術）、木遁、火遁、土遁、金遁、水遁の五遁に至るまでを詳述、その現代生活に適合した修行法と応用法（護身術・処世術）を指導。著者が幼少の頃に、漂泊の怪僧が古寺の高い柱を駈け昇るのを実見し、忍術研究の動機となった逸話なども興味深い。